高校体育教学方法实践探索研究

刘卫国　郝传龙　陈星全◎著

全国百佳图书出版单位
吉林出版集团股份有限公司

图书在版编目（CIP）数据

高校体育教学方法实践探索研究/刘卫国, 郝传龙, 陈星全著. --长春:吉林出版集团股份有限公司, 2022.9
ISBN 978-7-5731-1896-7

Ⅰ.①高… Ⅱ.①刘…②郝…③陈… Ⅲ.①体育教学－教学研究－高等学校 Ⅳ.①G807.4

中国版本图书馆CIP数据核字（2022）第173233号

GAOXIAO TIYU JIAOXUE FANGFA SHIJIAN TANSUO YANJIU
高校体育教学方法实践探索研究

著　　者：刘卫国　郝传龙　陈星全
责任编辑：欧阳鹏
封面设计：筱　英
开　　本：787mm×1092mm　1/16
字　　数：255千字
印　　张：12.75
版　　次：2022年9月第1版
印　　次：2022年9月第1次印刷

出　　版：吉林出版集团股份有限公司
发　　行：吉林出版集团外语教育有限公司
地　　址：长春市福祉大路5788号龙腾国际大厦B座7层
电　　话：总编办：0431-81629929
印　　刷：涿州汇美亿浓印刷有限公司

ISBN 978-7-5731-1896-7　　定　价：76.00元
版权所有　侵权必究　　举报电话：0431-81629929

前　言

随着我国社会经济的不断发展，越来越多的大学生开始热爱体育、关注体育，并热衷于参加体育运动。提高全民健康素养、身体素质，加大学校健康教育力度已成为目前体育改革中的重点研究课题。大学生是社会的一个特殊群体，其健康状况对自身学习以及今后参加社会工作都会产生非常重要的影响，体育锻炼在促进他们全面发展方面有着不可低估的作用。保持健康的体魄也成为现代大学生追求的重要生活目标之一。在校大学生通过体育课培养与实施科学健身，不仅对于其提高体质具有重大而深远的意义，而且也是他们养成健康生活方式的重要途径。

本书从体育概述入手，介绍了体育教学的原则、目标、内容、环境、发展，同时探讨了"以人为本""健康第一""终身体育"等高校体育教学理念。教师、学生是高校体育教学的重要因素，高校体育的健康离不开教师与学生的相互配合和共同努力，但二者又存在差异，需要分开阐述各自特点。本书还阐述了常见的体育教学理念与应用，以及高校体育教学中分层次教学法、体验式教学法、互动式教学法的应用与教学方法创新策略研究，目的在于分析现阶段体育教学的成绩以及不足之处。体育教学与其他学科不同，需要学生与教师真正做到活动自己的肢体，教学中存在的问题也比较多，因此教学课程设计、教学组织管理都应予以高度重视，既要培养学生的体育能力，又要保障学生们的安全。最后，高校体育教学模式也需要不断地创新以适应时代的变化，借助网络环境加大改革力度，帮助学生们更加爱上体育，实现终身教育。

在本书的策划和编写过程中参考和借鉴了众多前辈的研究经验，得到了有关领导、同事、朋友的帮助支持，我们表示真诚的感谢！因时间较紧，作者水平有限，书中难免有不妥之处，敬请各位专家、同行和广大读者多加批评和指正，以便我们进行修订和完善。

目 录

第一章　高校体育教学概述 ·· 1
第一节　体育教学的原则及目标 ··· 1
第二节　体育教学的内容及环境 ··· 9
第三节　高校体育教学的走向和发展 ··· 21

第二章　高校体育教学理念 ·· 26
第一节　"以人为本"教学理念 ·· 26
第二节　"健康第一"教学理念 ·· 32
第三节　"终身体育"教学理念 ·· 37
第四节　体育教学理念注意事项 ·· 43

第三章　高校体育教学因素 ·· 49
第一节　高校体育教学的教师因素 ·· 49
第二节　高校体育教学的学生因素 ·· 68

第四章　高校体育教学方法 ·· 86
第一节　高校体育教学方法及内容的关系 ······································· 86
第二节　高校体育教学方法及创新教育的探讨 ································ 89
第三节　高校体育教学中分层次教学法的应用 ································ 92
第四节　高校体育教学中体验式教学法的应用 ································ 95
第五节　高校体育教学中互动式教学法的应用 ······························ 100
第六节　高校体育教学方法创新策略研究 ···································· 104

第五章　高校体育教学过程 ·· 109
第一节　体育教学过程的含义及性质 ··· 109
第二节　体育教学过程中的规律 ·· 115

第三节　体育教学过程的优化和管理 …………………………………… 120

第六章　高校体育教学组织管理体系的构建及发展 …………………… 124
　　第一节　体育课堂教学组织管理的内容及方法 ………………………… 124
　　第二节　体育课堂教学管理及课外体育活动管理 ……………………… 129
　　第三节　体育课堂教学组织及管理的决策及计划 ……………………… 139

第七章　高校生体育能力及培养 …………………………………………… 142
　　第一节　高校体育能力及培养 …………………………………………… 142
　　第二节　高校生体育能力及学校教育 …………………………………… 146
　　第三节　高校生体育能力构成要素 ……………………………………… 151
　　第四节　高校体育教育管理 ……………………………………………… 161

第八章　高校体育教学模式创新 …………………………………………… 165
　　第一节　高校体育教学的创新 …………………………………………… 165
　　第二节　网络环境下高校体育教学改革 ………………………………… 174
　　第三节　高校体育教学评价改革与发展 ………………………………… 188

参考文献 ……………………………………………………………………… 198

第一章

高校体育教学概述

第一节 体育教学的原则及目标

一、高校体育教学原则

体育教学原则是体育教学工作必须遵循的基本要求和指导原理，是长期体育教学经验的概括和总结，是体育教学过程客观规律的反映。体育教学原则是体育教学过程中教师的教与学生的学这种活动开展的基本依据，对各项教学活动起着指导和制约作用。正确地理解和贯彻体育教学原则，对明确教学目的，选择与安排好教学内容，正确地选用教学方法、教学场地与器材以及教学组织形式，完成教学任务，提高教学效果具有重要意义。

（一）重视提高运动技能原则

重视提高运动技能原则是指在高校体育教学中要不断提高学生的运动技能，提高学生的运动成绩，实现有效的体育教学。在高校体育教学中贯彻重视提高运动技能原则的基本要求如下：

1. 正确认识提高运动技能在体育教学中的重要意义

掌握运动技能是体育学科"授业"的本质，是体育学科"解惑"的重要基础，还是学生锻炼身体、增强体能的途径，更是学生掌握体育锻炼方法、体验运动乐趣的前提。不断提高学生的运动技能是体育教学的基本要求，是判断体育教学是否有效和高质量的标准，也是评价体育教师教学能力的标准。因此，体育教师要充分认识到提高运动技能在体育教学中的重要意义，进而重视提高学生的运动技能。

2. 明确运动技能教学的目的，让学生有层次地掌握运动技能

学生掌握运动技能与提高技能水平的目的与职业运动员不同，职业运动员主要是为了竞技，而学生主要是为了健身和娱乐。因此，体育教学中运动技能的传授要以"健康第一"和为学生终身体育服务作为指导思想，要围绕"较好地掌握1~2项常用的运动技能""基本掌握作为锻炼身体方法的运动技能""初步掌握多项可能参与的运动技能""体验一些运动项目"等不同运动技能提高的目标，分门别类和有层次地让学生掌握他们进行体育锻炼所需要的运动技能。

3. 合理编排体育教学内容

为了让学生有层次地掌握运动技能，就需要制订科学的教学计划。对于常见的、可行的、学生喜欢、教师能教、场地允许、与学校传统项目相结合的项目，如篮球、足球、排球、乒乓球、武术、健美操等，可作为精教类内容，每学年安排1~2项，每项安排15~30学时，学年共30学时；对于未来生活中学生可能遇到的、有必要具有一定基础的、教学条件允许的项目，如羽毛球、体育舞蹈、棒球、轮滑、短拍网球、太极拳等，可作为粗教类内容，每学年安排2~3项，每项安排7~10学时，学年共20学时；对于没有必要掌握，但有必要让学生知道或体验的运动文化或项目的有关知识，如高尔夫球、橄榄球、台球、保龄球等，可作为介绍类内容，每学年安排3~4项，每项安排1~2学时，学年共5学时；对于身体素质和身体基本活动能力的练习项目，如100米短跑、1500米长跑、铅球、立定跳远等，可作为锻炼类内容，每学年安排3~4项，每项安排1~2学时，学年共5学时，或每学时安排10分钟穿插于其他类型的项目中。

4. 教学方法上注意精讲多练

由于体育教学的特点，在体育教学过程中不能过多地使用讲授法，不能形成"满堂讲"的局面，要精讲多练。一是要求课堂上尽量多给学生运动技能的练习时间，减少不必要的、无效的讲授时间，教师的指导有时可在学生的练习过程中进行。二是要求教师要根据情况布置一些课外作业，让学生课外多花时间进行练习。而对于必须讲授的内容要精讲。精讲就是要求讲授要目的明确、层次清楚、重点突出、正确使用术语和口诀、讲授与动作示范相结合。

5. 创造提高运动技能的环境和条件

要让学生很好地掌握运动技能，还必须创造良好的学习环境与条件，它既包括提高教师自身的运动技能水平和教学技能水平，也包括构建民主和谐的体育课堂氛围，优化体育教学制度环境，还包括场地设施和器材的美化。

（二）注重体验运动乐趣原则

注重体验运动乐趣原则是指在高校体育教学中要让学生在进行身体锻炼和掌握运

动技能的同时，体验到运动的乐趣，以使学生喜爱运动并养成参加运动的习惯。为贯彻该原则，要求在高校体育教学中做到：

1. 要让每个学生都能够不断地获得成功的体验

体育是一项与学生身体条件紧密相关的文化活动，而学生的身高、体重、体能、运动技能水平由于受遗传因素的影响差异很大，因此有一部分学生在体育学习中往往很容易体验到"失败感""差等感"。这就要求教师必须通过教学内容的调整与加工，以及教学方法、教学场地与器材、教学组织形式的改变，让每个学生都有机会体验到成功。这是让学生体验运动乐趣的基本方面。

2. 选择趣味性强的体育教学内容

在体育教学内容中，既有一些趣味性很强或学生容易体验到乐趣的内容，也有一些趣味性不太强或学生不容易体验到乐趣的内容。教学意义也一样。因此，在体育教学中，应该把趣味性和教学意义都很强的内容作为重点。与此同时，对于教学意义很强但趣味性很差的那些必须要教的内容，要挖掘或附加上一些乐趣的因素，如通过简化、变形化、情节化、生活化、游戏化、竞赛化等手法，使教学富有兴趣。

3. 运用多种有利于学生体验乐趣的体育教学方法

在体育教学中，教师在重视传授教学方法的同时，也要善于采用领会教学法、游戏教学法、竞赛教学法、情景教学法、发现教学法、小群体教学法等多种教学方法来帮助学生体验运动的乐趣。

（三）合理安排运动负荷原则

合理安排运动负荷原则，是指在高校体育教学中既要安排一定的身体活动量，体现体育教学的本质特点——身体活动性，还要使学生身体所承受的运动负荷有效、合理，从而满足学生锻炼身体和掌握运动技能的需要。[①] 在高校体育教学中贯彻合理安排运动负荷原则有如下基本要求：

1. 运动负荷的安排要符合学生的身体发展特征

运动负荷的科学性既体现在对学生身体的发展性，也体现在对学生身体的无伤害性，而这些都取决于学生的身体发展状况。因此，教师要合理地安排运动负荷就必须了解学生身体发展的科学原理，了解学生身体发展各个阶段的特征，并且熟悉各个运动项目的特点等。

2. 运动负荷的安排要服从于体育教学目标

归根结底，合理安排运动负荷是为了实现一定的身体锻炼和技能掌握的教学目标。

---

① 王建军，白如冰. 高校体育文化教育研究［M］. 长春：吉林美术出版社，2018.

因此，教师既不能忽略运动负荷对实现体育教学目标的决定性作用，也不能忽略各特殊课型需要而一味追求一致的运动负荷，从而导致运动负荷过重。

3. 精心设计体育教学内容

体育运动项目及其中的身体练习多种多样，有的运动负荷大，有的运动负荷小，因此在设计教学内容时，要考虑到运动负荷的问题，要对教材进行必要的改造，将不同的运动项目和练习方式进行合理的搭配。

4. 逐步提高学生自我控制运动负荷的能力

体育教师在高校体育教学中要加强锻炼原理和运动负荷以及运动处方的有关知识，教会学生一些自我判断运动量和调整运动量的常识，以使他们在自主性的运动中能够把握好自身的运动量，并逐步学会锻炼的方法和运动的技能。

（四）因材施教原则

因材施教原则是指在体育教学中要贯彻"面向全体学生"的教育理念，根据每一个学生的具体情况，实施各不相同的、有针对性的教育，使每一个学生的身心健康和运动技能都能在各自的基础上得到充分的发展。对此，在高校体育教学中要做到：

1. 深入细致地了解和研究学生

了解学生的个体差异是贯彻因材施教原则的前提条件。体育教师可以通过课堂观察、问卷调查、与学生谈话、咨询辅导员等方法对学生进行细致的了解，弄清学生在身体条件、兴趣爱好和运动技能等方面存在的个体差异，并进行全面分析，然后设计个性化的教学策略。同时，对学生的个体差异，还要用发展的观点来对待，不能用静止的眼光看待学生，应定期对学生基本情况进行复查。

2. 设置类型多样的体育选修课程

设置大量的选修课程是体育教学进行因材施教的最佳途径。不同的学生，身体条件、兴趣爱好和运动技能有很大的差异，在充分征询学生意见的基础上设置选修课，就能满足学生的个体需求，促进学生个性发展。

3. 体育教学组织形式多样化

在体育教学中，"等质分组"是一种较好的因材施教的教学组织形式。体育教师可以按身高、体重、体能、运动技能水平等对学生进行分组，给身体条件和运动技能较差的学生开"小灶"，给予其特殊关怀与照顾；对身体条件和运动技能较好的学生提出更高的要求，并为他们的进一步发展创造条件，从而保证全体学生都能有所进步，使每个学生都能体验到学习和成功的乐趣。

（五）安全运动原则

安全运动原则是指在高校体育教学中要使学生安全地进行运动，它是体育教学活动能够进行的前提条件。在高校体育教学中贯彻安全运动原则有如下基本要求：

1. 必须设想所有可预测的危险因素

经过长期的体育教学实践总结，体育教学中的绝大多数危险因素是可以预测的。这些可预测的危险因素主要有：因学生的思想态度产生的危险因素，如鲁莽行事、擅自行事、准备活动不充分等；因学生身体和活动内容的差异产生的危险因素，如力量不及、动作难度太大、对该运动非常不熟悉、缺乏必要的保护与帮助等；因学生身体状况变化产生的危险因素，如学生在伤病期间勉强参加运动等；因场地条件变化产生的危险因素，如雨雪地面上的滑倒、塑胶地破损而绊倒等；因器械的损坏和不备产生的危险因素，如绳索折断、双杠折断、羽毛球拍头脱落飞出等；因特殊天气产生的危险因素，如酷暑时的长跑、苦寒中的体操、暴雨的淋浇等。对于这些可预测的危险因素，体育教师在课前必须逐一地进行思考和检查，以消除一切可以消除的潜在危险因素。

2. 要有保障运动安全的相关安全制度和安全设备

对于一些比较危险的教材要制定严格的安全制度，限制学生的潜在危险行为，如禁止携带钥匙打篮球、穿皮鞋踢足球等；对于一些比较容易发生危险的体育设施要安装必要的保护装置和必要的警示标志，如单扛下放置海绵垫、游泳池配置救生圈和救生衣，设置深水区警示牌等，有效地防止危险的发生。

3. 时刻对学生进行安全运动的教育

要在体育教学中贯彻安全运动原则，必须有学生的密切配合，体育教师要通过集中教育与分散教育相结合，时时刻刻对学生进行安全运动的教育。集中教育是指组织专门时间讲解保证安全的知识和要领，教会学生互相帮助和保护的技能。[1] 分散教育是指老师在每一堂课学生练习之前强调安全事项，让学生绷紧安全这根弦。

二、高校体育教学目标

学校体育学科中包含了以下几个不同层面的目标：学校体育目标、体育课程目标、体育教学目标、课外体育目标、学习领域目标、水平目标、学段教学目标、学年教学目标、学期教学目标、单元教学目标、体育课目标等。这些目标既存在一定的差异性，也具有较强的关联性，但这些目标有的是同一个层面的，有的是不同层次的。体育教

---

[1] 受中秋，王双，黄荣宝. 高校体育教育发展与改革探究［M］. 长春：吉林大学出版社，2018.

学目标可被理解为体育教学活动的"第一要素",上接学校体育目标、体育课程目标,下承水平教学目标、单元教学目标、课堂教学目标等,构成一个较为连贯的目标体系,而在理论研究和教学实践中,由于这些目标之间的关系并不十分清晰,从而产生了一定的混淆,特别是在制定各层次的体育教学目标过程中,由于认知上的偏差,造成了体育教学目标的泛化和淡化现象。

体育教学是学校体育这一教育系统的主要组成部分,而教学目标则是教学的出发点和归宿。在当今学校体育改革的形势下,旧的教学目标已不再适应"健康第一"的指导思想的需要。因此,有必要对其进行讨论,并确定比较适合当今素质教育的体育教学目标。

(一)体育教学各个目标之间的关系

1. 运动知识与技能目标、体能发展目标是体育教学核心目标

首先,运动知识与技能目标包含了两个部分的内容:一是有关运动的理论知识和身体的知识(身体知);二是运动技能。知识与技能之间的关系比较复杂,因为有关运动理论方面的知识是一种外部认知知识,是依赖于学生外部感官来认知的,如可以通过视觉感知教师身体运动影像,通过听觉感知教师讲解运动的原理与方法等,这种认知方式与其他学科具有共性,但是运动技术传习过程并不能仅停留于此,必须通过身体的实践操作将运动的理论知识内化为具有切身体验的身体知与可观测的运动技术,才能算得上掌握运动技能。因此,运动知识与技能目标的主体还是运动技能目标,运动理论知识与身体知则为运动技能目标服务,运动理论知识与身体知的获得也是通过运动技能教学过程得以实现的,不必专设室内的理论课进行教学。

其次,"体能"目标既是体育教学的特殊目标,也是核心目标。体育教学具有一定的独特性,主要的体现形式就是身体健康目标。由于身体健康或增强体质与体育活动没有直接的因果关系,因此,目前较为准确的说法是发展学生的体能,这也与新修订的体育课程标准是相一致的。而体能目标的实现可以分为两个路径:其一是通过运动技术教学的路径。身体练习与增强体质虽不是因果关系,但也具有指向性关系;其二是通过体育课中的"课课练"路径。当教材内容的运动负荷不足时,可安排5分钟左右的身体素质,以发展学生相应的身体素质或体能。

2. 运动技术具有"手段"与"目标"的双重性

体育教学中的运动技术主要承担"目标"角色,要正确理解运动技术既是"手段"、又是"目标"这种看似矛盾的关系,我们应从不同的领域来分析:从体育教学这个微观视角分析,运动技术是"目的",因为学生在教学过程中要从"不会"运动技术到"学会"运动技能,因此,"学会运动技能"就是体育教学的目标;而从学校体

育的宏观视角分析，运动技能则是"手段"，因为学生在体育教学过程中已基本掌握运动技能，此时学生的主要目的就是经常运用运动技能，并养成习惯，从而实现锻炼身体、达成身心健康发展之目标。因此，此处所涉及的运动技能应作为体育教学中的"目标"功用。

3. 情感目标包含运动参与、心理健康与社会适应目标

从心理学理论分析，情感可拆分为两个具体的内容：心理与社会适应，而心理又可分为人的心理过程与个性心理特征。其中心理过程包含注意、记忆、意志、情绪、态度、兴趣等，这部分内容可与课程标准的"运动参与"相对应。而个性心理与社会适应可合为课程标准中的"心理健康与社会适应"目标。

4. 运动参与、心理健康与社会适应直指运动技能目标

由于运动技能目标是本位目标，其他几个目标就应围绕运动技能目标来展开：运动参与目标应结合体育课程的教材内容，充分体现其参与运动技能的态度与积极性；心理健康与社会适应也应根据运动项目的特性来体现心理与社会所发展的内容。以大家所熟知的排球为例，它是一项集体性的项目，对于促进学生合作互助的精神具有一定的作用，因此在表述运动参与、心理健康与社会适应和体能目标时，要结合排球的特性，不要造成目标与运动项目之间相互剥离的现象，这也正是目前学校体育基层教学中所存在的较大问题之一。

5. 体能、心理和社会适应目标协调统一

贯彻"身心和谐发展"的一元论教学理念，在体育教学过程中，学生通过运动技术的学习，达成掌握运动技能的目标，同时也有效促进了学生的身体健康，但仅仅达成传统观念中的促进学生身体健康发展是不够的，因为这是"身心分离"的二元论观点。体育教学必须在促进学生身体健康发展的同时，实施品德与品行的教育，实现学生身心和谐发展。这就是体育教学中的"身体与品行并重发展"的一元论教育观。

（二）制定学校体育教学目标的方法

由于体育教学目标的确立，首先要以体育的本质为基础，通过研究各个不同时代的历史和社会条件，从中产生出学校体育的目标。对于体育的本质要考虑"在变化中有本质"的方法。把"进步主义"的教育思想与"本质主义"的教育思想相结合。即不偏于"本质主义"，也就是说存在着一种由主体和环境的联系所建立的，具有永恒的绝对价值，也不偏于"进步主义"的主张："要否定永久的绝对价值的可靠性，而从主体与环境的联系中去寻求教育本质的不断改造。"我们要站在"进步主义"的立场上，在不断变化和改造中去寻求"本质主义"所讲的本质。以此作为理论基础，推导出学校体育教学目标的动态教育观。

这种动态的教育观，对生活趋势的适应，不可能是间歇性和临时性的，它必须是连续的，为了指导进步，学校体育应当不仅使自己适应于现有的价值观，而且也应该预见发展的方向和创造新的价值观。它作为教育的一个组成部分，基本上是个演进的过程，而且渐进的生长，既扎根过去又指向未来。在此过程的任何阶段上，我们所能够提出的目标，不管它们是什么，都不能看成终极的结果，它对于教学过程的价值，在于它的挑战性。然而，在这个发展过程中，我们必须根据体育的本质来把握学校体育的教学目标。依据体育的内在规律性，突出强身健体的主要地位，从而使所确定的学校体育的教学目标，在辩证的过程中，尽量达到合规律性与合目的性的统一。

（三）体育在教育中的位置及作用

随着素质教育改革的深化，对要"育成完善的人"这一终极目的越来越明确。在力量的国度里，人和人以力相遇，他们的活动受到限制。在安于职守的伦理的国度内，人和人以法律的威严相对峙，他们的意志受到束缚。在有文化教养的圈子里，在审美的国度中，人就只需以形象示人，只作为自由游戏的对象与人相处，通过自由去给予自由。教育目的在于培养我们的感性力量和精神力量的整体达到尽可能的和谐。本着这一教育理念，培养学生在求真、立善、创美的过程中得到全面发展。那么，体育在"育成完善的人"中担当什么角色呢？

据人类和个体发展的历史逻辑，应将体育放在五育的第一个层次。教育在尚未有教育分化或要素分解的时候，其实，就是一个总的体育，它把各个方面的教育都笼统地包含在一起了。这是一个混沌的整体。智、德、美三育是从体育中分化出来的。它使人的最初综合发展得到分解，提高了人各方面发展的效率，但也孕育了让人片面发展的萌芽。这算是对混沌体育的一次否定。而劳动技术教育则是否定之否定，它是培养人的创造性实践能力，让人在解决问题中综合运用和发挥其全部智慧和能力。人的身体作为一个多样化能力的统一整体发挥作用。

（四）学校体育的教学目标

1. 掌握基本的运动技能与健康知识，并理解体育对健康的意义

体育的本质功能为强身健体，尤其是"真义体育"，特别强调体育的生物学意义。但作为教育的一个组成部分，在培养学生求真、立善、创美的过程中，与体育有关的就是维持和提高健康与体力，而学校体育培养学生体质的基本手段就是学习运动技能。运动技能的学习是重复锻炼的结果，学生在掌握运动技能的过程中，增强了体质，但身体运动不单是靠身体进行的，它是一种整个人的活动，是需要身心功能的综合参与的。因此，学校体育的教学目标不仅要培养生物学意义上的人，而且，要培养生理、心理和社会意义的人。健康的体魄是体育区别于其他各育的根本价值，也是进行健康教育的一个重要的组成部分。

2. 促使运动技能生活化

在现在社会，无论是个人还是社会方面都迫切要求把娱乐体育提到日程上来。对体育活动的价值需求，突出的特点是，在健身的基础上，追求活动中的娱乐已成为越来越重要的价值趋向。"教育即生活"蕴含了终身教育的哲学。在体育教学的目标中，据"育成完善的人"这一理念，我们既要合情又要合理。运用科学而系统的方法，进行教学的同时，充分体现学生在教学过程中的主体性，考虑学生的个别差异，追求体育教学合规律性与合目的性的统一。让学生怀着轻松愉快的心情自愿参加各种体育活动，并把它作为一种有意义的活动形式，度过自己的闲暇时间，使个人从精神和身体上都得到休息、放松和享受。即使毕业后，由于形成了运动的习惯及对体育正确的价值观，运动的魅力对他们来说一定会有增无减。

3. 培养良好的社会行为和态度

之所以要涉及这一目标，是由于促使"育成完善的人"的很多机会是从进行身体活动的各种运动场上产生的。在体育教学中，老师和学生之间的相互关系及相互接触是以运动为媒介，并以此建立和睦的人际关系。比如比赛这种身体活动，不仅能促进个体的身体发育、提高，必然也能构成社会的一角。通过担任不同的角色，体验责任的重要性和与人合作的乐趣。体育既是斗争又是游戏，在体育活动中，培养学生公正与互助的社会行为和态度。

从当前的需要出发，探讨了体育的地位，并据"育成完善的人"理念，归纳了三条学校体育的目标，在体育教学中，强身健体的同时，促使学生获得身心全面发展。但随着素质教育改革的深化，由于对"健康第一"的体育教学指导思想存在模糊性，即"健康"仅为身体健康，还是包括生理、心理和社会的大健康观，存在异议，从而导致了体育教学目标各有侧重。这并不是坏现象，可让我们从不同角度来把握体育的本质。因而，建议从不同的层次和角度来探讨体育教学目标。使我们的体育教学，在强身健体的基础上，使学生的身心得到发展，尽量达到合规律性与合目的性的统一。

第二节 体育教学的内容及环境

一、体育教学内容

体育教学内容是体育教育的载体，它是根据体育课程的目标，体育教学的内在规律以及社会需要来确定的。体育教学内容体系的构建必须在这三个方面的基础上，充分考虑体育课程各个阶段的目标，学生的身心特点，教学内容的纵横联系，以及教学时数、教学条件等多方面的因素，使教学内容的知识和技能体系与促进学生主体社会化所需素质结构的形成结合起来。

（一）教学内容的概念

构成教学内容最重要的因素是学科与传授学生的知识内容，即教学内容是由该学科的知识素材构成的。从学科的知识素材中选择、整理并组织的，其目的在于实现一定教学目标的必要素材，就是教学内容。所以，知识素材的价值越高，它在整个教学内容结构中的地位便愈重要。不是各门学科的一切知识素材都可作为教学内容。

体育教学的技能与知识素材庞大复杂。[①] 因此，必须筛选那些适合体育教学目标的身体练习和理论知识作为体育教学内容。体育教师要深刻理解体育教学内容的内涵，不仅要掌握它们，而且要善于从教育学、体育学和教学论的角度去选择和整合它们，以便于发挥它们在教学过程中的生物学、社会学和教育学功能，即身体、心理与社会的三维健康观。因此，优秀的体育教师必须学会教学内容的选择与整合。

（二）体育教学内容的类别与划分

1. 体育教学内容的特殊性与松散性

体育教学内容不同于数学、物理和化学学科的教学内容，它不具备鲜明的顺序性、阶梯性和逻辑性。在课程内容上先学篮球还是先学足球，先学体操还是先学田径？它们之间有什么逻辑与主从关系。这正是体育教学内容整合安排和优化组合的难点所在，这就是体育学科与体育教学内容的特殊性与松散性所在。

对此可概括为以下几点：①体育教学素材庞多复杂，素材间主从关系、逻辑关系不明朗，无论横向还是纵向（同类身体练习之间）联系都较松散。②体育学科的教学目标受社会、国家以及教育发展的影响呈现出多样性的特点。因此，教学内容在服务于教学目标时也具有多种指向性。③教学内容随学生的生长发育、认知水平和性格爱好的变化相应有较大的变化。教材内容的排列不是呈直线递进式，而是呈复合螺旋式。

2. 体育教学内容的类别与划分

由于体育教学素材丰富多彩，比较松散，逻辑顺序不明显，所以体育教学内容类别呈多样性的状态。不同的分类标准，体育教学内容有不同的类别：①按学校体育的目标划分：将体育教学内容分为运动参与、运动技能、身体健康、心理健康和社会适应五个方面的内容。②按课堂体育教学的目标划分：可分为增进健康、发展体能；体

---

① 马鹏涛. 高校体育教学改革创新与科学化训练研究［M］. 北京：新华出版社，2018.

育与健康基本知识；基本运动能力与运动技能；体育兴趣与个性心理品质培养等多方面教学内容。③按课堂体育教学教材类别划分：可分为游戏、田径、球类、基本体操、健美操、武术与民族体育活动等多方面教学内容。④按体育学科能力划分：可分为体育运动能力、体育锻炼能力、体育娱乐能力和体育观赏能力等方面教学内容。⑤按教学内容在教学大纲中的地位划分：可分为重点性、一般性和介绍性三类教学内容。⑥按体育课的"授业"要求划分：可分为体育运动的基本理论知识，基本运动技能和基本运动技术三类教学内容。⑦按年龄和学段划分：可分为1～3年级与4～5年级教学内容，初中与高中教学内容和大学教学内容。⑧按教学任务划分：可分为学习内容、复习内容、练习内容等。

在众多的体育教学内容中，核心是锻炼身体、发展体能与提高运动技能所需要的知识、方法和手段。其他内容例如心理健康、意志品质培养、和谐的人际关系与团队合作精神等，都只有通过学习和实践与上述内容相关的身体练习才能发展和形成。

（三）体育教学内容选择的原则

体育教学的内容，应当根据体育教学目标、体育教学的基本规律和我国的国情来确定。这是我们在确定体育教学内容体系时首先要考虑的三个重要条件，也是基本的前提。体育教学内容非常丰富，真正作为教学内容的，仅仅是其中的一部分，因此，需要我们去认真遴选。在选择体育教学内容时，我们应该遵循以下原则：

1. 实践性与知识性相结合的原则

实践性和知识性相结合是由体育的本质属性所决定的。利用身体活动来达成教学目标是体育教学的一种最重要的形式。通过实践，要使身体的大肌肉群得到活动，各内脏器官系统得到锻炼，同时要体验到体育的乐趣、受到品格的培养和体育方法的训练，这些都是以体育教学内容作为媒介实现的。体育教学的一个重要目标之一是使学生掌握体育知识和发展体育能力，为终身体育奠定基础，这个目标的实现就依赖于实践性与知识性的结合。知识性主要体现在为什么做、怎么做和为什么要这样做上，这固然要通过基础理论内容进行讲授，但更多的是在实践中体验、理解，通过运用来加以强化。体育教学内容体系就是融合实践性与知识性的结合体。

2. 健身性与文化性相结合的原则

健身性是体育教学区别于其他教学的显著特点，体育教学内容体系要具有健身性是体育教学本质属性的反映。而文化是人类认识世界、改造世界和适应环境的产物，体育本身就是一种文化现象，体育教学内容的文化性就是体育教学内容要有利于提高学生对体育的认识，促进体育情结的培养，树立体育的价值观和体育理想，进行良好体育道德的熏陶。健身性与文化性相结合，就是体育教学内容体系既具有良好的健身

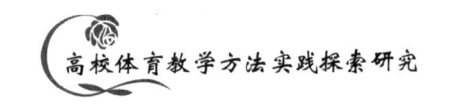

价值，又具有丰富的体育文化内涵。

3. 民族性与开放性相结合的原则

体育的形式和内容总是与某些国家或地区的民族文化传统和民族习俗有关。当今许多风行于世界的体育项目都是发端于各个不同的民族和国家。体育教学内容的民族性就是要把具有我国民族特点的那些优秀项目吸收进来，既发挥它们的健身功能，又发挥它们的优秀传统教育效应。但体育教学内容仅强调民族性是不够的，任何民族，无论它是多么的优秀，在发展过程中，总会受到来自方方面面、形形色色因素的约束，总会具有一定的片面性。相对于大千世界来说，这种局限性就显得更为明显了。因此，体育教学内容必须体现出民族性与开放性的结合，即要在保留优秀的本民族体育内容的基础上，充分吸取世界各民族的优秀体育内容，将它们融合在一起，使之形成一个优势互补、功能齐全的体育教学内容体系。

4. 继承性与发展性相结合的原则

传承优秀的传统文化是教学的重要功能。体育教学内容的选择无疑是要吸收我国历史悠久的传统体育内容，使这些宝贵的文化遗产得以继承，这就是体育教学内容的继承性特点。

但时代在前进，任何事物总是要不断地发展才能适应时代的要求，否则就必将被历史所淘汰。文化的继承是有选择的、批判性的，对于传统体育内容，我们在有选择地继承基础上，要进一步丰富它的内涵，在保留它原有特点和精华的前提下剔除那些落后的不健康的东西，使它具有时代气息，符合现代社会发展的需要，这就是体育的发展性特点。我们对于武术的继承和发展，就是体育教学内容继承性与发展性相结合原则的典型范例。

5. 统一性与灵活性相结合的原则

体育教学内容体系要面向全体学生，它必须有基本的要求，有一个相对统一的标准，使体育教学有一个较为规范的目标，这就是体育教学内容体系的统一性。但它绝对不应该是完全整齐划一的。首先，我国地域辽阔，各方面的条件不一致，发展不平衡，教学的相关基础不是同一起点。其次是学生的身心发展水平有差异，体育基础、接受能力也不相同，即使是同一教学阶段的学生，都会表现出明显的不同特点，因此，教学内容必须留有一定的余地，具有灵活性，能根据教学条件和学生特点，灵活地加以选择，这就是体育教学内容体系的灵活性。只有兼顾统一性和灵活性，才能有效地使个体不同的所有学生的身心都能得到全面发展。

（四）体育教学内容体系的结构特征

体育教学内容体系的结构是指体育教学中特定内容之间的功能组合。这个结构是学生掌握体育知识、技术技能、培养品格，并进行体育方法训练，实现体育教学目标的知识基础。它必须既能满足社会的需要，又能满足作为教学主体的学生的需要。其中学生的需要是激发学生良好的学习动机，产生积极的学习行为的诱因。换句话说，就是学生对能满足自己需要的教学内容才能产生兴趣。另外，体育教学目标的达成是建立在相关教学内容共同作用，产生良好综合效应的基础之上的，因此，教学内容的优化组合是体育教学内容体系构建的关键。而社会需要是社会对教育目标的要求，从这个角度来说，满足社会需要的过程就是一个促进学生逐步提高社会化的过程。社会需要和学生主体需要具有同一性，但它们在满足的层次上，时间顺序上是不一致的，我们必须把握体育教学内容结构的基本特征。

1. 体育教学内容结构具有主观目的性

体育教学内容体系的结构具有明显的主观目的性，当客观的需要和主观目的相一致时，建立的体育教学内容结构才是合理的。目的性具有两层含义。首先，在不同的学习阶段，学生对体育教学内容的需要是不一致的，体育教学的内容结构要与不同学习阶段学生的需要相对应，体现出结构的层次性，因而需要人们在丰富的体育内容中认真遴选，合理组合，按照体育教学目标去确定体育教学内容结构。其次，体育教学内容结构要有利于学生形成合理的认识结构、技术技能结构、能力结构和体育方法结构。所以体育教学内容结构就要能给学生在体育知识、技术、技能、体育方法和终身体育能力的形成方面提供一张理想的网络，这就是体育教学内容结构的目的性。例如在小学阶段，由于体育教学的目标主要是提高学生对体育的兴趣，发展他们的基本活动能力，培养自尊心和自信心，进行团队精神的熏陶，因而采用的主要内容是活动性游戏、简单的体操和小型球类活动等，让他们在学习过程中去感受体育的乐趣，在集体练习中培养协作精神，在完成练习中树立自信，在整个活动中使各种基本活动能力得到提高。进入中学以后，体育教学目标提高，侧重点有所改变，这时的教学内容结构就需要相应地进行调整。总而言之，不同的教学阶段有不同的教学目标，也就有不同的教学内容，教学内容不断调整的主观目的就是为更好地实现体育教学目标提供条件。

2. 体育教学内容结构具有联系性

体育知识和运动技能的种类是极其丰富的，任何体育教学内容结构都只能包含其中的一部分，而选取的这一部分内容，应具有广泛的联系性，通过这些内容的教学后，可以有效地扩充学生的知识范围，打下良好的体育运动技术、技能基础和建立良好的能力结构，为学生进一步的发展创造条件。

体育教学内容结构的联系性表现在两个方面，一个是具有横向特点的广泛性。身心的发展要求是全方位的，既包括保健、营养、卫生、锻炼原理、竞赛规则等基本知识，又包括促进身体发展的各种运动技能和练习方法，相对广博的体育基本知识和多样化的运动技能是形成良好的体育态度和体育能力的重要条件。另一方面是具有纵向特点的复合性。体育教学内容要随着学习的进行逐步深化，这是教学的基本规律，就单一的教学内容来说，这就是它的纵向特点。但是体育教学目标是多元的，它的实现依赖于多种教学内容的综合效应，因此，它势必要求多种内容协同向纵深发展，这就是纵向发展的复合性。这种复合性和广泛性的结合，可以提高体育教学内容结构的全面性和协同性，教学内容的广博性和教学内容之间的联系性对于学生创造性的发展也是非常有利的。

3. 体育教学内容结构具有包容性

体育教学内容结构的包容性表现在体育教学内容结构内部相互渗透、彼此贯通。只有整个内容体系相互联系，形成一个完整的知识体系，才是科学的。作为一个知识结构，体育教学内容结构应该是纵向相连、横向相关的，这种结构内部互相关联的特性，必然要求不同的内容之间彼此包容。同时体育教学内容健身效果的共性和优势现象，使它们对于身心发展的效应表现出包容性。体育教学内容结构的包容性使教学内容的选择具有更大的灵活性，体育知识技能具有更大的综合性。

4. 体育教学内容结构具有动态性

体育教学内容结构要跟上体育科学的发展步伐，符合社会发展的需要，就必须具有动态性。随着人们对体育科学研究的不断深入，在对人体的认识、体育锻炼对人体的作用、运动行为对身心的影响等方面，都会产生新的知识，这些新的知识必然要及时在体育内容结构中反映出来。另外，随着社会的发展，社会对人才素质的要求是不断变化的，譬如，现代社会快节奏的、高竞争性的特点，对人才的竞争力、创造力和良好的心理素质有了更高的要求，这些要求当然地也就应该反映在以满足社会和学生需要为出发点的体育教学内容体系结构之中。所以体育内容体系结构总是处在一个动态的变化之中。

5. 体育教学内容结构具有实践性

体育教学内容以实践性为主，这是由体育的本质属性所决定的。体育的基本知识以对体育的正确理解和能指导体育实践为出发点，建立起围绕体育实践而编织的知识体系网络。而活动性内容则应以在实践过程中对身心健康水平的良性影响为依据。换句话说，就是要考虑它对体育教学达成目标的贡献，以及各个内容之间的优势互补，使之既能产生教学内容所具有的个别优势，又能形成多种内容结合而成的结构优势。这种优势现象的出现是以实践性为前提的。

（五）体育教学内容体系的设计与构建

在体育教学内容体系的整体设计与构建时，应依据新的体育与健康课程标准提出的5个领域（运动参与、运动技能、身体健康、心理健康和社会适应）、3个层次的目标体系要求（课程目标、领域目标、水平目标），按照学习阶段和教学要求，以健康和体能为主线，渗透体育知识、技能与社会人文教育，构建和设计教学内容体系。

在每个学段上依据学生的年龄特征和培养的主攻方向，在教学内容选择和安排上有所侧重。在每个年龄段上提出重点学习内容，通过多年的系统体育教学，即通过初小、高小、初中、高中及大学体育课实现学校体育和体育课的整体课程目标。[①] 在构建和设计体育教学内容体系时，应注意各阶段教学内容的衔接性和递进性。各阶段的教学内容既有其各自的特殊性与阶段性，但相互间又有较大的互补性和逻辑性，应严格避免传统教学内容体系中严重的重复和无序现象。

二、体育教学环境

体育教学环境是体育教学活动的基本因素之一，任何体育教学活动都是在一定的体育教学环境中进行的。体育教学环境不仅影响着体育教学过程的组织与安排，而且在某种程度上还决定了学生未来发展的方向。体育教学环境历来是我国体育教学中比较容易被忽视的一个问题，在喧嚣的马路上跑步，或在尘土飞扬的操场上踢球是我们经常可以看到的场景。这固然与学校的经济条件有关，但深层上却反映了人们在观念上与"以人为本"教育理念的背离。今天，当我们站在新世纪的巨轮上全方位审视我国体育教学改革的时候，不得不把目光投向体育教学环境这片似乎被人遗忘的领域。

（一）体育教学环境的概念

要弄清楚体育教学环境的概念，首先必须明确学校教育环境、教学环境等几个相关的概念。从哲学的角度而言，人类的环境，包括了两个层次，即外部环境和内部环境，外部环境即自然界，内部环境则是我们人类自己创造的文化。我们可以把环境理解为人生活于其中，并能影响人的一切内、外条件的综合。

学校教育环境是一个特殊的环境，它是学校中各类人员进行以教与学为主的各种活动所依赖的物质条件和社会条件的总和。学校教育环境本质上是一种人工环境，或者叫人文的环境，因为学校教育环境的一切无不被赋予了一定的教育意义，体现了人们的教育观念和审美意识。学校教育环境又包含了许多层次和方面，而教学环境理所当然是学校教育环境的重要组成部分。

教学环境是按照发展人的身心这种需要而组织起来的育人环境，我们可以把它看成是学校的一切教学活动所必需的各种条件的综合。教学环境又有广义与狭义之分，

[①] 夏越. 现代高校体育教学研究 [M]. 北京：北京理工大学出版社，2019.

广义上而言，影响教学的所有社会环境如社会制度、科学技术、家庭与社区条件等都属于教学环境；狭义上而言，教学环境主要指学校教学活动所需要的物质、制度和心理环境，如校园、校舍、各种教学设施、各种规章制度、校风、班风、课堂教学气氛及师生人际关系等。一般我们所说的教学环境主要是指狭义的教学环境。

体育教学环境是指开展体育教学活动所需要的所有条件的综合。很显然，体育教学环境是教学环境的组成部分，是一种相对微观的教学环境，故它不可能游离于教学环境之外而孤立地存在。

（二）体育教学环境的构成要素

1. 体育教学的物质环境

（1）体育教学的场所

包括体育馆和各种体育场地如田径场、篮球场、排球场等以及这些场地的周边环境，如阳光、空气、树木、草坪等。体育场、馆的布置与建设除要考虑学校整体的布局外，其位置、方向、采光、通风、颜色、声音、温度以及建筑材料等都必须要符合运动和学生身心的特点以及安全、卫生与审美的要求。如田径场跑道的方向一般要与子午线相一致；再如体育馆的墙面和体育场地的地面颜色一般采用比较温暖的颜色，诸如柔和的黄色、珊瑚色和桃红色等，因为暖色调可使人在视觉上和情感上的兴趣趋向外界，可提高中枢神经的兴奋性，因而也特别适合幼儿园和小学的体育场地。体育教学场所同时又是整个学校校园环境的重要组成部分，蕴藏着极为丰富的文化内涵，因此应该成为学校最亮丽的风景和最吸引学生的地方。

（2）体育教学设备

体育教学设备主要有两大类：一类是常规性设备，如课桌椅、实验仪器、图书资料、电化教学设备等；另一类是体育器材设备，如体操垫、单双杠、篮球、足球、排球、健身器材、标枪、铁饼、铅球等等。这些设备是开展体育教学活动的必备条件，对完成体育教学的任务起着重要的作用。

2. 体育教学的心理环境

（1）学校体育传统与风气

学校体育传统与风气是指一个学校在体育方面养成并流行的带有普遍性、重复出现和相对稳定的一种集体行为风尚，它是校风的有机组成部分。良好的学校体育传统与风气对学生会产生潜移默化的影响，对形成学生正确的体育态度、兴趣、爱好，养成良好的体育锻炼习惯以及提高学生的体育文化素养等方面都有着非常重要的作用。

（2）体育课堂教学气氛

体育课堂教学气氛是指班集体在体育课堂教学过程中所形成的一种情绪、情感状态，它包括师生的心境、态度、情绪波动，师生间的相互关系等。积极的课堂教学气氛有利于体育教师和学生之间的信任和情感交流，最大限度地引发和调动学生学习的积极性和自觉性，并且有利于帮助学生树立克服困难的勇气和信心。

（3）体育教学中的人际关系

人际关系是指人们在社会交往中所形成的人与人之间的心理关系。体育教学中的人际关系主要包括两个方面，一是体育教师与学生之间的关系，二是学生与学生之间的关系。这些关系又构成了体育教学中的人际互动过程，直接影响着体育课堂教学的气氛、体育教学反馈以及学生的课堂参与度和积极性，进而影响体育教学的效果。

（三）体育教学环境的特征

1. 体育教学环境的教育性

教育功能是体育的重要功能之一。在当今社会，这项功能已经获得人们的认知和重视，并通过体育的手段和方法进行各种教育活动（如健全性格、锻炼意志品质、心理辅导等）。体育教学环境是学生身心活动的环境，这个环境的内容、氛围、互动形式、设计理念、构成因素等都具有教育意义，这种教育性的体现是体育教学环境特有的。

2. 体育教学环境的群体性

教师和学生是体育教学的参与者（教师是主导者，学生是主体），这构成了体育教学的人文环境。来自不同地方、不同专业的参与者，在这个环境中通过体育教学活动进行交流（包括肢体、心理、思想的交流），由陌生到熟悉，并建立新的人际关系（同学关系、师生关系）；教学环境中的个体在体育活动中不断地与老师、同学进行交流，体现出个体与群体的教育性，并受群体的规范，群体中个体的数量在政策上也有限定。

3. 体育教学环境的可控性

体育教学环境虽然包括自然环境，但它本身不是自发形成的。它是根据教育教学目标和教学计划构思设计的，具有可控性。主导者以教育教学目标为指导，不断地通过各种方法手段控制整个教学环境的诸多因素，在实现教学目标的同时满足主体的需求。在这个教学环境中氛围、情绪、主体的活动都是可控的。

4. 体育教学环境的潜在性

由于体育教学环境是作为主体知觉的背景而存在的，刺激限度较弱，具有一定的暗示性，因而常常使学生在不知不觉中产生各种潜移默化的影响。体育教学环境对学生而言犹如空气和水一样"润物细无声"，它无时无刻不在影响学生的学习活动：在同学们的欢声笑语中，在每一次成功的喜悦中，在每一次失败的反思中，没有任何强迫的接受。

5. 体育教学环境的和谐性

体育教学环境中的场所、设施要与学校其他建筑、设施协调一致，体育设施、场所与其他建筑设施在风格、布局、功能等方面要和谐，形成一个有机整体；体育教学场所、设施之间要协调一致，场地与场地之间、器械与器械之间的布局要有层次性，避免互相干扰，颜色搭配要符合学生的心理特征；体育教学的场所设施要与校园的自然环境协调一致，营造出自然和谐，景色宜人，奋发向上的体育教学环境。① 在这样的环境中教学，学生的各种潜能才能被充分挖掘出来，学生才能健康地发展，主体意识才能体现出来。

学校毕竟是社会的一个组成部分，体育教学环境随时都受到各种外界环境的影响，同时它又对外界社会产生着不可忽视的作用。从这个意义上说，体育教学环境是特殊的开放系统，它同样辐射着大众体育与竞技体育，并受其影响。

（四）体育教学环境的功能

1. 陶冶功能

实践证明，优雅文明、美观和谐、活泼向上的体育教学环境，对陶冶学生的情操，净化他们的心灵，培养他们的审美情趣以及养成他们高尚的道德品质和行为习惯有着重要的意义。通过各种有形的、无形的或物质的、精神的体育教学环境因素的综合作用，能够在耳濡目染、潜移默化中熏陶、感化学生，从而产生一种春风化雨、润物无声的教育效果。体育教学环境的这种陶冶功能如果运用恰当，对实现体育教学的目标乃至学校体育的目标都具有重要意义。

2. 激励功能

良好的体育教学环境，一方面，可以有效地激励教师教学的工作热情和动机；另一方面，可以提高学生学习的积极性和自觉性，从而推动体育教学工作的顺利进行。体育教学可以为学生创造一幅诗一般的画面；翠绿的草坪、湛蓝的天空、清新的空气、整洁的场地、个性化的器材与充满活力的运动场面，在这里，人与自然、人与环境、人与运动已经浑然一体。置身于这样的环境中，去奔跑、去跳跃、去拼抢，对学生而言，是他们人生中最惬意的享受。在这里，学生热爱运动的自然本性展现得淋漓尽致，而体育意识则宛如春天的藤萝，在学生的心灵中一天天萌发、滋长。

3. 健康功能

体育教学环境是师生长期生活、学习、工作的环境，环境的优劣直接关系到教师和学生的身心健康。一个卫生条件良好，没有污染和噪音，教学设施充足、安全的体

---

① 李志伟. 现代高校体育与健康教程［M］. 天津：天津大学出版社，2019.

育教学环境，可以有效地促进师生特别是学生的身心健康发展。另外，体育教学中宽松和谐的课堂气氛和良好互助的人际关系，还对学生心理健康有积极的促进作用。

（五）良好的体育教学环境的表现形式

1. 能够勇于突破传统授课模式

每个教师都会在自己从小学到体育院校毕业参加工作，以及多年的教学实践过程中，不自觉地形成一种自己固有的教学模式。这些固有模式虽然在一定限度上能使教学顺畅进行，但是却能束缚体育教师的思维方式，使自己陷入条条框框之中，严重制约着体育教学的改革和发展。要提高体育教学质量，实现教学目标，我们只有突破传统思维方式，勇于进行体育教学改革，改进组织形式和教学方法，以适应现代教育的发展需要，才能创造适合主体身心发展的教学环境。

2. 能够激发全体学生的兴趣和参与热情

体育教学改革的第一目标是"使体育教学面向全体学生"。教师要带着饱满而稳定的激情上课，用教态、内容、语言、媒体、灵活的方法手段等方式激发学生的兴趣，并使其积极参与到教学活动中，使学生身心放松，体验成功与失败，学会积极思考，提高分析问题和解决问题的能力；培养每个学生的参与意识，并把这种参与意识调动起来。鼓励学生积极参与到体育活动中，帮助学生确立不同阶段的学习目标，使学生能够通过自己的努力体验到成功的乐趣。

3. 能够充分发挥主体的自主性、创造性

（1）充分发挥主体的自主性

体育教学的突出特点是实践性强，如师生互动和反馈，以及学生对运动知识的掌握和技能的形成与提高，都是通过自身主动、自觉地活动才能完成的。在教学过程中教师应指导学生在如何学和练上下功夫，激发学生的兴趣、启迪学生的思维；开阔学生的视野、丰富学生的体育文化知识，使学生掌握获取知识的途径和方法，从而提高学生的参与意识。

（2）充分发挥学生的创造性

创造性是对原有认识、操作成果有所改进或突破、超越。体育课的教学内容丰富、手段多样，教师要突破传统的教学模式，充分发挥学生的创造性。例如，在体育舞蹈的教学中，学生不仅要会跳舞，还要学会创编舞蹈的原则，能够创编舞蹈。在教学中为学生提供器材，鼓励学生发挥想象，编排游戏，这样既充分发挥了学生的创造力，又培养了学生的自信心，增加了学生的学习兴趣。

4. 能够充分体现体育教学的全面性

体育教学不仅仅是提高身体素质，还要教会学生做人，培养良好的道德品质、健全性格，如在耐久跑中锻炼学生身体抗疲劳的能力，培养学生坚韧不拔的顽强精神；在游泳、滑冰、跳跃等项目教学中，培养学生不断克服胆怯心理，以勇敢、无畏的精神去战胜困难，越过障碍；在足球、篮球、排球等团队运动项目教学中，要增强学生的自身活力，培养与人合作的精神；在羽毛球、乒乓球、网球等教学中，培养学生冷静的头脑、敏捷的思维、准确的判断力、当机立断的性格。通过组织竞赛，培养学生逆境中的承受能力。在体育教学活动中，要在学生自我意识发展的基础上，培养他们的自我控制能力，逐步形成各种良好的心理品质。

（六）体育教学环境的调控

体育教学环境是由多种要素构成的整体系统，它与体育教学活动息息相关。体育教学环境的优劣直接影响着体育教学的进程，为了最大限度地发挥体育教学环境的正向功能，降低负向功能，实现体育教学环境的最优化，必须对体育教学环境进行调控。对体育教学环境的调控是多方面的，突出的要注意以下几点：

1. 重视体育教学环境的地域优势

一般说来，不同地区、不同学校在环境条件上是有差异的，任何学校在环境方面又都有自己的特点和优势，充分挖掘和利用自身已有的环境优势，最大限度地减少、避免和弥补已有环境的不足，就有可能推动体育教学环境的整体改观。每个学校只要充分挖掘，都可以发现自己环境条件的潜力和优势。

2. 重视体育教学环境的整体布局

构成体育教学环境的因素颇为复杂，既有物质的，又有心理的；既有形的，又有无形的。只有当这些环境因素协调一致时，体育教学环境的积极作用才能得以发挥。因此调控体育教学环境，首先要考虑整体的筹划布局，把体育场、馆的建筑，周边环境的绿化，场内场外的布置，图书资料的购置，各类器材的设置，良好人际关系的建立，积极向上班风学风的形成，作为一个整体来加以全面考虑和控制。注意体育教学环境的硬件建设和美化要符合学生身心发展的特点和教学基本规律，要遵循教育学、心理学、生理学、卫生学以及美学的基本原理，通过科学的调控，使体育教学环境真正成为塑造健康体魄、健全人格的统一体。

3. 重视体育教学环境中强势因素的作用

环境心理学研究表明，环境可以影响人的行为，环境的不同特性能对人产生不同的影响。将这一原理运用于体育教学环境的调控过程中，适当突出体育教学环境的某些特征，可以增强特殊场景下的环境影响力，使师生的行为发生积极的变化。例如：在体育馆、图书资料室、球类房的主要出入口，设置一面醒目的镜子，有助于师生整理仪容，约束言行。在体育场馆醒目处、通道口陈设体育格言箴语，将有利于学生开阔视野，激发他们学习体育、参与体育的热情。体育教学环境建设中充分发挥强势因素的作用是调控中的重要方面，但应当根据具体情境灵活运用，不能生搬硬套，这样，对体育教学环境的调控才能获得理想效果。

4. 重视体育教学环境调控中师生的主体作用

体育教学环境调控中教师的作用是不言而喻的，作为教育者要注意体育教学环境的调控，但是仅仅这样还不够，还应当重视学生在调控体育教学环境方面的作用。同教师一样，学生也是体育教学环境的主人，创造良好的体育教学环境的一切工作，几乎都离不开学生的参与、支持和合作。良好校风、班风建设，体育教学设施的维护，教学秩序和纪律执行等等，都与学生紧密联系在一起。因此，教师应当重视学生参与体育教学环境建设的主动性，培养他们对体育教学环境的责任感。只有这样，才能使已经形成的良好体育教学环境得到持久的维护，并在学生自觉不懈的努力中才会变得更加和谐、优美。

在学校体育改革向纵深发展，素质教育成为人们共识的今天，体育教学环境应当引起体育教育界以及学校行政部门的重视，这不仅是因为体育教学是在一个开放的环境中进行，比其他任何一门课程的教学受环境的影响更直接，而且还因为体育教学环境建设作为学校教学的窗口，更容易展现学校教育的特色。重视体育教学环境建设和可持续发展，将是新世纪学校体育改革的一个重要切入点。

第三节　高校体育教学的走向和发展

一、转变观念，提升思想认知

体育学科是我国各级教育的重要学科，体育教育对于促进学生身心健康的发展和社会适应能力的提高具有非常重要的促进作用，新时期要促进高校体育教学的发展，就必须迎合时代特点，紧扣新课改的要求和素质教育的精神，提升对体育学科的思想认识，以思想为指导实现教改的全面推进。

（一）转变应试思维

新时期的体育教学活动应在新的价值观念指导下开展，高校应加强思想认识，转变以往的应试思维，给予体育教改以高度重视，带动所有教师参与到教改中。具体来说，在高校体育教学实践中，应最大化地发挥体育教育教学价值。①

高校相关领导和体育教师应树立新型体育教育价值观念，鉴于教师对教学活动、学生的重要影响，教师的价值观念也必然会潜移默化地影响到学生，学生正确体育价值观的树立是以此为基础的。在高校体育教学中，体育教育应真正做到促进学生的体质、心理、社会性健康发展。

（二）探索新型体育教学模式

在高校体育教学中，应在充分分析学生体育学习与发展需求，充分结合小体育教学实际情况的基础上，积极探索选修课与必修课相结合的教育模式，在夯实学生体质基础的同时，给学生自由选择体育项目的空间。

在体育教学实践中，应注意优化教学组织形式，合理选用班级、小组和个人教学，同时，兼顾教学班的共性教学和课内外的个性化体育运动指导，满足学生的个体需要。促进学生的体育健康参与，并能坚持持续参与，在体育教学中切实落实"健康第一""终身体育"教学思想。

二、以人为本，关注教学参与者

（一）重视学生的教学参与

现代体育教学，应坚持"以人为本"，在体育教学中，充分重视和强调学生在体育教学活动中的主体地位，结合学生的特点、情况和体育需求来设计、组织教学活动。首先，高校体育教学中，教师应避免"填鸭式"教学，应具有教学创新意识，在充分了解和分析学生情况、教学目标之后，有针对性地进行教学模式、教学方法、教学组织形式等的创新，以充分调动学生的体育学习与参与积极性。其次，在高校体育教学活动的开展过程中，教师应注重人性化教学环境的创设，尊重学生，在教学过程中加强与学生的交流沟通，倡导师生平等互动。

（二）促进教师的可持续发展

教师在教学活动中是重要的参与者，良好的体育教学活动开展效果的获得，教师在其中一定发挥了非常重要的作用。因此体育教学要想获得良好的发展，必须重视体育教师的良好发展，才能进一步通过教师来影响整个体育教学的过程和结果，并不断完善学校体育教学。

---

① 刘景堂. 高校体育教学改革研究 [M]. 北京：中国纺织出版社，2019.

三、优化教学，落实素质教育

（一）调整课程目标

在现代科学体育教育教学思想观念的影响下，高校体育教学改革应坚持人本教育、人文教育，注重高校体育教学中的"学习领域目标""课程目标"的科学、合理设置。新时期，高校体育教学应注重改变传统体育教学中的"三基"教育教学，调整课程教学目标，这是当前包括高校在内的体育教学发展与创新的重要途径。具体来说，应重视学生个性发展，促进学生健康、全面、自由发展。

（二）重视学生体育素养培养

高校体育教学要真正落实素质教育，必须重视高校大学生体育素养的培养。具体来说，体育教学应促使学生的体育文化素养得到本质提升，使学生在实现身体素质与体质水平发展的基础上，同时促进其心理健康和社会适应性的健康发展。此外，高校体育教育教学工作的开展应不仅局限于课堂内，还要重视在课堂外通过各项体育教学活动的组织和实施（各种各样的体育文化活动举办），使学生身心的全面发展得以推动，从本质上提高学生的体育人文素养，只有这样才能从根本上实现大学生主动参与，学习体育活动、知识、技能，大学生才能提高体育锻炼意识，落实终身体育行动。

体育教学要符合素质教育的目标，紧紧围绕学生来开展。在传统体育教学中，竞技体育项目是主要教学内容，它以专项运动项目为主，在新的教学改革的背景下，相关人士提出的"健康第一""以人为本""终身体育"等体育教学理念，逐渐成为学校体育教学的主要内容。在新的教学思想和理念的指导下，高校体育教学要从根本上培养学生的体育素养，不仅要重视学生体育知识和体育技能的提高，还要重视如柔韧性、协调性等身体素质的发展。此外，通过体育教学，促进学生的智能、社交、情商、社会适应力等方面的均衡发展。

四、完善资源和体育教学环境

（一）加强师资培养

体育教师对于体育教学活动是否能正常开展、能否获得良好的体育教学效果有重要的影响，甚至对整个体育教学的发展都具有重要的影响作用。加强体育教师的师资培养，对于整个学校体育教学来说都是必要和重要的。

现阶段，随着我国体育教学改革的不断深入，在素质教育背景下，要培养优秀的学生，首先必须要有优秀的教师，这也是进行教师队伍建设、加强师资培养的必要性所在。学生成才受多种因素影响，好的教师不一定培养出优秀的学生，但是如果教师师资水平不高，则一定不能培养出优秀学生，甚至误人子弟。

要加强师资培养，从选聘教师到教师在岗培训，再到教师再教育，为教师提供更多学习机会，并创造更多学习条件，都是有利于教师的可持续发展的，对此，整个体育教育系统和学校领导、体育教学管理者都应该有充分的认识。①

聘用体育教师时，应加强对教师的资格认定、教师聘任和任职评定等方面的审查。教师资格标准的获得需要经过长时间的学习和实习才能获得，学成之后，要进行严格的考察。重视教师的教学能力考核，尤其要注重教学能力标准考核。一名合格的体育教师应具有教学与育人能力、组织与协调能力、教育研究能力以及教育机智与实践智慧。

针对在岗教师，应重视教师的教学能力培训，不断提高教师的教学能力，通过教师体育素养和教学能力的提高，来影响学生、教导学生，促进学生身心健康发展、终身体育意识和体育实践能力的提高，并推动整个学校体育教学体系的发展。

（二）完善教师队伍结构

体育教师队伍，应重视不同教师之间年龄结构的比例协调，教师队伍中，既要有教学经验丰富的老教师，也要有具有新思想的年轻教师。此外，体育教师队伍，应重视不同教师之间学历结构的整体提高，这就需要加强教师的学习、交流，并重视优秀教师的引进，为本校的体育教师队伍注入新的活力和创新因素，以不断完善和提高教师队伍素质水平。

（三）建设和谐校园体育环境

良好的教学环境是体育教学发展的重要基础，高校体育教学的发展不仅限于教学本身，还要重视环境建设。

首先，高校体育教学需要教学物质设施条件做基础，改善体育教学环境时，改善体育物质教学环境是最重要的前提，良好的体育教学场地、设施、器材能为教师更好地教，学生更好地学提供保障，并避免意外伤害事故的发生。

其次，高校体育教学的发展与完善还应该关注校园体育文化建设。校园体育文化建设涉及多个方面，良好的体育文化建设能为学校提供一个良好的体育学习、体育参与氛围，充分调动师生体育参与积极性，并影响更多的学生参与到体育活动中来，在整个校园的师生体育热情高涨的环境中，体育教学活动的开展必然会变得更加顺畅，能使得学生不自觉地积极主动地参与到学校组织的各项体育运动之中，形成师生的默

---

① 张京杭. 高校体育教学方法实践探索［M］. 北京：现代出版社，2019.

契配合，体育活动参与学习也就不再受教与学的目标与任务的"督促"，而成为师生的一种内化行为习惯。

（四）完善体育教学评价体系

高校体育教学的发展离不开教学评价的完善，教学评价是教学的一个重要教学工作内容和环节，要促进高校体育教学的不断发展，高校体育教学评价的不断完善是一个非常有效的推动策略，也是高校体育教学发展的一个必然要求与趋势。

当前，要促进高校体育教学发展、建立科学的教学评价体系，以对学生的学习评价为例应重视做好以下工作。

1. 评价内容应多元化

评价者对学生做出评价，应关注学生多个方面的发展。例如，体育教师对学生做出评价，不能仅仅在期末通过观看学生对某一个体育动作技能的演示就对学生整个学期的学习作出评价，这一个动作的示范与演示并不能概括学生整个学期的体育学习，只是学生体育学习一个方面的展示。教师还应关注学生的体育学习进步程度、学习态度改变、体育运动心理的建设、体育意志品质的发展、与同学及教师的社会性互动等方面。评价内容越丰富，对学生的了解越全面、评价就越客观。

2. 评价方法应多样化

体育教师对学生进行教学评价，要尽可能多地了解学生的信息，这就需要教师应掌握尽可能多的教学评价方法，从多个层面和渠道了解学生尽可能多的学习信息，来对学生作出全面真实的评价。

3. 评价标准应有科学依据

体育教学应促进学生体质健康、心理健康、社会健康等多方面的发展，以体质健康为例，应根据科学化、具体可量化标准对学生的体育学习进行评价，将体质健康测试内容明细化、规范化，纳入体育课考核中来，以制度为指引，严格对大学生进行健康检测。

4. 评价主体应多元化

传统体育教学评价中，教师是唯一的评价者，新课改下，体育教学应关注学生的身心健康和个性发展，对学生评价做到多方面，要了解学生的各方面发展，教师的评价角度是一个重要角度，教师还应通过学生互评、家长评价来了解学生，综合评价学生，如此才能更好地发现问题，完善教学。

第二章

高校体育教学理念

第一节 "以人为本"教学理念

一、"以人为本"教学理念概述

(一)"以人为本"的基本内涵

"以人为本"思想在古今中外均有所提及,只是一直到近现代才发展成为一个系统的思想,在教育教学领域成为一个固定的名词。

1. 我国古代"以人为本"思想

在我国古代有着最早的学校和体育教育,一些思想家所提出的教学思想与现代"以人为本"教学理念有着相通的思想内涵,只是,当时的各种教育教学思想并没有形成一个系统化的理论体系。

早在商周时期,先人就提出了"民本"思想,指出人民国家的基础,这是我国古代教育家和思想家重视"人"的重要体现。春秋时期,儒家倡导"仁者爱人""以民为国家之本"等思想,都与"以人为本"教学理念有着密切联系,只是,当时对人的关注更多的是政治意义的体现,在教育方面并没有系统地显现出来。

2. 现代"以人为本"思想内涵解析

在我国体育教育教学领域,"以人为本"教学理念指出,教育应落实到"育人"和"促进人发展"上面,这对我国传统体育过度重视竞技体育成绩取得、用体能训练和技能训练代替体育教学、体育教学仅重视竞技体育人才培养和为竞技体育运动发展服务等错误的教学思想进行了否定。

新时期的体育教育应坚持"以人为本"教学理念，教育的出发点、中心以及最终归宿都是"人"，教育的目的是"人的发展"，教育以人为基础和根本的"以人为本"的发展观要求在教育过程中将人的自由、幸福、和谐全面发展以及终极价值实现重视起来，要求体育教育突破机器的教育模式，真正转变为人的教育。教育是人的自我实现、自我理解以及自我确认的过程。而不是用金钱标准衡量现代人的自我价值和自我尊严。

新时期，将"以人为本"的基本发展理念融入体育教育，是人类社会协调和可持续发展的基本要求和重要内容。21世纪的竞争的根本是"人才"之间的竞争，而人才的培养是依靠教育来实现的，新时期，各级学校贯彻落实科学发展观，坚持"以人为本"，是学校体育教学发展的必然趋势与必然要求。

（二）"以人为本"的理论基础

"以人为本"教学理念的提出是在现代人本主义教育思想的基础上发展起来的。人本主义教育思想的产生，源于对现代科学发展中人对科学产品的使用和在智能化时代发展过程中人的价值丧失的思考。[①]

在科学技术不断发展的影响下，人类社会的生产生活方式和模式发生了很大的变化，科学改变生活，对人们启发很大，人们依赖科技，也会越来越受制于科技，因此在教育层面，人们也越来越强调"人本主义"，旨在将人从"器物"中解放出来。现代人本主义强调，应将人类从依赖科技中解放出来，恢复人在世界中的本体地位，而非依附于科技发展。

从社会发展中人主体地位的体现到教育领域中对作为学习者、施教者的教学活动参与主体的"人"的重视，"以人为本"思想在包括教育在内的各个领域都得到了重视。教育教学中的"以人为本"教学理念旨在将教学活动参与者从传统教学中的非人性化的状态中解脱出来，恢复人的教学主体地位，强调了"人"的重要性，在教学中，真正关注教师、学生的健康、可持续发展。

"人本主义"理论具有以下几个基本观点。①学习者是学习的主体，应受到尊重。②学习是丰满人性的过程，根本目的是人的"自我实现"。强调教育应促进教学参与者（尤其是学生）人格的完整，促进人的认知与情感的丰富、提高。③人际关系是最有效的学习条件。④"意义学习"是最有效的学习。

（三）"以人为本"的教学解析

"以人为本"教学理念的核心是教育要提升人的主体地位，"以人为本"实际上就

---

① 谢丽娜. 高校体育风险管理研究［M］. 长春：吉林人民出版社，2020.

是"以学生为本",教育应重视学生在教学中的主体地位。教育的"以人为本",要求教师应尊重、理解、关心和信任学生,发现每一个学生的不同之处和过人之处,关注学生的个性化发展。"以人为本"教学理念,"人"是指学生,也指教师,教学应把学生和教师作为教育的主体。"以人为本"包括"以学生为本"和"以教师为本"两方面内容。"以人为本"教学理念是一种以尊重和关怀他人为核心的教学理念,倡导以人为主体,以教育为主体。在"以人为本"教学理念中,广义的"人"是指学生,教师和教育管理者,狭义的"人"是指学生,教育是"培养人"的一种活动,"以人为本"中的"人"的最大内涵是"学生",教育应以学生的身心健康、全面发展为"本"。

(四)"以人为本"的教学观点

1. 教育的目的是促进师生自我实现

首先,在体育教学中,学生的自我实现是要促进学生的身体、心理、智能、社会性等全方位的自我发展,让每一个学生都能通过体育教学有所进步,体育具有多元教育价值,通过体育教学能促进学生的各种素质的综合发展。在"以人为本"的基础性理论——人本理论的支持下,体育教育强调了在体育教学中不仅要重视健康知识和运动技能的学习,还要通过科学的体育教学环境创设和教学过程安排来促进学生的心理、情感、智慧、社会性的发展,使学生情感和智力有机结合。教育学家罗杰斯认为,体育教育的一个重要教学任务就是在体育教学中促进学生的认知与情感的共同进步与发展,通过体育教学,发掘和发挥每一个学生的学习潜能,培养学生在各个方面的创造性,最终所培养出来的学生应具有创新、创造的意识与能力,这样的人才是社会真正所需要的人才。

其次,在体育教学中,教师的自我实现最基本的就是能创造性地完成体育教学任务,在教学中实现作为教师这一角色的价值,通过体育教学培养出适合社会发展的合格人才,促进学生的发展与进步。同时,在体育教学中,通过对体育教学的科学设计与各种丰富多彩的体育教学活动的开展和教学媒体媒介的应用来提高自己的教学能力、组织能力、社交能力、科研能力和创造力等,促进自我综合教学能力和体育素养的不断提高,实现自我职业生涯的不断发展,并能在日常工作和生活中身体力行地从事体育健身锻炼,不断提高自身的身体健康水平,并能对学生和周围的人形成一种潜移默化的影响。

2. 课程安排应尊重学生的自由发展

在人本教育理念产生之前,传统的教育侧重社会价值和工具价值,人本位的思想和观念使得人们认识到了传统工具化教育是对其本质属性的违背,必须认识到人是教育的出发点,人本教育将教育的重点落实到人身上,关注人的健康成长。在人本教育基础上我国所提出的素质教育也正是关注人的以学生为本的一种教育，素质教育的实施方针是坚持实现自身价值与服务祖国人民的统一，学生是教育活动的主体，素质教育背景下的教育应关注学生的个性发展，独立人格发展。在体育教学中，教学应关注学生群体与个体的统一性与个性化发展，并通过体育教学，调动每一个学生的积极性，促进每一个学生的自我进步。

体育教学所面对的教学对象是人，每一个人都与其他人存在个体差异，教育不是为了"批量生产人才"，而是旨在促进每一个人健康全面发展的基础上的个性化发展，因此，体育教学应在统一要求的基础上做到因材施教，教师必须要尽可能实现多种多样、侧重点不同的教学课程设计，使每一个学生都能在体育教学中有所进步与成长，通过科学体育教学活动组织与引导学生的正确、充分参与，培养个性化的人才。

3. 教学方法选用应重视学生情感体验

人本主义教学理论强调"以人为本"，主张教学以学生为中心，实现个性化发展，而学生的这种发展都是从学习经验中体悟和实现的，因此，这就要求体育教学中应重视科学化体育教学方法的选择，激发学生的体育学习兴趣，为学生创造良好的学习体验。

在弘扬人的个性，强调以人为中心，尊重人情感体验的现代体育教学中，体育教师应全面了解学生、充分尊重学生、真正理解和信任学生，在此基础上，教师与学生之间的"高高在上""师命不可违"的关系才能彻底改变，才有助于教师与学生构建和谐的师生关系。而良好的师生关系的建立对于体育教学活动的顺利开展具有非常重要的意义。可以说，学生对体育学习的个人爱好、获得学分是重要动机，来自教师的个人魅力因素也具有重要影响。此外，师生的和谐关系建立也有助于教学活动中师生能够更好地配合，从而提高体育教学的质量。

二、"以人为本"教学理念的高校体育教学指导

（一）重新定位体育教育价值

传统体育教学在对"育人"的认识上存在不少误区。长期以来，人们总是在理解体育科学化的基础上，常常采用生物学的观点来对学校体育的价值做出判断，并且过多地关注学校体育"增强体质"的功能。此外，在对体育运动的本质理解上，一些教师存在一定的偏差，以足球运动教学为例，我国体育教材普遍将体育运动确定为是以脚支配球为主，两个队在同一场地内进行攻守的体育运动项目，针对此概念，有教师认为，"球"是活动争夺的目标，自然应该处于主体地位，因此也就忽视了"球"要受制于人，"人"才是整个体育活动中的活动主体。

在全球化的发展背景下，各种思想文化处在不断的发展和融合之中，教育思想也

呈现出这一发展趋势，人本理论和"以人为本"教育理念的提出体现了当代社会对人的发展的重视，在体育教育教学领域，当前的学校体育更加强调人性的回归，学校体育的根本出发点和落脚点应是"育人"。

现代高校体育教学中，"以人为本"教学理念是符合当前时代的发展要求的，当前社会，人的发展在社会的各个领域受到了重视，即使是在智能时代，很多机器生产代替了人工生产，但是发明机器、操控机器的还是人，人在人类社会的发展中是起到关键作用的，任何时候都不能忽视人的作用。

人本主义教学理念与思想指导下的体育教学，就是要求教育者在体育教学活动开展过程中关注作为教学对象的学生这一因素，教师的教学活动开展需要学生的参与、配合，如果没有学生的参与，则教学活动就没有开展的意义了。

必须提出的是，教师也是教学活动中非常重要的参与一方，也是应该受到关注的人这一要素。体育教师在教学活动中所发挥的作用也不容忽视。

现阶段，我国的体育教学思想呈现出多元化的发展趋势，诸多教学思想都围绕"人"的教育展开论述，讨论了体育教学中如何更好地促进和实现"人"的发展。

（二）体育教学目标的重构

在我国，传统的学校体育教学目标为增强学生体质、掌握"三基"和德育，体育教学过于功利化，过于追求竞技成绩和金牌数量，这些都严重忽视了学生的健康发展，不利于学生的健康可持续发展的同时，也不利于整个教学的可持续发展。

随着体育教学的不断发展，新的科学化教学理论、教学理念给了体育教育工作者更多的教育启发与指导，体育教学的育人作用被不断丰富和发展，多元化的学校体育价值体系对体育教学目标重构提出了要求。

新时期，"以人为本"教育理念在学校不同学科的教学中被广泛应用并渗透，也有越来越多的学者认识到传统的体育教育体制不再适合当前的体育教育教学，不能单纯地追求学生的外在技能水平，而应该重视学生的全面、健康、可持续发展。新时期的体育教学的重点转移到"以人为主"上，在体育教学中，教师必须认识到，人是运动的参与者、是运动的主体，体育运动的教学和训练也必须以促进人的全面发展为根本目标。

（三）学生教学主体观的建立

现阶段，"以人为本"教学理念成为我国体育教学的重要教学理念，我国的体育教学实践活动开展过程中，越来越多的教师开始关注学生，从学生的特点、条件、基础和学习需要出发来选择教学内容、教学方法、教学组织形式与教学模式。高校体育更多以选修课形式设置，不同教师之间也正是通过个人教学能力、对学生的"因材施教"、关心关爱学生、研究学生而获得学生的喜爱，以此来促进更多的学生来选修自己的体育课程。总之，学生是教学的主体，没有学生，教学也就不复存在。

（四）体育课程内容的优选

传统体育教学对学生的全面健康发展关注不够，体育教学课程内容主要是竞技体育运动技能，体育教学课通常被体能训练课、技能训练课代替，新时期的"以人为本"教学理念重视学生的全面、健康、个性化发展，在体育教学内容选择上也更加科学。

在"以人为本"教学理念指导下，我国的体育教学有了很大的进步与发展，为了进一步促进我国体育教学的改革，教育部门先后修订各级学校体育教学大纲，强调在体育教学中要不断丰富体育教学内容，旨在通过多样化教学内容促进学生的身心健康与全面发展。高校体育教学中，教学活动开展也建立在落实"健康第一"教学理念的基础上进行，通过丰富的体育教学内容来吸引学生参与体育锻炼，通过体育教学促进学生身心健康发展，而非传统体育教学中只关注竞技能力提高，有时为了达到"竞技力提高"这一目的，甚至安排不合理教学内容，超负荷的拔苗助长，可能对学生身心健康造成损害，这种行为是"健康第一"教学理念坚决禁止的。

此外，在丰富高校体育教学内容的同时，"以人为本"教学理念还强调体育教学内容与不同大学生发展需求的相适应，在体育教学内容优选中应注意以下几点要求。①突出体育教学内容的趣味性，在课程改革过程中，激发学生学习的兴趣。②强调体育教学内容的健身性，对过度强调竞技技术提高的体育教学内容予以摒弃或改变，使之能更好地为促进高校大学生身体健康服务。③重视体育教学内容的适用性，体育教学内容的教学实施应有利于学生的当前身体健康发展，并能为高校大学生的终身体育意识和体育能力的培养奠定基础。④关注体育教学内容的创新性，高校体育教学内容还应适应现代化社会发展潮流，应具有启发性、创新性，促进高校大学生的创新意识和能力培养。

三、"以人为本"教育理念对我国高校体育改革的启示

1. 学校体育价值的重新审视

人文主义精神在现代体育教学中得到了很好的彰显，这同人文精神得以弘扬的时代潮流相适应。育人是学校体育的根本出发点和落脚点。但长期以来，我国学校体育对"增强学生体质"给予了过度的关注，但对体育运动其他方面的价值却有所忽略。另外，随着现代社会的不断发展，实用主义对学校体育产生了重要的影响。学校忽略了对学生情感、个性等的培养，这不利于学生的全面发展。

促使学生体质得以增强是学校体育的首要功能，但这并不是唯一的，在促使学生体质增强的基础上，学校体育也对体育教学的人文价值进行了进一步拓展，并对多元

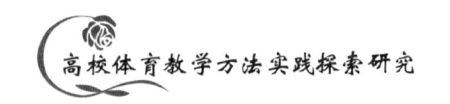

化的体育教学价值体系进行了很好的构建。

2. 学校体育课程内容的重新调整

我国学校体育课程一直以来都是处在不断发展和变革之中，但就目前来说，体育课程内容很难使体育教师的要求得到完全满足。因此，在体育教学未来的发展和改革中，要对体育教学课程内容进行一定的调整，以对体育教学不断变化的需求进行适应。①普及性，体育课程内容中对于一些竞技体育项目中不适合该年龄阶段学生的技术要领、规则、器材和设施要进行相应的改造，以有利于学生参加运动健身。②创新性，体育课程内容还要为学生创新精神的发展提供广阔的空间。③趣味性，体育课程改革与发展的过程中，要充分利用学生的好奇心，激发其学习的积极性和主动性。④适用性，体育课程内容的设置要侧重于对学生的终身体育能力的培养，加强学生与社会和生活的联系。

3. 学校体育教学的重新认识

在"以人为本"教育理念之下，产生了很多教学观念，如成功体育、快乐体育和终身体育等，这些思想观念对学生的创新健身、个性等方面的培养给予了充分的重视，并注重激发学生的学习积极性。在改革体育教学的过程中，一些体育教学模式不断涌现出来并得到了非常广泛的传播，如情境式教学、发现式教学、快乐式教学以及创造式教学等。对于如何将学生的被动学习变为主动学习、如何使学生获得良好的情感体验；如何发展学生的个性等问题，已经成为现代学校体育教学改革讨论的热点话题。

进入 21 世纪后，在以人为本的教育理念下，学生学习体育知识不再承受痛苦和沉重的负担，而是为了展现自我、弘扬个性、满足自身享受快乐的需要。各种思想文化在全球化的发展中处在不断地发展和融合之中，这使得体育教育思想和理念呈现出了多元化发展的趋势。在新的历史时期，我们应把握住机遇，加强体育教育理念的更新，从而促进体育教学的发展。

第二节 "健康第一"教学理念

一、"健康第一"教学理念概述

（一）"健康第一"的提出背景

21 世纪以来，关注人的健康教育成为新时期高校体育教育的重点，我国更加重视学生在体育教学中的全面健康发展。"健康第一"是现阶段体育教学的一个重要教学理念，我国学校体育的指导思想是"健身育人"，"健身"与"育人"的结合，体育运动教学应将促进学生的身体健康发展放在首位，突显了体育教育本质。国务院印发《关于强化学校体育促进学生身心健康全面发展的意见》，首次把学校体育与健康中国、中国梦紧密结合起来，指出"学生体质健康水平仍是学生素质的明显短板"的事实。《"健康中国2030"规划纲要》，进一步提倡要加强学校健康教育力度，指出高校体育作为体育教育的一个重要教育构成，在促进我国学生体育健康教育方面、加强健康中国建设方面发挥着重要的作用。"健康第一"教育理念在高校体育教学中发挥着重要的影响作用。

（二）"健康第一"的理论依据

随着科学科技的不断进步，经济的发展迅速、社会生活节奏日益加快，人类的体力劳动越来越少了，长时间伏案工作所造成的"运动不足""肌肉饥饿"严重影响了人们的身体健康。基于社会压力所产生的各种心理疾病严重影响了人们的心理健康；社会功利化发展，过多的利益争夺对人们的社会性发展也产生了不良影响。诸多健康问题困扰着个人的发展和整个社会的健康发展。[①]

进入21世纪以后，"全民健身"和"青少年体质健康"问题更大范围地走进我国国民的生活视野，大众体育健身参与、体育健康教育成为我国阻挡"现代文明病""办公室疾病""肌肉饥饿与运动不足病"的首选良方和强大武器。

在当前和未来社会的发展过程中，健康问题将始终是影响个人和社会发展的一个重要问题，社会的快速发展与激烈竞争要求现代人才不仅要有正确的政治思想，具备扎实的科学知识和能力，还必须具备强健的体魄，身体健康是其他一切健康的基础，身体是革命的本钱，身体健康是个体生活、学习、工作的基础，如果没有一个健康的身体，则很难在社会劳动力竞争中占据优势，社会竞争对劳动力的基本要求就是身体健康。要想在这个竞争中立于不败之地，必须首先拥有一个健康的体魄。教育的最终目的是促进个人的健康发展、培养符合社会发展的合格人才，对学生群体的身体健康教育是体育健康教育的重中之重。

（三）"健康第一"的教育特点

1. 强调身体健康是健康的基础

"健康第一"，其中所提到的"健康"是全面的健康，是包括身体健康、心理健康、社会健康、生殖健康等在内的多维健康，而健康的基础是身体健康。健康的体魄

---

① 谢明. 高校体育教育理论探索与实务研究［M］. 长春：吉林人民出版社，2020.

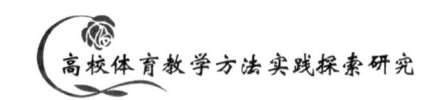

是人类发展的基本标志。教育应首先关注健康教育。

2. 强调多元健康发展的素质教育

"健康第一"作为现阶段一个重要先进教育理念的提出,其强调体育教育应重视学生的健康发展,指出学校教育教学的首要目标是促进学生的健康成长,学生的身心健康比"卷面分数""升学率"更为重要。

3. 强调健康教育的全面性

第一,学生身体健康教育,在"健康第一"指导思想指导下,高校体育教学应时刻关注学生各方面健康的综合发展,通过体育教学,关注和促进学生的身体健康发展,也促进学生心理和社会性的发展,以为学生奠定良好的身体基础、心理基础,并能在走出校园走进社会之后能有良好的身心健康状态和水平应对生活、工作、再教育中的各种挑战。

第二,学生心理健康教育。现代社会竞争日益加剧,各种社会竞争要求社会生活中的每一个成员都应具备良好的心理素质,如此才能正确地看待、应付学习、生活、升学、就业、恋爱、婚姻等过程中的各种问题。当前,就我国高校大学生群体而言,许多大学生都深受学业、就业,生活中各种问题的困扰,都存在不同程度的心理问题。因此,教育关注学生心理健康非常必要。体育具有促进运动者健康心理形成和发展的重要作用,现代大学生压力大,也容易受到不良因素影响,高校体育教育应关注大学生的心理健康发展,通过体育教学活动的开展,促进大学生心理健康发展。

第三,学生社会性发展教育。体育是一种独特的教育形式,学校体育教育可促进学生社会性的良好发展,应该在教学中有意识地培养学生人际关系的建立、竞争与合作能力。

因此,在高校体育教学活动开展中,深入挖掘体育的教育价值,在体育教学实践中充分贯彻"健康第一"的教育理念,切实促进学生身心健康的全面发展。

二、"健康第一"教学理念的高校体育教学指导

(一)树立体育教育新观念

"健康第一"教学理念对我国体育教育最重要的影响就是教育重点和方向的转变,新时期,要贯彻"健康第一"的教学理念,就必须转变体育教育观念,改变竞技化体育教育,关注学生身心健康发展。应该把教育的重心从单纯地追求学生的外在技能水平向追求学生的全面协调发展转移。

新时期,不断强化高校体育教育教学改革,必须落实健康教育,每一个高校、每一位高校体育教育工作者,都应该形成正确的体育价值观、培养良好的意志品质,不

断完善性格特征。总之，现代科学化的体育教育应该将体育教育工作理念从以往单纯的"增强体质"为主转移到"健康第一"的新型教育观、发展观。现阶段，社会发展对人才的要求是全面深化，一名合格的社会人才应该是健康发展的人才，身体健康、心理健康、社会性健康等，缺一不可。

（二）明确体育健康教学目标

在当前的体育教育教学实践中，"育人"是学校体育教学工作的最根本目标，技术教育和体制教育并不能完全作为学校体育实践的重心，"健康第一"的教育理念为促进我国高校体育目标多样性、建构多层次性提出了新的要求。具体如下：①高校体育教育应重视加强学生的体育文化知识教育，提高学生体育文化素养。②高校体育教育应充分融合健康、卫生、保健、美育等多种教育内容，通过内容全面的体育教育来培养学生健康的体育意识、健康的娱乐休闲习惯，远离可能影响个人身体健康的一切不健康因素和事件。③高校体育教育工作的开展应紧密结合学生生长发育与生活实际，使学生会自我保护，预防疾病的发生。④高校体育教育应重视大学生青春期教育和心理健康教育，将其作为健康教育的重要内容来抓，为学生在特殊时期的健康成长提供科学指导。

（三）完善体育教学课程体系

深化高校体育教学课程体系改革是促进高校体育教学发展的一个重要而有效的途径，新时期，要贯彻落实"健康第一"体育教学理念，就必须在体育教学课程体系建设方面做好工作，不断丰富体育教学课程体系内容，以更好地满足当前高校大学生的多元化、个性化的体育健康发展需求。

在"健康第一"教育理念影响下，我国的高校体育教学课程现状发生了很大的改变，如体育课程内容的增加，教学方法的不断丰富、学校体育课内与课外活动的有机结合，体育选修课越来越考虑大学生的学习爱好与需要，体育课程与内容设置针对不同专业学生的特点等。

现阶段，要继续贯穿"健康第一"的教学理念，建设更加完善的体育教学课程体系，应持续做好以下工作：①在高校体育教学中，应始终坚持以学生为主体，将学生的身心健康发展放在首位，所有教学活动的开展都应围绕促进学生的健康发展服务。②调整体育教学内容，充分了解学生的特点和需求，对体育教学大纲所规定的教学内容进行科学选择，对与本校实际教学情况和本校学生不适合的教学内容进行调整，使体育教学内容能更好地从理论落实到教学活动实践中。③丰富体育教学内容。通过丰富的体育教学内容吸引高校大学生的体育学习与体育参与兴趣，通过丰富的体育教学内容满足大学生不同的体育学习需求。④重视教学内容的因地制宜，根据本地区气候、资源以及学校自身教学特点来进行特色化的体育教学课程设置，并研究推出更能反映本校学生健康发展的健康检测内容与标准。⑤重视高校大学生课内体育教育与课外体育活动的有机结合，加强体育课对学生的教育意义，提高学生对体育课的兴趣，并使学生养成科学合理的作息习惯和健身习惯，在课余时间也能科学健身，保持健康的生活方式。

（四）重视体育教学方法优化

良好的体育教学效果的开展受到体育教学方法是否正确的影响，在高校体育教学中，有很多体育教学方法可以供教师进行选择，不同的体育教学方法有不同的特点，同一种体育教学内容的展现可通过多种教学方法来展现给学生，体育教师应该判断出哪一种教学方法是最合适的，这样可以促进教学方法应用的最优化，进而促进体育教学效果的最优化。重视体育教学方法优化，要求体育教师具有良好的体育教学能力，有能科学选择各种教学方法、有效应用各种教学方法的能力。①

（五）教学评价体系的完善

在"健康第一"思想的影响下，体育教学的评价应以学生的体质增强、身心健康发展为重要评价指标，完善体育教学评价体系。"健康第一"教学理念指导下的高校体育教学评价体系的科学化构建与完善，具体要求如下：①对学生的全面评价中，要重视对多方面的教学效果进行量化分析，并且将定性评价和定量评价相结合，提高教学评价的科学性，促进学生能更好地认识自身的不足以及获得学习的动力。②对学生的全面评价中，要做到评价内容的全面、评价指标的全面、评价方法的全面，还要尽量做到邀请不同的评价主体进行评价。③体育教学不仅注重对学生进行全面的评价，还要注重对教师教学的全面评价。

三、贯彻"健康第一"理念的途径

1. 提高体育教师的综合素质

在提高体育教育质量方面，体育教师的综合素质在其中发挥着非常重要的作用，现代体育教育要求体育教师不能只是满足以前知识培养的单一教学模式，同时体育教师还要具有一定的科研探索能力。这就要求体育教师掌握科学和人文两方面的基本知识，以及扎实的体育基本功。体育教师要熟知信息科学、生命科学、环境科学等基础知识，了解体育教育的人文价值，掌握学生素质发展的规律性，努力提高自身的综合素养。除此之外，体育教师还要树立终身学习的思想，以适应不断发展与变化的社会。体育教育也需要与任课教师、学生、家长等有关人员的合作，以产生协调效应。

---

① 冯娟娟，李德伦，周玫. 高校体育文化与大学生体育运动［M］. 吉林出版集团股份有限公司，2020.

在当前社会背景之下，体育教学还要对教师监控教学的能力进行加强，这主要包括体育教师管理学生的能力、组织教学活动的能力、对学生技能进行评估的能力以及一定的体育科研能力等。体育教师应结合自己的实际经验，善于在工作中发现问题、探索问题、解决问题，努力提高自己的科研探索能力。

2. 培养学生的健康意识和行为

在体育教学中，为使学生自觉参加体育锻炼，体育教师应结合本校的具体实际和学生的身心特点及发展规律，制定出适合学生全方面发展的体育教学大纲和教材，组织好学生参加体育运动锻炼。在上体育课时应注意适量，不应矫枉过正；在体育课外活动中应加强体育教师的指导力度；多开展多种形式的体育比赛；有针对性地加强营养学、心理学、保健学、环保学、身心健康等方面的知识教育。

3. 加强学生综合素质的培养

大学生参与体育运动锻炼，需要具备一定的体育健康知识和方法，这是非常重要的。在过去的体育教学中，很多体育教师都对运动技术的培养非常重视，却忽略了对体育健康知识的传授，这在一定程度上导致了学校体育锻炼的盲目性。因此，对学生进行健康知识的培养和传授能避免这种情况的发生。另外，在学校体育教学中，相关部门及领导还要结合学校的具体实际，放眼社会，多开设一些社会上比较流行的、基础设施较为完善的体育运动课程，为终身体育的开展创造有利的条件。受学生欢迎的运动项目也能提高学生锻炼的积极性，有助于其良好运动习惯的养成。

综上可知，学校体育综合各个方面的因素获得全方位的发展，要以运动技术为主，同时对学生传授健康知识和健身方法，对学生喜爱的体育运动项目进行充分的挖掘和开发，对学生参与体育运动的兴趣进行培养和提高，从而促使学生能够形成终身体育意识。

第三节 "终身体育"教学理念

一、"终身体育"教学理念概述

（一）"终身体育"的基本内涵

"终身体育"教育思想的形成是人类自身和社会发展的必然。终身体育包括两个方面的内容：一，终身教育贯彻人的一生，从出生开始一直延续到生命的结束，在人一生中，都应养成参加体育锻炼的习惯，体育是日常生活的重要组成部分；二，终身体育是科学的体育教育，在人一生中的不同的阶段，都有正确的价值观念来指导和引导个体参加体育活动，并通过体育活动的参加实现身体的健康发展，使其终身受益。具体可以从以下几方面来理解终身体育：①时间方面，贯穿于人的一生。②内容方面，项目丰富多样，选择性强。③人员方面，面向社会全体公民。④教育方面，旨在提高全民体质健康水平。

学校"终身体育"教学思想的树立和形成能有效促进我国体育教学的发展，是所有运动项目的体育教学都应该树立的一个正确教学思想和观念。要切实推动终身体育教育理念在高校的贯彻落实，教师在推动"终身体育"教育思想的落实方面具有非常重要的责任与作用，调查发现，在学生对于体育运动的参与方面，有很多学生受到教师的影响，特别是教师业务水平的影响，教师应在教学中和课堂外都提倡学生积极参与体育锻炼。在体育课堂教学中，教师应关注学生终身体育意识和能力培养，不能只关注和过于重视技术、技能教学。在体育课堂外，教师可以组织学生开展各种体育活动、体育游戏，对高校大学生体育俱乐部活动的开展，教师应鼓励，并给出指导性意见和建议。

（二）"终身体育"的思想特征

1. 体育锻炼时间的终身性

"终身体育"是一种先进的教育理念，其最为重要的一点就是它可以令个体一生受益。从教育功能作用于个体的影响来看，"终身体育"突破了传统的学校体育目标过分强调学习和掌握运动技能的观念，打破了传统的体育教学把人接受体育教育的时间仅仅局限在校学习期间，而是将体育教育时间大大延长，贯穿人的一生。"终身体育"教育理念强调体育教学应符合学生生长发育、心理健康发育的客观规律，以及健身的长久性，注重培养学生对体育的爱好、兴趣，养成锻炼的习惯和能力，强调体育参与的终身参与、终身受益。

2. 体育锻炼群体的全民性

"终身体育"的体育对象指接受终身体育的所有人，每一个社会成员都应该积极参与，"终身体育"是面向全体社会成员的，从学生在学校体育教学中逐渐培养起体育锻炼意识到走出校门走进社会之后能持续参与体育锻炼，为以后的整个人生参与体育锻炼奠定良好的基础。因此，终身体育教育的主体并不局限于在校学生，而是面向所有民众，应做到全民积极、主动参与。从一种体育发展理念演变为一种体育教育理念，"终身体育"教育理念的教育对象是面向整个人类社会成员的，"终身体育"教育不仅仅局限于学生，还包括社会大众。体育教育是一个需要长期坚持的系统工程，生存、健康是社会和时代发展主流，健康是人们生存生活的重要基础，体育健身与生活是密不可分的。因此，无论个体的年龄、社会身份发生怎样的变化，都应该成为"终身体育"的教育对象。

3. 体育锻炼目的的实效性

"终身体育"以适应个人发展和社会发展为根本着眼点。因此，终身体育的参与必须要做到因地制宜、因人而异，不同的人应结合自己的实际，选择具体锻炼的内容、方式、方法等，同时，应融入日常的生活、学习、工作中。在现代社会生活中，人们为了改善自己的生活质量，根据自身条件合理选择适合自己的体育方式，做到有的放矢，具有较强的针对性和实效性。在高校体育教育教学中，体育教学的内容选择、方法运用都应为提高学生的体育知识、体育技能服务，不断提高学生的终身体育意识和终身体育能力，如此一来，在大学生毕业进入社会后，也能持续参与体育健身锻炼。

（三）"终身体育"与体育教育

1. 终身体育与学校体育的相同点

（1）共同的体育目标——育人

体育具有多元教育价值，无论是终身体育参与还是体育教育的体育活动参与，其最终目标都是为了实现体育运动者的体育、智育、德育、美育等多元教育价值，更好地促进运动参与者的健康全面发展。健康的身体是其他健康的前提条件，学校体育教学就是要培养学生的终身体育意识与能力，以其健康的一生，为更好地实现个人价值和社会价值奠定健康基础。

（2）共同的体育手段——健身

终身体育活动参与和体育教育都是通过体育运动健身参与来实现体育的教育价值的，最终的个体行为也都落实在体育健身活动上面，终身体育强调个体应养成终身参与体育锻炼的习惯，在人生的每一个阶段都积极参与体育健身锻炼。体育教学以学生的身体练习为主要教学手段，通过身体活动促进身心社会性全面发展。

（3）共同的体育任务——掌握体育知识，提高运动能力

个体的终身体育健康参与，离不开科学体育知识作指导，更离不开体育健身锻炼实践活动参与，而同时，体育知识与体育技能的掌握，也是高校体育教学的重要任务，只有掌握这两方面的内容，才能更加科学地去从事体育健身实践活动，才能通过身体力行的体育活动参与实现运动者身心健康的全面发展。

2. 终身体育与学校体育的区别

第一，体育参与时限不同。终身体育贯穿人的一生，学校体育只负责学生在校期间的体育教育。第二，体育教育对象不同。终身体育以全社会所有成员为教育对象，学校体育以在校学生为教育对象。

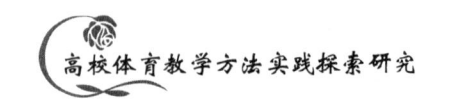

二、贯彻"终身体育"理念的意义

终身体育的产生和发展具有重要的社会意义,大量的实践表明,终身体育对社会的发展具有重要的促进作用,而现代社会的高度发展也需要终身体育。具体来说,对"终身体育"的理念进行贯彻是当今社会发展的要求,有着非常重要的时代意义,这主要从以下几个方面体现出来。

(一)提倡终身体育的思想满足现代化社会发展的需要

体育事业在现代社会下的发展是无法脱离终身体育的,因此必须要将终身体育作为一项重要的工作来抓。在社会主义背景下,社会劳动力是由不同阶段的人共同组成的,也都面临着对自身体质水平如何进行保持以更好地满足从事工作的需要。提高劳动生产率,需要依靠人才更新各种科学技术,以提高社会生产力。而人才要想保持身体经常处于最佳状态,就要选择不同的身体锻炼形式与内容,以提高自己的体质水平。随着现代社会的不断发展,人们经常把从事身体锻炼作为生活方式的一个重要内容与标志,这是人类文明发展的必然。倘若一个国家,全民族都能够坚持每天进行身体锻炼,并养成终身参与体育锻炼的习惯和意识,那么对实现国家现代化发展会有着非常重要的意义。

(二)迎合终身教育思想,促进学校体育改革

终身体育思想的形成与发展是终身教育思想发展的结果。长期以来,我国学校体育教育受应试教育思想的影响,过于偏重运动技能的教学,而忽略了理论知识的传授,并且也造成了教师与学生之间的诸多矛盾,这严重影响了体育教学的质量和效果。在学校体育教学中,学生走上社会后必须掌握的东西,教师不一定教;而教师教的内容,学生走向社会后很多都用不上,这严重制约和影响着学生的发展。通常情况下,当学生毕业后,随着学业的结束,他们的体育锻炼也随之结束了。而终身体育则注重对学生各方面能力的培养,注重培养学生对体育的爱好、兴趣,使其养成锻炼的习惯,注重学生掌握系统的体育基本理论知识和科学的身体锻炼方法以及检查评定方法,形成终身体育的意识、思想、能力和习惯,对学生自觉、自愿参加和组织体育活动的能力提出更高的要求。在新的时代背景下,终身体育思想观念的提出,为学校体育教育改革指出了新的思路和方向,能极大地促进学校体育的发展。

(三)满足体育生活化社会发展趋势的需求

在当前社会背景下,人们的生活和体育两者之间的界限变得越来越模糊,通过对终身体育意识和观念进行建立,坚持从事体育运动锻炼,这可以促使社会成员的体育

意识得以不断增强，提高人们对体育运动锻炼的认识，并形成自觉自愿锻炼的良好风气，这已经成为现代社会发展的必然。终身体育观念和意识的形成，对推动群众体育的发展，促进文化交流都有着非常重要的作用。终身体育注重人的个体性，并且着眼于人一生中的不同年龄阶段、不同的生活环境、不同的职业特点来选择不同的内容和方法，采用不同的形式进行身体锻炼，以终身受益，这种群众体育活动才是真正意义上的普及活动。值得注意的是，由于受到诸多因素的制约和影响，我国每年所开展的体育活动都是非常有限的，体育锻炼在实效性方面并不理想，这就需要我们通过采用各种措施和手段来有效地促进群众体育更好地发展。总之，倡导终身体育不仅是发展群众体育的有效途径，同时也是实现我国体育生活化社会发展趋势的要求。

（四）终身体育的发展有利于经济建设

社会各个方面的因素都会对体育的发展产生制约，其中经济是其中最为重要的一个因素，经济发展的水平会对终身体育的发展产生一定的制约和影响。随着现代社会的不断发展以及我国社会主义现代化强国战略的实施，人们逐渐认识到体育与经济的关系：经济是体育发展的基础，体育也能促进经济的发展。在现代经济不断发展的条件下，人们的终身体育思想得到了极大的强化。在现代社会发展背景下，体育发展是以社会对体育的需求作为动力的，经济的发展能够促进社会对体育的发展提出更高的要求，同时经济的发展也能够为体育事业的发展提供经济投资可能，终身体育的发展能够为经济的发展提供更为充足的动力，对社会经济的建设是非常有利的。

三、"终身体育"教学理念的高校体育教学指导

（一）转变传统体育教学思想

"终身体育"教学思想指导下的高校体育教学，应该在体育教学内容、体育教学方法、体育教学评价等方面都做到以培养和提高学生的体育终身意识和能力为标准，通过与学生日常生活、学习、工作关系更密切、关联程度更大的体育项目教学，培养学生的运动习惯，而不是仅仅关注学生的运动技能掌握情况。

高校体育教育教学过程中，教师应将体育教学达标的制订从单纯和过度关注技能指标的思想观念中解放出来，关注学生的体育价值观、体育态度、体育意识、体育行为习惯，如此才能真正有针对性地开展体育教学，才能真正实现终身体育教育。"终身体育"教学理念是高校体育教学改革的指导思想，也是高校体育教学发展的落脚点。

（二）重视学生终身体育意识的培养

个体的体育活动参与行为的实现，必须建立在对"终身体育"教育理念有一个正

确认识的基础上,"终身体育"意识是高校大学生主动进行体育学习、体育参与的重要内部驱动力和动机。

当前社会,社会节奏快、生活压力大,每一个人都面临着各种各样的生理和心理负担,要获得高质量的生活,就必须确保身心健康发展,体育运动能有效促进运动者的身心保持良好的状态。终身体育对于学生的身心素质发展促进同样具有重要作用,学生走进社会之后,在社会上面临的各种压力并不比学生时代少,甚至要更多,体育健身锻炼是一种身心压力释放、身心健康状态重塑的过程,对运动者保持良好身心状态迎接生活、学习、工作挑战是非常重要的,可以有效提高个人生活质量,提高学习、工作效率。

终身体育活动参与对于个人的社会性发展具有重要的促进作用,大学生坚持体育健身锻炼,能有效增强身心适应能力,可以在毕业步入社会后更好地适应社会,提高自己抗击压力的能力。

现代高校体育教学实践中,要培养学生的终身体育意识,要求教师应做好以下教育引导工作。①引导学生树立正确体育价值观。②端正体育学习态度。③将素质技能、知识、能力等教育内容渗透到终身体育教育中。④通过体育教学丰富学生的体育知识、体育技能,提高终身体育参与能力,为终身体育锻炼奠定基础。

(三)丰富终身体育教学内容的设置

学生的个体差异性决定了学生的体育兴趣爱好不同、所适合从事的体育运动项目不同、所渴望学习的体育运动知识与技能(水平)不同,因此,在高校体育教学中,不能只追求学生某一特定运动技能和运动的熟练程度,而应重视不同学生的不同体育发展需求,尽可能地丰富体育教学内容,使体育教学内容、项目和层次多样化。

"终身体育"教学理念指导下的体育教学内容丰富化教学工作要求如下。①延伸与拓展学校体育课堂教育,使学校体育向终身体育延伸。②不同教学内容的课程目标设置应在充分了解与分析学生现状的基础上进行,以体育课程终身体育教学目标为导向组织体育教学。③选用体育课程内容时,应重视对休闲体育项目、时尚体育项目的引进,开展能够激发学生体育兴趣和潜能的体育活动。

(四)关注学生需求与社会需求的统一

"终身体育"旨在为学生提供一种健康的生活态度与生活方式,对于任何人来说,身体健康都是个体适应现代社会生活、工作、发展的必要条件。高校体育教育的终身体育教育理念的贯彻,就是要在培养符合社会发展的合格人才的基础上,促进学生的个性化发展,实现学生的社会价值与个人价值的共同发展。

高校终身体育教育对学生需求与社会需求统一性的实现，要求应做好以下工作。①重视国家需要、社会需要与学生个体需要的有机结合。②明确学生需要与社会需要的彼此地位。这是正确处理学校体育发展与社会需要适配性的关键问题。③重视体育教育的健身价值与人文价值的实现，重视体育知识、体育技能、体育习惯的共同培养。④围绕学生开展体育教学，充分满足学生的学习和发展需求。⑤全面提高大学生的体育素养，以符合社会发展对人才的体质、体能、知识、精神、道德要求。

"终身体育"教育有四个支柱，即"学会认知、学会做事、学会生活、学会生存"，但应充分考虑"终身体育"与"以人为本""健康第一"的有机结合。

第四节 体育教学理念注意事项

一、综合加强体育、卫生、美育、心理健康教育

体育教育是一种以体育为主的全面教育，在体育教学中，应加强体育、卫生、美育等教育的充分结合，加强学生的多元和多方面的体育教育，应注意以下几点。①学生参与体育活动，必须注重营养，养成讲卫生的好习惯，高校体育教育教学应将学生的多方面体育教育综合起来施教。②高校体育教学中，应加强对学生的营养指导，让学生了解有关营养、卫生保健的知识。③高校体育教学中，应加强对学生的美育教育。美育不仅能陶冶和提高学生的修养，而且有助于开发他们的智力。体育是健与美的有机结合，寓美育于体育之中，提高学生对体育的兴趣，增强学生的体育学习情感体验，提高学生的审美、创造美的能力。④高校体育教学中，应加强对学生的卫生保健教育，并应紧密结合学生的生长发育与生活实际来开展健康教育，使学生会自我保护，促进自我健康成长发育。⑤高校体育教学中，应加强对学生的心理健康教育，把学生青春期教育和心理健康教育作为健康教育的重要内容来抓。[①]

二、综合培养学生的体育健康意识、行为、能力

健康的意识、知识、方法、技能对每一个参与体育锻炼的人来说都非常重要，开展高校体育教学活动，要真正促进学生的健康，就必须将体育教学活动与学生当前和日后的日常生活与工作密切结合起来，使体育意识演变成体育习惯，并落实成体育行为，在以后的发展过程中，都能通过体育运动参与来更好地促进生活和工作的发展，

---

① 邱天. 高校体育创新思维的教学与实践[M]. 厦门：厦门大学出版社，2020.

如此就将体育知识、技能转化为学生自觉的行动基础。通过体育教学中对学生的体育健康知识、锻炼方法、运动技能等的传授，使学生能自主参与体育锻炼，并对自我体育锻炼效果进行正确评价，进而不断改进与完善体育锻炼。

具体来说，在体育教学中，学校和体育教师应做好以下几方面的工作。①结合学生实际选择体育教材。②活动适量，不应矫枉过正。③加强学生体育课外活动指导。④组织开展多种体育比赛。⑤展开与体育相关的各学科的教育，如运动学、心理学、营养学，保健学等。⑥坚持以运动技术为主，注重一专多能。⑦体育运动项目的开展要和社会体育资源相结合，不断提高学生参与体育的运动能力。

三、实现"以人为本""健康第一""终身体育"多元教学理念的相互促进

在教育教学的发展过程中，出现了许多先进的体育教学理论和教学思想，这些教学理论和教学思想在不同的历史时期，对教育教学实践具有重要的促进和推动作用，而且在同一时期可能会有几个教学理论和教学思想同时对教育教学实践发挥着影响作用，只是一些教学理论和教学思想起着主导影响作用，另一些则起着次要的影响作用。

体育方面的教学思想有很多，各种不同的体育教学理念都具有其优点，也有不足之处，不同的体育教学理念相互影响，不同的体育教学思想可能相互补充，也可能存在有冲突的地方，教师在体育教学活动开展中，应注重对具体的体育教学实际进行分析，在坚持"以人为本""健康第一""终身体育"的三个主要教学理念的指导下，各种教学活动安排都应该充分体现出这三个教学理念中的一个或几个，如此才能切实促进学生身心健康的全面发展。各种不同体育教学理念也可相互借鉴，取进步内容丰富完善自我教育理念内涵，对不足之处予以改正，或者用其他更加与体育教学实践贴近的体育教学理论和思想予以补充，例如，有利于人性发展的观点值得吸取，但可能放任教学内容泛滥应坚决摒弃；运动技术技能教学思想的落实可有效促进学生对体育运动技能的掌握，但容易过分强调技能水平而忽视学生身心发展规律，对此教师应格外重视。

在当前体育教育教学的发展过程中，"以人为本""健康第一""终身体育"都是先进的体育教学理念，对体育教学实践具有重要的指导和促进作用。现代体育教育教学实践中，新的体育教学理念要求体育教学应关注学生发展、充分重视学生的体验，让学生在愉悦的体育教学氛围中能积极主动地参与体育活动、进行体育学习，同时，新的体育教学理念还重视对学生终身锻炼的习惯进行培养，使学生在体育中养成积极健康的生活方式，进而促进学生的全面、长期、持续发展。新的教学理念中的"以人为本""健康第一""终身体育"是相互促进，互为补充的，通过这些体育教学理念对体育教学实践的共同教学指导，能真正实现体育教育对学生全面健康发展的促进。

新时期，要实现体育的多元教育功能，促进学生、教师、体育教育的科学发展，就必须综合实现"以人为本""健康第一""终身体育"的相互促进和对体育教学实践的共同启发与指导价值，以不断完善体育教学，通过体育活动最终实现人的可持续发展。

四、坚持科学体育观

（一）科学体育观基础

科学体育观是建立在科学理论基础之上的，它与体育科学体系之间是主导和基础的关系。一方面，体育科学体系是在科学体育观的主导下得以建立和发展的；另一方面，体育科学体系的建立和发展又丰富了科学体育观的内容，加强了科学体育观在体育实践中的科学主导作用。因此，为了更好地理解科学体育观，必须了解体育科学及其体系。体育是人的社会活动之一。体育的对象是人的身心和社会。在长期的体育运动实践中，在体育科学的探索中，人们逐渐认识到体育运动的科学基础主要有三个，即体育生物科学，体育人文社会科学、体育技术科学。

体育是一种人体活动，体育学科的体育生物科学是生物科学与体育运动结合的产物，我国学者多称之为"运动人体科学"，其任务在于揭示体育与人，体育与社会之间内在的必然联系和一般规律。体育生物学科体系的构成十分丰富，它由众多的学科构成。主要有体育哲学、体育史、体育基本理论（体育概论，体育原理）、体育教育学、体育社会学、体育经济学、体育管理学、体育美学、体育心理学、体育伦理学、体育法学、体育新闻学、体育文献学等。

体育技术科学，属于体育方法学或体育行为学的范畴，具体来说，它是介乎上述两个学科群之间的应用学科群。其研究任务是揭示合理的运动技术与战术、运动训练、身体锻炼与人的身心，与相关环境要素之间内在的必然的联系和一般规律。体育技术科学内容丰富，主要包括运动专项理论与方法、运动训练理论与方法（或竞技运动理论或运动训练学）、运动竞赛理论与方法（或运动竞赛学），健身健美理论与方法等。

体育运动是人类社会的重要文化构成内容，但从某种意义上说，它又是独立于人类的基本实践活动的，是改造自然、改造社会这种社会活动的一个特殊组成部分。体育运动的有效性或者说其功能的有效发挥，从根本上说取决于人们的体育行为、体育实践是否符合体育自身发展的规律性和体育的科学原理。人们对体育运动科学原理和规律性的认识及其所形成的知识体系就是体育科学。

在上述三个构成科学体育观的理论基础的学科中，它们相互联系、相互影响，共同影响科学体育观的建立，这三大学科群在马克思主义哲学（辩证唯物主义和历史唯物主义）的指引下，从不同的方面共同对体育运动发挥理论的指导作用，从而逐渐形

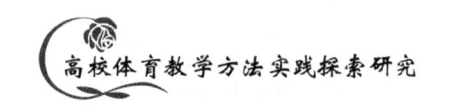

成体育科学的一个较为完整的分层次的学科系列,并最终构成了体育科学体系。

(二) 科学体育观的目标导向

科学体育观是促进体育工作者在体育实践或实际体育工作中理性行为的重要思想导向,它总是与体育的科学化进程、科学体育观密切相关。科学体育观的目标导向只能是体育的科学化,具体包括体育管理科学化、运动训练科学化和全民健身科学化等。

体育管理科学化首要的是体育决策科学化。决策是管理的核心。体育决策是根据一定客观条件,借助一定方法,从若干备选的体育行动方案中选择最佳方案而进行分析、判断和抉择的过程。科学、正确的决策必然与决策者的自身素质,特别是与管理经验、科学文化水平和民主作风密切相关。但是重要决策,尤其是关乎全局利益的重大决策,除了需要决策者有较高素质外,还必须经有关专家反复论证和大量相关科研课题研究成果的支撑。领导、专家相结合,一般科学原理的指导与选定课题研究相结合,乃是现代科学决策的必由之路。

从根本上说,体育管理科学化是要应用现代科学理论与方法,管理的基本规律,提高体育管理效率和综合效益。现代科学有"软""硬"之分。这里重点分析我国体育管理的软科学。

所谓软科学,隶属于新兴的决策科学,是支撑民主和科学决策的知识体系,是自然科学、社会科学、工程技术、数学、哲学交叉融合而形成的具有高度综合性的学科群。软科学研究以解决社会发展中的决策、组织和管理问题,促进经济社会发展为目标,以辅助各级领导决策为根本目的,利用现代科学技术提供的方法(如系统方法,灰色理论方法和矩阵决策法等)和手段(如计算机、网络),采用定性分析和定量分析相结合的集成方法而进行的一种多学科、多层次的综合性研究活动。体育软科学研究是我国体育科技工作的重要组成部分,它以辅助各级体育部门科学决策,科学管理,推动体育事业发展为目的,其范围主要包括体育发展的战略研究、规划研究、政策研究、管理研究、体制改革研究、法制研究和重大项目的可行性论证等。

(三) 运动训练科学化

运动训练科学化是现代体育的重要标志之一,也是现代体育科学化发展的重要内容之一,运动训练是否科学直接影响体育事业的整体发展。

随着我国对体育事业发展的不断重视,我国在体育发展中的关注和投入越来越多,促进运动训练的科学化是当前我国发展体育事业、培养优秀体育人才的一个重要方面。在体育全球化快速发展的大背景下,世界竞技体育水平不断提高,国际的激烈竞争和现代科学技术的飞速发展使越来越多的人认识到,只有广泛地应用现代科技成果指导运动训练,才有可能获得理想的训练效果,才有可能在当代激烈的国际竞技中获得优胜。在这样的社会背景下，人们不再满足于传统的师徒相传的方法参与体育训练，而是转向对科学体育训练思想、体育训练理论的学习，并重视高新体育科学技术的应用，借助于新的科学方法来指导体育训练，有效地促进了我国竞技体育的科学化发展，也与世界范围内的运动训练科学化的总体发展趋势保持一致。

运动训练科学化内容广泛，包括科学选材、诊断、计划制定、训练活动组织，训练过程管理、训练恢复与营养补充，训练医务监督等诸多方面，要实现运动训练的科学化发展，必须做好以下两个方面的工作。①采用时代可能提供的先进思想和先进的科学技术，方法和手段，按照运动训练的一般规律和专项运动的特殊规律进行训练，以便更好地解决训练的共性问题。②从实际出发，针对运动员个体差异和影响其运动成绩提高的各种因素（包括身体的、心理的、技术的、战术的因素和其他客观因素），进行课题或科技攻关研究，并将科研成果及时、有效地应用到运动训练实践中去，以更好地解决训练的个性问题。上述两个方面的工作要充分结合起来，"两手都要抓，两手都要硬"，只有这样，才能充分发挥科技在训练中的作用，才能不断提高运动训练的质量和水平。

（四）全民健身科学化

全民健身科学化是把全民健身活动纳入科学轨道的过程。这是群众体育在现代条件下的一个大发展，是现代体育的一个大趋势。现代社会中，健康问题是全民健身科学化的根本问题。但什么是健康，却有不同的理解。不但没有身体的缺陷和疾病，还要有完整的生理、心理状态和社会适应能力，这是一种科学的身心健康观，又是将人的健康视为多因素（体育锻炼、营养卫生、生活习惯、调整心态等）相互作用的综合健康观。

第一，加强全民健身科学理论研究。全民健身科学研究主要包括全民健身战略与奥运战略相互关系研究、科学健身基本理论与方法研究、国民体质监测与服务研究、全民健身器材的研制及场地管理研究等。全民健身研究，不仅提高了全民健身服务中的科技含量，从而提高了全民健身效果，而且向社会推出时尚、新颖、受欢迎的健身产品和服务项目，有利于培养全民健身科技成果市场，促进全民健身产业化的进程。

第二，加强全民健身的科技队伍建设和科学研究。高素质的全民健身科学化队伍建设对提高全民健身科学化水平具有重要的推动作用。全民健身科技队伍主要指全民健身科技服务系统，包括国民体质监测服务系统和科学健身指导系统等。全民健身科技服务以社会化为方向，广泛动员，积极引导社会方面，大力开展全民健身科技服务，提高全民健身科技服务的社会化程度，建立全民健身的社会化管理和运行机制，保证全民健身社会化有序进行。

第三，制定符合客观实际的全民健身计划，保持全民健身的可操作性。在全面健身计划的制定方面要与我国的具体国情、民情相符合，并制定切实可行的有效措施，在实施计划的过程中加强监督，切实落实计划内容。

第四，重视科学健身知识和方法的宣传与推广普及。通过宣传充分调动人民群众参与体育健身的积极性和主动性，为人民群众参与体育健身活动创造一个良好的社会文化和舆论环境，在此基础上，加强对人民群众体育健康知识的普及，引导人们科学参与体育健身实践活动，引导人们进行健康、文明的体育活动，反对封建迷信活动，反对伪科学。

第五，采用科学、合理的健身方式、方法或手段，提高全民健康水平。健身或锻炼方法成百上千，应因时、因地、因人而异，合理选择，不可千篇一律。

五、提高高校体育教师队伍的综合素质

在体育教学实践中，体育教师发挥着重要主导作用，体育教学理念在体育教学实践中的贯彻实施需要体育教师去执行，提高高校体育教师队伍人员的综合素质有利于更好地在体育教学中发挥先进的体育教学理念的作用。新时期，要促进先进体育教学理念对体育教学实践的指导，提升体育教师素质，应注意做好以下工作。

第一，一名合格的体育教师应具备良好的体育文化素养，掌握丰富的体育文化知识、理论知识。教师要丰富自我文化素养，不仅要重视对体育学科知识与理论的学习，还要重视对体育相关学科知识的学习，以不断丰富自我知识结构。[1]

第二，重视体育教师综合教学素质、体育素养的提高。通过培训、学术交流、体育文化活动参与等不断促进体育教师熟知信息科学，通过对多方面的科学发展规律，如生命科学、环境科学、教育科学、传播学等知识的学习，掌握不同活动发展的规律，来为体育教学活动开展提供理论指导。

第三，加强树立终身学习意识，体育教师要落实终身体育，自己要先有足够的体育学习与参与意识，并形成体育健身习惯。教师必须为人师表，作出表率，才能为学生积极参与体育健身锻炼树立一个良好的形象与榜样。

第四，鼓励体育教师积极参与体育科研，体育教学实践活动的开展离不开具体理论的指导，体育教师提高科研能力，有利于更敏锐地在体育教学中发现问题、分析问题、解决问题，从而促进体育教学的不断完善。

第五，加强对体育教师的教学监控，督促教师不断完善自我，促进自我可持续发展。教师作为人，也有人的一般惰性缺点，因此，有必要通过客观的教学监督指导来促进体育教师对自我工作的不断改进与完善。

---

[1] 常德庆，姜书慧，张磊. 高校体育教学与运动训练研究［M］. 吉林出版集团股份有限公司，2020.

第三章

高校体育教学因素

第一节 高校体育教学的教师因素

一、高校体育教师概述

（一）体育教师的产生

随着社会的发展，社会生产力不断获得提升，特别是工业革命以后，人类的生产力水平实现了跨越式的进步。这使得人们摆脱了以往将大多数时间用于生产的生活状态，与此同时物质财富和空闲时间也增多了。

生产力水平的提升还体现为各行各业的专业化程度越来越高，由此也促进了专业化知识体系的逐渐形成，对于诸多学科来讲也是如此。历史文献中记载，在最初，体育、音乐和舞蹈属于一种一体式的教育。随后由于各自不同的对人的培养倾向的差异，使其属性逐渐朝各自的方向发展，如舞蹈强调肢体的表现力，音乐突出了声调的表现力，体育则强调了身体的活动与锻炼。并且这些分离的学科通过长期的发展还各自形成了具有科学性和系统性的知识体系。因此可以说，体育及其教学从一种学科中分离出来还是得益于社会生产力的进步，进而也催生出了体育教师这一专门化的学校教师职业。

（二）体育教师的发展趋势

1. 将对教师的培养与培训融合为"教师教育"的模式

从长期来看，我国学校体育教育教学主要有封闭式、终结式等几种培养模式。然而在历经这些模式的发展之后，体育教学方式表现出越来越明显的劣势和弊端，显然这种弊端是不利于体育教师职业发展的。将"教师培养"和"教师培训"二者融合形成"教师教育"的模式为建立学历教育和非学历教育一体化的教师培养新模式提供了依据。

针对教师教育培养与培养一体化的内容主要体现在以下四点。①培养培训目标一体化。培养培训目标一体化是将体育教师培养和培训的阶段性目标分别制定，但是要确保分别制定的目标之间有相互衔接、相互补充的关系。②课程一体化。这里需要强调的一点是，所谓的课程一体化并非是两种教育的课程体系一体性重合，更确切地说，是一种彼此之间的衔接与呼应。③教师队伍一体化。教师队伍一体化的实质是对教师队伍进行优化整合，从而使建立的新的教师队伍有更强的教学能力和团队研究学习能力。④管理一体化。管理一体化不同于过往的职前教师教育管理模式，这里所要求的管理一体化更倾向于向教师终身教育管理模式的转变。

2. 进一步树立教师专业化的教职观念

在 21 世纪的今天，教师的职业越发分工明确，这就决定了对教师专业化水平的要求更高，而对于体育教师的发展来说也是如此。这一发展趋势也正在成为我国教师教育改革的需要与发展的方向。实际上，在各行各业都开始更加追求专业化的今天，分工是社会分化的一种表现形式。对于社会中的某项职业是否成为一项真正成熟的专业，这在国际上有一个普遍的认同标准，即包括专业智能、专业道德、专业训练、专业发展、专业自主和专业组织。根据这六大标准，我国教师在完成教育教学的专业化过程中，至少还应当在以下几个方面加大改革与发展的力度。

第一，进一步调整教师教育的课程体系。对课程体系调整的重点在于转变过去偏重于强化学科专业性的目标，将这种目标向综合性、教育专业性的方向转变，强调培养"一专多能"的全面素质。为此，就需要将开设的综合性课程的比例和时间都相应增加，另外将课程的形式灵活化。

第二，加快教师队伍高学历化的进程。这个高学历化的进程主要是针对在中小学任教的体育教师，以促使将他们学历提高到本科及以上程度。为此，权威机构将这一计划明确制定为将中小学新教师培养有计划、有步骤、多渠道地纳入高等教育体系，这其中就包括对体育教师学历提升的培养计划，由此可见对这一问题的重视程度。

第三，进一步完善教师资格证书制度。我国一系列关于教育的法律法规中都包括教师资格制度的表述，由此可知我国的教师资格证书制度的实施是有法律保证的。不过在实际当中，这种"资格证书制"的落实有些偏颇，最终成为一种酷似"学历证书制"的制度，因此在很大程度上严重弱化了教师的专业性。因此，为了在未来进一步树立教师的职业观念，应该严格教师资格证书制度，将制度落实到位，实行先获取资格证书，后上岗执教。而对于教师这一职业来说，也要向非师范院校的毕业生或社会人士开放，使他们也能够通过教师资格认证的考试获得教师资格证书，然后充实到人民教师的队伍之中。

3. 进一步增强教师教育的信息化建设

现代社会已经转变为信息社会，信息的传播速度、信息量以及信息有效性都决定着社会发展水平。信息对现代社会的各个领域都有着非常大的促进作用，对教育领域也是如此。在教育领域中，信息化以不可阻挡之势向前发展，而教师教育信息化的建设则相对较为落后。为此，就需要在这一方面给予重视，加快教师教育的信息化进程和建设力度。

二、高校体育教师技能与胜任力研究

（一）体育教师的知识结构

1. 体育教师的理论知识

（1）体育教师的政治理论知识

热爱祖国、热爱人民、拥护中国共产党的领导和拥护社会主义是教师爱国守法的根本要求，这也是教师政治素质过硬、坚定、方向正确的根本。除此之外，政治理论知识还包括思想作风、价值观、人生观与世界观等。政治思想素质对其他所具备的素质起着指导作用，它制约着教师的道德准则，决定着教师的政治信仰。具体到体育教师的政治思想素质的好坏方面，更多的是体现在其政治理论修养的程度。加强政治理论学习，是提高政治理论修养的重要途径。

（2）体育教师的专业知识

第一，丰富的教育科学知识。教学是一项精湛的技术，一门科学，更是一种艺术。为了将普通的教学工作升华到教学艺术的境界，首先就需要教师具备丰富、扎实的教育科学知识，这是他们作为有益信息传递者所要必备的知识。为此，就要对他们教学对象的身心发展规律和学习能力有较多的了解，然后才能选择适当的教学方法与手段开展教学。只有这样，才会唤起学生学习的主观能动性，真正让学习变得不是一种灌输和形式。

这里所说的教育科学知识包含的内容主要为与教学相关的诸多学科，如教育学、心理学、学科教学论和现代教育技术知识等。其中教育学和心理学两个学科的知识是任何教师从事教学活动的理论基础，这在一个人立志成为一名教师时所参加的资格考试的科目上就能看出。对于教育学、心理学两方面知识的掌握主要目的在于实际应用，对教学中出现的问题有着一定的认识，并且这两门学科的知识也是教师传递自己已知知识到学生思维中的中间介质，只有这样才能更容易被学生接受并认真学习，才能达到预期的教学效果。

第二，扎实的专业基础知识。教师是知识的重要传递者，一个国家的教育水平如何直接反映在教师的综合素质上，其中对于其所教学的课程来说，就体现在他所具备的扎实的专业基础知识方面。教师首先要掌握某一领域的知识或技能，其专业知识水平又将直接影响和决定教育对象的素质。所谓对知识或技能的掌握除了要了解基本结构和各部分知识之间的内在联系外，还需要对这门学科知识的发展动态不断关注和学习，以便能够及时更新已掌握的知识，完成对这些知识的"新陈代谢"过程。就体育教学来说，它已不像过往那样只是追求运动技能的提升，或是增强学生的体质，体育教学在现代的意义更加丰富和全面。例如，在体育健康卫生保健等教育中，除了其本体知识外，还会更多地涉及自然学科、社会学科各个领域方面的知识。由此可见，知识是能力的基础。只有具备深厚扎实的专业知识基础，能力才有可能更好地显现出来。

第三，不断充实学科前沿新知识。知识会随着社会的发展而运动，这种运动更多的是积极的。因此，作为知识传递者的教师，就需要根据知识的发展更新自己过去掌握的知识，完成好这个知识的"新陈代谢"过程。而如果一味守旧，不愿探索新知识，作出新尝试，那么必然在新时代的教学中跟不上，不能满足学生的学习兴趣和需求。而且在体育教学越发多元化的今天，许多其他学科的相关知识与体育教学也有了越来越多的关联，如心理学、行为学、运动医学和营养学等，它们渗透在体育教学和健康课程之中，使原本显得较为单一的体育学科更加丰富，更具多元化。由此可见，体育教学的改革需要新知识、多元文化的补充和完善，为此也自然就需要体育教师潜心钻研、勤于思考。

第四，体育教师的体育专业知识。现代科技的发展使得越来越多的技术手段在体育教学中得以应用。而这些新方法、新手段的使用就需要体育教师付出一定的时间学习，而不是固执己见，对新生事物不予关注。

现如今，学校体育教学中除了包含对某些运动项目的技能培养外，还包含着许多卫生和保健等知识，而且这些内容的教学所占比例逐渐增加，这就要求体育教师具有基础性较强的专业知识结构。所谓的专业知识，是指体育教师承担体育课程必备的有关专业知识。这其中最为基础的就是体育专业知识，如体育教学的培养规律，某项运动的专项技能等。除此之外，还应包括与体育紧密相关的学科，如人体类学科理论、体育学科发展史、体育专业教育技术与理论。由此可见，专业知识就是体育教师指导学生进行体育学习的素材，而体育教师的工作恰恰就是将这些素材变为学生所拥有的精神财富和间接的物质财富。[①]

---

① 康丹丹，施悦，马烨军. 高校体育文化建设与大学生体育健康 [M]. 长春：吉林人民出版社，2020.

（3）体育教师的应用类知识

现代社会被快速传播的信息连接得更加紧密。特别是互联网技术的出现，让世界变得更小，人们能够接触的消息来源更广，这无疑也拓宽了体育信息的传播速度。体育教师应充分利用互联网带来的信息获取方面的便利，从中获取国内外各种文献、信息，并能及时了解体育学科领域发展的最新动向，完善自身的体育知识。实现这种在接纳外部世界信息的同时还能敞开自己的状态，形成信息的双向交流。只有如此，现代体育教师才能在符合网络发展大潮的环境下接受现代新理论、新思想，吸收人类文明的一切优秀成果，才能立足于未来社会。除了互联网技术以外，多媒体技术的出现与被广泛运用于教学当中也给体育教师的教学带来了很多积极的因素，以至于它改变了长期以来的体育教学方式。

目前，体育教学的内容不仅限于对知识、技术、技能的传授，而且包含了更多元素。这使得体育教师摆脱了传统课堂的传授者角色，真正成为学生接触体育、了解体育、热爱体育的传道者。为了做好这个传道者的角色，就需要教师多利用现代化的技术手段为体育教学而服务，提升教学效果与效率，而这确实也是一大研究课题。为此，体育教师就需要秉承与时俱进的信念，将可能对教学有帮助的计算机能力、软件运用能力等进行提升，最终成为能够将现代技术与体育教学融合的教育者。

2. 体育教师的语言与文字

（1）体育教师职业语言的基本要求

体育教师可能面对不同属性（年龄、性别、体质、运动悟性）的学生，这些学生对于教师的语言也会产生不同的反应。鉴于学生思维的具体性和情感性成分较强，因此，只能要求体育教师来完善自我的语言风格与职业语言规范。体育教师相比其他学科的教师来说，会更有一些严肃感，但同时由于体育活动的欢快成分，体育教师有时也要充当学生们喜欢的"孩子王"角色，这主要体现为要具有风趣幽默的言语风格和肢体语言。如果所教班级的学生年龄较大一些，则这种幽默感要适当减少，以使他们感到一些体育运动的严肃性、紧张性，当然不能是完全紧张的，只要是体育运动，就需要带有一定的活泼与阳光。适当的教学语言除需要符合上述要求外，还应具备以下特点：①体育教学语言要确保规范化与科学化。②对概念的解读要精准。③语言要带有启发性。

（2）术语和俗语

体育教学中教师运用的语言法是最常见的教学方法。语言在体育教学中起到的是组织教育和讲解的作用，具有十足的教学性，甚至高水平的语言教学还带有丰富的艺术性。体育教学为了保证其科学性，要较多地使用术语。而艺术性更多地体现在语言的生动性、趣味性和通俗易懂上。在体育教学中使用语言教学法，体育教师需要结合实际的教学情况，将术语与俗语结合使用，使教学语言变得元素多样，易于被学生所接受。

对于专业术语和俗语的使用要讲究恰当的阶段和时间点。例如，在刚刚开始教授一项新运动技术时，教师应该更多地使用俗语，以便使学生更容易建立直观的印象。但如果当学生对相关内容掌握了之后，还使用俗语就会使教师的教学失去严谨性和严肃性。当然这里有一点也是需要特别注意的，即不能为了显示教师自己的知识渊博程度而故意卖弄式地使用太多专业术语，特别是在学习某个新概念的阶段，如此则不利于学生的理解和深入学习。同样，使用俗语的时机，对学生也有很大影响。教育学的研究表明，学生在一堂课中注意力最为集中的时间为15~25分钟，超过这个注意力的黄金时间后，注意力就会出现分散的情况。而有经验的教师能够敏锐地捕捉到这个阶段，为了能够将学生已经分散的注意力带回到课堂中来，就应适当使用通俗趣味的语言，这也体现了俗语教学的最大优势在于充分发挥语言的直观功能。不过，这类俗语如果在课堂中使用过多，反而会干扰学生的注意力。

总之，教师在体育教学当中，在学习的不同阶段，对合理搭配术语和俗语的比例，对术语和俗语的运用时机，要心中有数。

（3）文字和写作

文字和写作是教学的基本功，同样也是教师的重要基本功。体育教学涉及的内容较多，为了做好相关教学工作，需要制定一系列教师体育教学文件。具体到实践教学中的文件包括体育教学计划和教案，要会撰写这两份基本的教学文件，因此，教师拥有良好的文字和写作功底就显得非常重要。

3. 体育教师的体育法规知识

（1）我国的体育法律体系

体育法律体系是指以现行体育法律法规为基础形成的门类齐全和协调一致的有机统一体。这一体系的构成元素包括体育法律法规、体育政策规则及地方和部门的具体体育规则组成的广义上的体育法律体系。从目前来看，我国的体育法律体系基本形成，但其中还有很多亟待完善的地方。《中华人民共和国宪法》是体育法律体系的基础，然后辅以国家体育法律法规、部门体育行政规章和地方体育法律法规为基本构架，层次有序，内容形式协调一致。

我国已见雏形的体育法律体系分为五个层次结构。一是根本法规《宪法》。其对体育事业的发展均有规定。二是体育法律。包括专门的体育法律，即《中华人民共和国体育法》；其他法律中涉及体育的内容。体育法律是经全国人民代表大会及其常务委员会制定的规范性文件。三是国家体育行政法规，指由国务院发布或批准发布的体育行政法规，包括专门的国家体育行政法规和其他的国家行政法规中有关体育的内容。四是体育部门行政规章，指由国务院体育行政部门和其他有关部门单独或联合发布的体育规章，以及其他规章中有关体育的内容。在我国目前的体育规范性文件中，这一层次的数量最多。五是地方体育法规和规章，指由省、自治区、直辖市及其人民政府所在地的市以及国务院批准的较大的市的人民代表大会及其常委会根据本地实际所制定发布的体育法规和体育规章。

（2）体育法规的主要内容

《中华人民共和国体育法》涉及内容十分广泛。从竞技体育到社会体育，从体育社会团体到公民个人，从国家发展体育事业的基本态度到各级政府、行业、系统、机关、学校、企事业单位、社会团体在发展体育事业中的责任、权利和义务等，《中华人民共和国体育法》都做了明确规定。可以说，《中华人民共和国体育法》的每一章、每一条、每一款、每一个字都有着深刻的法律内涵，针对性和实用性很强。

（3）体育教师在教学事故中的过失判定

责任和管理的法定标准在原则上是一致的。法院利用专家、教科书、课程资源以及拥有相同职位人士的专业知识来确定责任。在医学职业中，职业的责任和管理标准由书面文件清楚地加以说明。但在体育运动中不存在这样的文件，这就迫使法院在裁决关于体育运动方面的问题时求助于专家，以获得信息和建议。体育教师可能因下列原因而犯有过失。

①没有采取恰当合理的谨慎措施（疏忽）。②提供错误的指导或监督。③做出对他人产生危险的强力动作。④其行为使他人处于直接和即刻受到伤害的高度风险之中，例如对活动者不合理的配对。⑤虽然采取了应有的防护措施，但是活动者所处的环境仍有危险。⑥没有检查和/或维修学生将要使用的设备和装置。⑦允许学生使用危险的设备和装置，虽然学生并未受过如何使用这些设备的训练。⑧允许学生参加超出他们能力的危险活动。⑨没有提供紧急救护。⑩违反了法律、法令或规定。⑪知道第三者，例如某个儿童，可能会有意伤害别人，而未对其加以控制。⑫没有注意到某个学生正处于危险之中。⑬没有对潜在的风险给予足够的警告。⑭对活动缺乏足够的技能和谨慎。⑮导致一种情境，会使第三者（如学生），或无生命的力量，例如体操设备或足球门，对他人造成伤害。⑯阻止某人（如另一位教师）帮助有危险的或受伤的学生，虽然该学生的危险并不是由其本人的过失引起的。

法庭若要判定体育教师有过失，则必须证明：体育教师对受到损害的人负有责任，该责任受到了破坏，并且对该责任的破坏是发生损害的起因或原因。缺少上述必备条件中的任何一个，体育教师通常不会被判犯有过失。

由于体育教学是在室外，并伴有大量的身体活动，非常容易产生一些运动事故。那么如何减少和防范这些事故的发生成为体育教师必须考虑的问题。在教学中，体育教师应严格遵守以下原则，来确保课堂教学安全、顺利进行。①始终坚守岗位。②合格并持有证书（急救与CPR）。③了解活动参与者的健康状况。④了解活动参与者的体质和发展水平。⑤积极主动并参与活动。⑥监督和检查环境。⑦监督和坚持规则和规

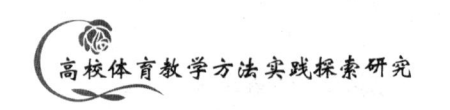

定。⑧告知学生安全问题以及处理突发事件的方法和程序。⑨时刻保持警惕。⑩谨慎、小心并做好准备。

(二) 体育教师的专业技能

1. 学校体育课程策略的指导能力

体育学习是学生在教师指导下进行的有目的、有计划、有组织的学习体育知识或运动技能的行为过程。体育学习策略是指学生为了达到某种体育学习的目的而主动采取的对学习活动有诸多帮助的方法，包括自我调节和控制等。对于学习策略的制定来说，这必定是体育教师需要具备的专业技能之一，同时这也是体育教师完成教学计划所必需的重要保障。具体来看，教师体育课程策略的指导能力主要体现在以下几个方面。

（1）激发学生对体育学习的兴趣

体育教师向学生传授有关体育学习策略方面的知识，使学生能够了解体育学习策略对他们学习体育的重要意义，激发学生对体育学习策略进行学习和运用的兴趣。

（2）指导学生掌握基本的体育学习方法

体育学科的学习与其他学科的学习有着许多不同之处。所以这就决定了体育学习的方法有所不同。鉴于此，对学生体育学习策略实施指导，应结合体育学习内容的性质和学生身心发展的特征，传授给学生一些适合体育学习的方法，如常见的有动作分解法、游戏法、重复练习法等，使学生在掌握体育学习方法的基础上形成和发展体育学习策略。

（3）为学生提供运用体育学习方法的条件

体育学习方法并非是纯理论性的内容，体育运动的实践性决定了对体育学习方法的掌握必须要通过身体力行来获得。为此，就需要体育教师在教学过程中有意识地为学生灵活运用体育学习方法提供各种机会和条件，善于根据教学内容的性质和学生的特点，创设和营造有利于促使学生灵活运用体育学习方法的活动情境和氛围，使学生在具体的体育学习过程中不断提高其体育学习策略水平。

（4）尊重学生的个别差异

在教学中遇到的每一名学生都会由于自身成长在不同环境中而获得只属于本体所拥有的个体差异，因此同一个体育学习策略在实际应用中，对不同的学生会产生不同的效果。在这种情况下，体育教师为了保证所教班级的学生能够完成学习任务，就需要尽量发现不同学生的个体差异，抑或找到某个群体类型学生的普遍规律，然后有针对性地进行学习策略的指导，充分发挥他们各自的优势，扬长避短，帮助学生形成有各自特点的体育学习策略。

（5）重视对学生开展元认知训练

元认知能力对于体育学习来说非常重要，体育教师在教学时要注重加强对学生这方面认知能力的培养。这种培养并非是通过对教材的讲授实现的，而是要在日常的教学过程中潜移默化地完成，教会学生如何根据自己的身体特点灵活地制订学习计划，及时调整和修正学习方法，达到学习目标。对这种能力的培养以求使学生获取丰富的元认知知识和体验，提高对体育学习策略的学习和运用水平。

2. 学校课余体育竞赛活动的组织能力

除了体育课堂教学外，课余体育竞赛活动也是学校体育的重要组成部分，甚至这个部分是学生最为青睐的体育参与形式。竞赛体育活动的组织工作就需要体育教师亲力亲为，组织行为甚至贯穿始终，由此可知，这也是学校体育教师必须具备的专业技能。常见的学校课余体育竞赛活动主要有如下类别。

（1）课堂体育竞赛的常见形式

①运动会。学校运动会是最为常见的课余体育运动形式。运动会中最常见的项目为田径赛事，包括各种径赛与田赛。有条件的学校举办的运动会还可以包括众多运动项目的综合性运动会，其特点是项目多、规模大、参赛人数多，组织工作较为复杂。举办运动会的目的在于丰富校园体育文化，为有体育特长的学生提供一个展示自我的平台以及弘扬体育精神等。②单项运动竞赛。单项运动竞赛顾名思义是指该项竞赛中只有一个比赛项目，如乒乓球、足球、篮球、羽毛球等比赛。单项运动竞赛的组织工作相对简单，器材准备也较为集中，易于开展。③邀请赛和友谊赛。邀请赛通常是校际进行的。邀请赛或友谊赛的举办目的是增进校际友谊，相互交流学习，共同提高运动技术水平，丰富大学生业余文化生活。当然，在一所学校中也可以开展友谊赛，如班级友谊赛、综合性大学中的院系友谊赛等。④季节性单项竞赛和体育节。季节性单项竞赛主要是根据季节变化而组织的适宜应季开展的体育比赛活动，如夏季游泳或冬季长跑等。

体育节是指将体育竞赛、体育表演、体育文化知识讲座、体育知识竞赛等有机融合的活动。这种活动由于其丰富性、专业性和娱乐性，对丰富学生课余文化生活、提高学生对体育知识的了解和参与体育活动的兴趣等都具有十分重要的意义，往往会成为那些热爱体育运动学生的节日。

（2）年度课余体育竞赛日程安排

年度课余体育竞赛日程计划是对全校一学年的体育竞赛活动所做的全面规划和安排。它的安排依据为学校体育教育工作计划的安排和实际情况，此外还要兼顾考虑上级有关部门的竞赛安排和要求，以及与学校相关体育资源管理部门协商后制定，然后呈报校长审批后执行。

制订年度体育竞赛日程计划时，应遵循以下几个原则。①常规性。学校课余体育运动竞赛从总体来讲应该是一项传统体育活动，它的项目乃至时间要相对固定，如此才会有利于校园体育文化的传承与传播。②可行性。运动竞赛的安排要遵循可行性原则，这是最为根本的一项原则。任何不具有可行性的比赛都难以顺利组织开展。为了这种可行性，在组织安排之初就要以学校的体育教学计划、季节特点等多方面因素作为考量标准，另外竞赛的项目要适合学生身心发展，还要考虑到学校是否具有相应的体育资源。③群众性。体育竞赛活动的开展对象是学生，而且应该是面向全体学生。这就使得学校课余体育竞赛具有了群众性特征。为了照顾到不同运动能力的学生，在竞赛项目安排上还应考虑不同层次学生的需求，以小型多样、学生喜爱、组织简便为原则，以使这种竞赛具有对学生的普遍适应性。④简便性。竞赛日程计划表的排列应便于实际操作。这点对于制订年度竞赛日程计划表格外重要。在制订计划时要着眼全年，将计划中举办的各项赛事的时间平均分配。另外，对于每项竞赛的具体规定，应另定竞赛规程，并提前发给各参赛团体。

（3）课余体育竞赛的比赛方法

学校课余体育竞赛的比赛方法通常较为简单和直接。这些方法在大型比赛中也较为常见，如淘汰法、循环法、混合法和轮换法等。

① 淘汰法

淘汰法是指所有参赛者按照排定的顺序进行比赛，胜者进入下一轮，负者退出比赛，直至产生冠军的竞赛办法。淘汰赛包括单淘汰、双淘汰和交叉淘汰。淘汰法在竞赛方法中最为常用，它的特点为在有限的资源和竞赛周期内可以安排大量参赛者比赛；比赛具有刺激性和精彩性。但同时它也有不足，主要为参赛者参加的比赛场次不多，比赛偶然性较强，排定的名次有限等。

单淘汰赛。参赛者失败一次即退出比赛，直至产生最后获胜者的竞赛方法，称为单淘汰赛（又称单败淘汰赛），分三种类型。第一种，场数和轮数的计算。单淘汰比赛场数＝参赛者数－1。第二种，选择号码数与分区。若参赛人（队）是2的乘方数，每个比赛人（队）对应一个号码，若参赛者的人（队）不是2的乘方数，则选择最接近2的乘方数为号码位置数。单淘汰赛把号码位置数分为几个相等的部分，称为"分区"。把全部号码分成两半，每半区称为1/2区，又称上、下半区；把上、下半区又各分为两半，每个区称为1/4区；把1/4区分成两半，称为1/8区，依此类推。第三种，轮空与抢号。轮空是在实际比赛中，比赛人（队）数不是2的乘方数，也就是说可能出现选择的号码数大于或者小于参赛人（队）数，这就出现了"轮空"或"抢号"。轮空是号码位置数大于实际参赛者人（队）数的情况，这就会多出一些位置号码，没有参赛者进入，也就是说参赛者没有对手，休息一轮，轮空数＝号码置数－参赛人（队）数。抢号是当选择的号码位置数小于参赛者数目时，就出现参赛者多，位置数不够的情况，这就需要在第一轮比赛前，安排一定场次的预选赛，将多出的参赛者淘汰，使实际参赛的人数与号码位置数相符，每个参赛者对应一个号码位置。这就出现了"抢号"。抢号场数＝参赛者数－号码位置数，抢号的位置和轮空的位置一样，也算一轮，抢号位置也可以通过查轮空表获得。

双淘汰赛。参赛者失败两次即被淘汰出比赛，直至产生最后获胜者的竞赛方法被称为"双淘汰赛"。双淘汰赛的场数=2×参赛者数-3，双淘汰赛的比赛轮数是：胜者轮次与单淘汰赛相同，即号码位置数2的乘方数的指数；负者轮次是2的乘方数的指数×2-2。

② 循环法

循环赛制（简称循环赛）是指所有参赛者（队或人）相互之间都轮流进行比赛，最后按照在循环比赛中得分的多少排定名次的竞赛方法。循环赛的优点是：第一，比赛场次多，接触对手多，有更多的互相学习、实战锻炼的机会。第二，最后排定的名次基本符合各队的实际运动水平，偶然性小。循环赛的缺点是：比赛的时间长、占用场地多，参赛者数量多时不宜采用；最后几轮的比赛可能会由于一些因素（为保存实力、人际关系等），出现消极比赛现象。循环赛包括单循环赛、双循环赛、分组循环赛和积分循环赛等。

单循环赛。所有参赛者相互之间都轮流比赛一次，最后按其在同一循环比赛中得分的多少排定名次的竞赛方法，称为单循环赛，共分为三种。第一种是场数与轮数的计算，两个参赛者相互比赛一次，称为一场比赛。计算循环赛比赛总场数，主要是便于根据实际比赛场数的多少，计划好比赛场地和时间、人力、物力的安排。单循环比赛场数的计算方法是：单循环比赛场数 X = N（N-1）÷2（X = 比赛场数，N = 参赛者数）。第二种，是编排比赛秩序。单循环赛轮次的编排方法具有可变性的特征，不同项目可以根据自己的特点和需要，采用各种不同的轮转编排方法。第三种是单循环赛成绩记录表，比赛成绩记录表的内容有比赛单位名称、比分（双方比赛结果）、积分、积分相等时排定名次的方法等。体育竞赛项目众多，计算成绩的方法也各不相同，但都必须在竞赛规程中将计分方法、确定名次的方法做明确的规定。特别是要把在有多个参赛者积分相同的情况下如何最后确定名次的方法说明清楚。

双循环是所有参加比赛者（队）在比赛中相互比赛两次，最后按各参赛者（队）的成绩排定名次，即为双循环。编排方法与单循环相同，但由于比赛场次过多，在大学体育竞赛中较少采用。分组循环是把所有参赛者（队）平均分成若干小组，在各小组内进行单循环比赛以确定其小组名次的方法叫分组循环。一般在参赛者（队）较多而赛程较短的情况下采用。

③ 混合法

竞赛规则中将循环法（通常为单循环）和淘汰法结合使用的竞赛方法，叫作混合竞赛法。混合竞赛法取两种竞赛法的优点，规避各自的不足，因此在具有一定规模的体育竞赛组织方法中经常会被使用。

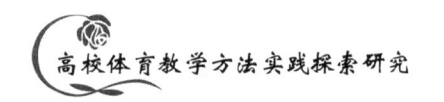

（三）体育教师的教学能力

1. 体育教师的组织管理能力

（1）教学内容的组织加工能力

教学内容是相对固定的，但对其运用则是可以根据体育教师的经验来灵活进行的，这也是取得预期教学效果的有效方式。那么，这就要求体育教师必须具备一定的对教学内容的进一步组织加工的能力。这种加工并非是随意进行的，而是需要以体育学科的逻辑结构和学生的认知结构特点作为根本依据，做到教学内容主次分明、繁简得当。

（2）体育课的组织管理能力

体育教学课程是体育教师开展教学活动的"主战场"，是实现学校体育目的任务的基本组织形式。既然是课堂，就有与其他学科教学相似的课堂组织环节，而鉴于体育教学课堂往往在室外进行，因此，相对于教室中的教学来说，体育教师所要参与的组织管理环节就更多、更复杂。体育课的组织管理能力具体通过以下几种情况表现出来：教学场地与器材的合理布置及运用、运动负荷的控制与调节、培养课程骨干共同参与管理等方面。

（3）课外体育活动的组织管理能力

除课堂教学以外，课外体育活动也是学校体育的重要组成部分。在课外体育活动中，体育教师往往是主体之一，承担许多组织、指导，甚至是直接参与到活动中去的任务。课外体育活动形式较多，常见的如早操、课间操、高水平运动队训练、课余体育竞赛等。体育教师课外体育活动的组织能力主要通过以下几个方面体现，包括要具备领操能力、运动训练能力、比赛临场指挥能力和裁判能力等。

3. 体育教师的课堂教学能力

（1）教学能力

教学能力可以说是体育教师最为基础的专业能力。教学能力主要囊括了从教学前、中、后三个阶段的教学技能，具体包括教学前进行的教学计划编制能力、教学中的教学能力和课堂管理能力、教学后的评估和反馈能力等。

（2）语言表达能力

体育教学尽管更多的是身体力行的学习方式，但这并不代表语言表达在教学中就变得可有可无。反观体育教学由于涉及诸多动作技术和战术内容的学习，因此更需要体育教师将一些相对复杂的技术和有些抽象的战术用语言表达清楚。要想达到这种水平，就需要体育教师首先透彻了解教学内容以及学生的实际能力与学习习惯，做到语言生动、简练、有趣，并恰当地利用好语气、语调、语速等副语言方式。另外，教学中的口令也是体育教师的一项基本功，必须要做到口齿清晰、声音洪亮有力。

（3）现代教育技术运用能力

科技的发展与信息化社会的到来将包括体育教学在内的现代教学行为提升到了一个新的高度上。众多现代化的教学手段已经在体育教学中广泛使用。而在这种背景下，自然就要求体育教师首先要掌握这些新技术在体育教学中的使用方法，将这些技术了解透彻、娴熟掌握，然后在体育教学中灵活运用，从而使这种对现代教育技术的运动能力获得实践中的效果。

（4）科学研究能力

终身学习是现代教育领域工作者所必须要秉承的理念。这主要是因为现代教育发展较快，各种有关教育的新理念新思维、新方法、新模式等层出不穷。如果不能及时跟上发展的步伐，一段时间后必然会感觉教学效果下降，以及学生不易接受教学方法等情况。所以，教师不单单是要实现终身学习，还要具备一定的体育科学研究能力。作为一名教师，如果能怀着科学研究的态度主动钻研教学，摸透体育教学的规律，并将之与研究工作有机地结合起来，也必将会在教学成果方面有所显现。

3. 体育教师的创新意识与创新能力

（1）发扬实事求是的科学精神

想对一种事物的发展方向和实质进行改变，一定要建立在实事求是的基础上。对于体育教师的创新意识与能力的提高方面也是如此，它需要教师首先了解学生的体育学习能力和身心发展规律，这就是所谓的"是"，在此基础上，为他们专门制定出的方案才是切实可行的，富有效果的。

（2）树立标新立异的思想

体育教师要想具备创新意识与能力还要秉承标新立异的思想。但凡是创新，都代表其中多数内容与过去有本质的不同。因此，为了获得更多的创新的事物，就必须打破过往的"规则"。以传统的体育教学课堂整齐站队听课的方式为例，为了打破这种传统的方法，使体育课更加轻松和活泼，便可以使用一种自然的、不站队的方式，只是围拢在教师身边的听课形式，来听取教师布置课的任务与要求，如此就是一种标新立异。

为了获得这种标新立异的思想，就需要体育教师及时对自身的一贯理念进行更新，打破原有思维，实际上这并不容易，并且这种打破思维也是要在符合科学理论的范畴内进行的，不是一种空想或乱想。21世纪的体育教学面临教学改革的不断深化，标新立异的意识作为创造能力的一个重要表现，必然成为教师思想意识的优良品质之一，它能不断创造新的知识与文化。

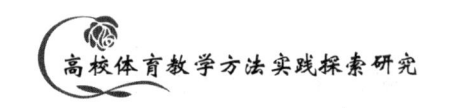

三、高校体育教师队伍的建设

(一) 高校体育教师的工作及其特点

高校体育教师不同于其他级别学校体育教师。在高校中就读的大学生其身体发展更倾向于成年人,而心理发展也日趋成熟,形成了较为稳定的人格和性情。这种身心特点,就使得高校开展的体育教学活动在负荷方面应该与成年人体育活动平均标准无异,在一些特殊项目的训练时(主要是体能训练)还可适当地超负荷。与此同时,高校体育教师的工作除了具有一般体育教师工作的特点外,还表现出以下一些特殊性。[①]

1. 教学任务的多样性

大学阶段可以开展的体育教学活动很多,由此也带来了更多的教学任务。这些教学任务主要为体育理论知识与运动技能,此外高校体育教师还要关注培养学生的体育健身意识、保健意识、体育欣赏能力和体育组织能力等。

2. 教学的专业性

在高校中任教的体育教师自然要具有超强的教学能力和组织课堂与活动的能力。现代高校体育的组成相对过去有了更多的丰富性,除了常规的体育教学课堂外,课余体育活动、体育比赛、体育俱乐部、高水平运动队等活动都成为高校体育的组成部分。为了更好地完成这些工作,需要体育教师不断完善自我、坚持学习、提升能力,这使得大学体育教师的专业性更强。

3. 教学关系的互动性

体育教学的主体是体育教师与学生。由于学生在大学阶段的身心发展趋于成年人,所以他们拥有较强的主体意识,对体育运动的学习也更加主动,个体思考的独立性更强,对教师的依赖更少,他们喜欢通过自己的能力去独立完成或进行体育活动。因此,大学阶段的体育教学与以往的知识与技能灌输不同,而是更偏向于对学生体育意识的启发,学生与体育教师的互动性也更强。

4. 教学研究的重视性

高校体育教师的工作任务除了完成体育教学和组织活动等外,还有一点比较重要,就是他们要承担一定的体育科研工作。为了能够具有体育学科的科研能力,就需要高校体育教师打好文化学习的基础,除了学习扎实的本学科知识外,还要具有一定的外语水平、计算机水平等。

[①] 谢萌著. 高校体育文化教育研究 [M]. 吉林人民出版社, 2021.

（二）不同类型体育教师的特点

体育教师的类型很多，分辨这些类型的依据在于他们教学能力的侧重。之所以高校体育教师会出现如此的分类，这主要是与高校体育教学涉及的内容很多有关，再加上高校体育教学的多项任务，这就使得体育教师都拥有各自擅长的领域，即便是那些较为全面的教师，也肯定有其最为擅长的项目。因此，根据这些不同的擅长领域，就可以将体育教师分为四种类型，具体如下。

1. 擅长教学的体育教师

体育教师最基本的技能就是开展体育教学。然而，那些对体育教学有着最深刻理解的教师能使教学最富有效果，效率更高，教学目标更容易达成。这类教师更加善于教学，深受学生的喜爱与认同。擅长教学的体育教师的最大特点主要表现在以下两个方面。

第一，此类体育教师教学经验丰富，对所教内容总体把握准确，对教学细节也一丝不苟。在教学态度上，他们热衷体育教育事业、潜心钻研业务，对学生能够表现出足够的爱心、耐心和责任心。

第二，此类体育教师更注重在日常教学中积累经验，并将这些经验与体育教学理论不断结合验证，应用到以后的教学中，从中发掘体育教学规律。这使得他们的体育教学严谨、有序、效率高。

除此之外，擅长教学的体育教师更善于运用一切可能的教学条件，甚至当条件不足时可以自己创造条件，如引导学生制作必要的体育器材等。他们还善于发现每类学生的学习特点与了解他们的能力，从而有助于激发和调动学生的学习兴趣和积极性，也有利于选择最适合他们的教学方法。

此类体育教师总的来讲更偏重于教学和理论，多为"学院派"体育教师，与其他类型的体育教师相比，他们自身的运动经历也许不是最丰富的，也没有参加过长期的专业队训练，然而这些并不会妨碍他们成为优秀的高校体育教师，也无碍于在教学中他们对某项运动技术、战术等进行准确的示范和讲解。这种"讲得透""讲得清"在很大程度上弥补了他们运动技术水平欠缺的不足。

2. 擅长训练的体育教师

现代高校中的高水平运动队已经成为许多高校体育文化的名片。为此，体育教师就成为组织运动训练的负责人。一般来说，能够成为高水平运动训练队教练员的体育教师大多拥有自己的专长项目，有些教师的项目专长不止一项，同类型运动也许掌握两项甚至更多，如乒乓球专项的体育教师可能对羽毛球或网球运动也很擅长。此类体育教师大多数拥有较为丰富的专业体育训练经历，有些甚至是专业运动队的退役运动员，由他们带领学校的运动训练队可以充分发挥其在运动训练实践领域的经验，以使学校运动

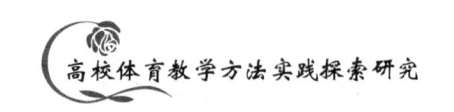

训练队的综合水平得以提升。此类体育教师会受到渴望接受专业运动训练学生的青睐，这些学生通常认为擅长训练的体育教师能够使自己的运动技能得到更多的提升。

擅长训练的体育教师的特征主要为：具有丰富的运动训练经验，他们通常有过参与长期系统训练的经历，因此在组织运动队训练时表现出突出的训练管控能力，并且能够发现队中学生运动员的实际情况，然后有针对性地调整训练计划。高水平运动队的训练目的之一还在于参加校际体育赛事。而他们由于具有丰富的运动经历，因此在比赛中能够有足够的心理素质指挥比赛，可谓是高校运动竞技体育提高成绩所不可或缺的人才。然而这类教师在开展日常的教学工作时则会体现出一些不足之处。这种不足主要体现在他们习惯于将运动训练的思维照搬到体育教学之中，使教学显得枯燥、死板，缺乏启发性和娱乐性，因此则不能激发大多数学生的体育学习兴趣，这在一定程度上也影响了体育教学效果。

3. 擅长科研的体育教师

现代教育中的各领域发展都非常迅猛，体育教学也不例外。再加上一些高科技手段被运用到体育教学当中，就使得体育教学领域中出现了更多的有待研究和探索的课题。为了保证对体育科研的力度，保持体育教学的先进性，众多高校体育教师加入了体育学科科学研究的行列之中，他们在平时除了要做好日常的体育教学工作外，还要分配好自己的时间用于体育科学研究。这就要求他们具备出众的文化水平和科研能力。由此，近些年来就出现了擅长科学研究的体育教师类型，此类体育教师普遍对自我再学习比较看重，学习的内容多是与体育相关的学科，并且定期会观摩一些优秀体育教师的理论或实践课，以便从中获得经验和找到科研的灵感。他们对于体育教学领域中的学术问题有着敏锐的目光，可以提出角度特别的观点，并对其中一些具有十足现实意义的问题做深入研究和探索，并且在研究过程中会与自己参与的课堂教学与课外训练相结合，从而构成一种边学习、边研究、边设计、边实践的科研模式，进而最终形成自己独特的研究风格等。

由此可以看出，擅长科研的体育教师不仅仅是体育知识的传授者，更是体育教学的创建者和知识的反思者与实践者。但是这类教师往往在一线教学能力上有所不足，这也与他们长期利用大部分时间做学术工作，较少参与到一线教学活动有关，以致其教学技能有所弱化，成为"理论型"教师。

4. 复合型的体育教师

前面三种类型的体育教师都有其各自擅长的项目，但也有他们各自所属类型的不足。现今，体育教学的发展越发对体育教师的综合素质有所要求，甚至要求他们不能有过于明显的"短板"，需要同时具备教学、训练，科研的能力，这就是所谓的复合型体育教师。这一类型的体育教师已经成为体育师资队伍建设和发展的主要目标，事实上这类教师就是在教学、训练、科研领域俱佳的体育教师。

所谓复合型体育教师，就是在知识结构方面由两个或两个以上的不同质的学科知识群组成，在智能结构方面由跨学科的多种能力聚合而成。具体来说，就是体育教师除了要拥有主辅修专业外，还要兼顾具有与主辅修专业紧密相关的其他学科知识以及发掘相关知识的敏感度，当然运动技能专长是绝对不可缺少的。

在高校体育教育领域中，复合型体育教师除了可以在正常完成日常教学工作或其他体育活动的组织工作，还能在业余时间进行科研工作，另外，他们还具有果断的决策力，并且拥有创新思维和较强的社会交往能力。当然，如此"全能"的体育教师数量必定是较少的，他们大多就职于著名综合性高等院校，或是在体育专科院校中。

通过上述对高校体育教师类型的分析，基本可以了解这些教师的特点，这对高校根据具体体育教学任务选择匹配的教师有着很大的帮助，并且在日后还要对这些教师进行岗位再培训，以期发扬其优势，弥补其不足。

（三）体育教师队伍建设管理的构成

1. 体育教师规划管理

体育教师在现代教育中是一个的重要组成部分。但教师并非是带领学生活动身体那么简单，这种活动都是建立在一定理论基础上进行的，而不是随意性活动。因此，为了保证这种科学性与严谨性，就需要在最初的教学准备阶段做好规划管理。这些规划管理工作的内容具体如下。

（1）制订体育教师编制计划

可以作为体育教学内容的项目非常丰富，但编制者要了解哪些内容最有利于学生的体育发展，将这些内容遴选出来，进行加工和编制就显得非常重要。为了确保编制的科学性，并且使内容可以有一个普遍的统一标准，就需要在编制时考虑到内容要与国家教委颁布的体育教学相关条例相符，此外还要考虑到本校的实际情况（校本体育资源与学生实际能力），尽量避免出现编排的教学内容可操作性较差的情况。

（2）制订体育课时工作计划

课时工作计划是具体实施体育教学过程的教学文件。因此，课时工作计划的制定原则就应该是直观、易懂，具有可操作性和适应性等。鉴于现代高校有关体育的活动形式众多，因此在制订体育课时工作计划时除了要关注正式的体育课堂教学外，还应将其他体育活动的因素也一并纳入体育课时工作计划中来，从而让学校的所有体育活动都纳入课时计划制订的范围。

（3）制订体育教师培训计划

高校的体育教师培训计划通常有两个内容。一个是短期培训计划，另一个是攻读学位的计划。其中攻读学位的培养计划主要在体育专科院校中较为常见，培训的对象通常是体育教师，也可以是在体育领域颇有造诣的学生。这是一种切实提升我国体育教师水平和推动其不断向前快速发展的重要途径。

（4）制订体育教师引进计划

一所高校的体育教学发展必定离不开教学人才。新的高校体育发展方向和理念在构建阶段必须要引进相应的人才，对于这方面人才的引进就需要做好规划。这其中有很多方面需要注意，但最重要的就是要注意人才引进需要具有层次性，以保证学校中的体育教师人才不断档，可延续。

（5）制订体育学术交流计划

现如今各学术领域中的交流活动众多，这些交流活动有助于推动该领域向前发展，各方也能够通过交流共享信息、互通有无、促进研究。体育学术领域也是如此，如今在高校进行的体育学术交流数量很多，为此高校应该对这些交流活动的开展有一个明确的计划，这是保证交流活动正常开展和有序进行的基本保障。

2. 体育教师选拔管理

体育教师作为体育教学的主体之一，对课堂的组织、教学、控制和管理有着较多的决定权。由此可见，一位出色的体育教师对课堂教学的效果会起到决定性作用。为此就需要选拔出这样的体育教师来从事体育教育工作。在进行选拔时，应严格遵循以下两个原则。

（1）师德为先原则

作为一名教师，师德永远是要考虑的第一标准。由于体育教师为人师表的特殊性，这就要求他们除了要具备基本的体育理论与技能外，在做人和言行表率方面也应该更加突出，成为真正德才兼备的人。将师德为先作为选拔体育教师的原因主要在于许多体育教师是运动员出身，早期缺乏的文化教育可能使得他们没有形成良好的行为习惯，如果在成为体育教师后不能严于律己，则可能给学生带来负面影响。

（2）公开公正原则

顾名思义，这个原则要增加选拔的渠道，使得体育教师的构成既有偏重理论的类型，也有偏重实践的类型，形成"百花齐放"的师资构成。另外在选拔中要严格选拔规则，公开公正地选拔人才。

3. 体育教师聘任管理

合理聘任优秀体育教师，能够对教学工作的进行和教学工作质量的提高起到积极的促进作用。这是保证体育教学工作顺利开展的重要管理内容。为了保证聘任到的体育教师拥有较高质量并适应体育教学实践的需要，应遵循以下几点原则。

（1）按岗聘任

逐渐由"以人为中心"转变为"以事为中心"，从注重个体发展转变为注重整体结构与功能的优化。通过对体育教师岗位意识的强化以及体育教师职责的明确,来避免岗位设置不明确、职责不清的情况。

(2) 职能相称

体育教师的专业各有不同,这里所谓的专业主要是指体育教师掌握的项目技能的差别,或是对体育研究领域的不同水平。为此,在选择体育教师时就要充分考虑到学校体育教学的实际需求,选择出与教学计划所需的教师最匹配的教师,将他们的特长充分发挥出来。

(3) 职称评定

根据体育教师的综合能力给予他们符合自身素质水平的职称,这是激励体育教师再接再厉、激发他们工作热情的良好方式。

4. 体育教师培训管理

即便是已经入职的体育教师,为了提高业务率,也要适时组织多种形式的培训活动,如此也可以使他们保持良好的教学状态,掌握最新的体育教育前沿知识,以便他们能够与时俱进地开展教学。这一切目标的指向只有一个,那就是进一步改善体育教学效果。目前,常见的体育教师培训机构主要有体育学院、体育教师进修学校、自学考试机构、单位体育机构等。而培训形式主要有在职培训和岗位培训两种。

(1) 在职培训

在职培训是指在职务岗位上时在课余时间参加的培训。

(2) 岗位培训

其是在新时期为适应体育教学的需要对体育教师进行的一种有目的有组织性的培训活动,以期使体育教师通过参加此类培训活动而达到体育教学的基本任教资格。通常情况下,这类岗位培训是脱产完成的,大多数为上岗之前进行的培训。

5. 体育教师考核管理

体育教师考核是评价体育教学效果的最佳方式,通过考核才能了解体育教学的过程是否顺畅、结果是否符合目标。在对学校体育教师进行考核时,应该遵循如下原则。

(1) 发展性原则

事物是永远处于发展运动过程中的,任何事物的发展都会带来原先形态的改变,对于体育教师考核管理来说,要想实现管理目标,就需要秉承发展性原则。现今体育教师的发展速度很快,其思想品德、意志品质、业务水平是不断变化发展的。因此,对其进行考核的方法与管理行为也要与时俱进,不断探索用新方法和新思维对体育教师进行考核。

(2) 实事求是原则

客观公正的考核结果才能真正体现体育教学中的问题,同时也能发现其中的优点。

为此，体育教师考核管理就要本着实事求是的原则进行，考评中要做到从实际出发，尽量排除主观因素对考评结果的影响，由此进行实事求是、公平公正的考核。

（3）全面性与侧重性相结合的原则

全面性原则是指考核体育教师的指标要全面，即对其中的软硬指标都要有所顾忌，甚至在有需要的情况下还要对其中的指标有所侧重，以具体的考核目标为依据有针对性地选择具体的指标进行重点考核。

6. 体育教师评价管理

对体育教师的评价进行管理的核心要素在于对体育教学过程与结果产生的各种信息的收集，然后根据这些信息采用定性或定量的方式对体育教学效果进行判定。常见的体育教师评价方式主要有以下三种。

（1）教师的自我评价

体育教师对自己在体育教学前、中、后三个阶段的表现进行评定。自我评价要求教师要客观和实事求是，不过从心理学的角度来看，往往这种评价的结果会高于自己的实际表现，这也是非常正常的情况。

（2）领导与同事评价

领导与同事的评价相对自我评价来说更加严苛，特别是来自领导的评价，不过这种评价的优势在于它比自我评价的准确性高，水分更少。而来自同事的评价也比较类似，不过鉴于同事对体育教师的了解度更高，因此来自同事的评价准确度会更高一些。

（3）学生的评价

作为体育教育的主体，学生对体育教师的评价是最为直观的。但是，由于学生受到其自身知识水平、理解能力、喜好等因素的影响，往往其评价的主观性相对较强。例如，一些学生对于体育教师在课堂安全方面的批评表现出不理解和不满，在评价教师时就可能出现带有情绪化的评价。

第二节　高校体育教学的学生因素

一、高校体育教学学生的特点分析

（一）大学生身体发展情况

从现代教育来看，大学生的年龄跨度更加宽广，为 18~35 岁。大多数大学生处于青春发育后期（不包括 28 岁以上学生），这标志着他们在生理上已经接近成熟。在此期间，他们的生理、心理都完全不同于少年时代，而是朝气蓬勃，青春阳光，处于生机勃勃的时期，也是将要独立走向社会的关键时期。在这一阶段，大学生的体格、体态、体姿、体力、机能和行为等已基本定型。抓住学生在这个时期的生理发展特点，就能为顺利开展高校体育教学活动打下坚实基础。

1. 身体形态的发展

（1）身体形态发育减慢

大学生在经历了人生最后一个生长发育的高潮阶段后，其大部分处在青春发育期的后期。在生长激素的抑制下，学生到了大学阶段，生长发育速度明显减缓。一般我国女子到17岁，男子到19岁，身高的增长幅度逐渐减慢；在体重上，通常是女子到18岁，男子到20岁保持相对稳定。除了身高和体重外，大学生在胸围、肩宽、头围、骨盆和各器官的生长发育也到了相对稳定的阶段，不会出现较大幅度的变化，而且其身体各部分的比例、体格、体形和身体姿势等与成人接近。除此之外，在性激素作用下，大学生的肌肉更加粗壮有力，肌肉纤维的横截面积加大，其中的水分越来越少，蛋白质、脂肪、糖和无机盐的含量增加，进而肌肉更加结实，力量明显增加。

（2）具有明显性别差异的身体形态

在身体发育基本到了成熟的阶段后，男生与女生在性别上的不同，表现在身体外形上有直观而明显的不同。男生的形态变化为上体更加宽粗，骨盆变窄，下肢细长，喉结突出，声带增宽，音调低沉，肩膀宽厚，胸部呈扁平状。女生的形态变化为上体更加窄细，骨盆变宽，下肢较短，声带增长，嗓音尖细，肢体纤柔。大学生出现的第二性征，标志着他们已经步入生理发育成熟期。这些身体形态上的变化都为他们将来走向社会，承担繁重的脑力和体力劳动，适应社会环境与沉重的压力，适应社会和心理素质的健康发展奠定了物质基础。

2. 身体机能的发展

（1）运动系统

人体的运动系统由骨骼、关节、肌肉三部分组成。在大学生年龄阶段，随着他们身体发育的成熟，其运动系统的发育已达到顶峰状态。大学时期是保持身体机能状态的最好阶段，因此，长期参与体育锻炼是很有必要的。

首先，伴随年龄的增长，骨骼中较柔软的有机物和水分变少，出现一些较硬的无机物，骨骼更加粗壮，能承受更大的压力与负荷。到了大学后期，骨化基本结束，身高不再增长，骨骼发育通常在25岁左右完成。

其次，良好的关节柔韧性是进行体育锻炼健身必不可少的条件之一。大学生的关节中有着较厚的软骨，关节囊韧带有着很好的延展性，关节周围的肌肉细长，所以关节总体来说活动范围大，但缺乏稳定性与牢固性，受到外力作用后很容易脱位。因此，在高校体育教学中就必须重视发展关节柔韧性的相关练习。

最后，肌肉的发育一般在30岁左右停止。肌肉的主要成分是蛋白质，通常是动物蛋白，随着年龄的增长，肌肉中的水分减少，有机物增多，肌纤维增粗，向横向发展，肌肉更加厚重，力量增强。①

(2) 心血管系统

心血管系统包括心脏和血管，负责代谢运输的任务，在人体发育中是最晚结束的系统，心血管系统是人体健康的重要标志之一。

学生在读大学之前，心脏重量及容量都小于成年人，心肌纤维短而细，弹力纤维分布得比较少，收缩力不高，每搏输出量和每分输出量比成年人略低；血管内径宽，长度短，血流阻力小，血液循环一圈时间短；毛细血管丰富，在单位时间内，各组织器官的血流量大，确保了生长发育过程中能供应足够的氧气与营养。到了大学生的年龄阶段后，心脏每搏输出量增大，收缩力加强，心率缓慢，收缩压增高，使血液供应适应负荷持续增加的需求，提高人体的抗负荷能力。

(3) 神经系统

神经系统是人体发育最早、最快的系统，其功能早在少年时期就已经发育成熟，但大脑皮质中兴奋和抑制的过程尚未均衡，兴奋过程更强，抑制过程较弱。神经系统的第一信号主要包括具体的刺激信号，如声、光、电等；第二信号主要包括抽象的刺激信号，如语言、文字等。

到大学年龄阶段，大脑越发成熟，第二信号系统已逐渐完善，第一信号和第二信号系统间的关系更加密切，人体的分析与综合能力以及神经过程的灵活性都有提高，神经系统的机能达到成人水平。另外，由于神经过程更加灵活，神经细胞物质代谢更加旺盛，因此神经系统很容易疲劳，好在其恢复得也快。脑细胞内部的结构和机能的复杂化过程更加明显，从而促使大脑皮层有了质的飞跃，这为人体思维创造能力的提高创造了良好的物质基础。因此，在体育教学活动中，可采用启发式与比较式教学法，充分利用学生的经验，挖掘学生的潜力。

(4) 呼吸系统

在大学阶段，学生肺的横径和纵径持续增加，肺泡增大，这种现象在男生中更加明显。由于呼吸肌更有力，呼吸会更加缓慢，呼吸的深度增强，肺活量提高，呼吸系统更加完善。

相关数据显示，我国高校男生的平均肺活量为3800～4400毫升，女生为2700～3100毫升，但从近年来的体测结果来看数值有一定的下降。体侧数值的下降，证明我

---

① 王冬梅. 高校体育教育创新发展研究 [M]. 长春：吉林人民出版社，2021.

国的大学生群体的身体素质水平出现了整体下滑的情况,这引起了社会各界的关注,令人深思。因此,在大学期间,大学生应适当参与球类运动,或者跑步、游泳等有氧运动,以增强呼吸功能。

(5) 新陈代谢

新陈代谢是指肌体与外界之间存在的物质和能量交换以及物质和能量的转变过程。总体来看,包括物质代谢和能量代谢。在大学阶段,学生的生长发育尚未完全成熟,所以物质代谢和能量代谢都具有较高水平。因此,在大学期间经常参加体育健身运动,上好每一节体育课,有利于新陈代谢和体内外循环水平的进一步促进与提高,体育运动是增强体质的最有效的方法和途径。

(6) 生殖系统

生殖系统是与人的生殖功能密切相关的器官总称。生殖系统的主要作用是生产生殖细胞,分泌性激素,维持人的第二性征。性功能逐渐开始发育成熟是人进入到青春期的直观变化之一,它包括生殖器官的形态发育、功能发育,以及第二性征发育等。

由于性功能发育,所以男生在12~19岁会出现遗精现象。男性第二性征发育后,开始出现胡须,体毛越来越多,喉结增大突出,语调变得低沉、粗缓,皮下脂肪减少,肌肉更加发达雄壮。

女性的性成熟体现在卵巢发育到成熟水平上。女生的卵巢最早在8~10岁发育,子宫等器官在10~18岁时快速发育。随着生殖器官发展到成熟阶段,女生开始出现月经。女性第二性征发育后,乳腺中沉积更多的脂肪,乳房逐渐丰满,乳头突出,骨盆增宽,语调变高,皮下脂肪更厚。

在大学期间,尽管大学生在生理上已发育的趋于成熟,但其心理发展与生理上的发育并不是完全同步的。因此,结合上述特点,高校体育教师及其他教育工作者应加强对学生的生理和心理方面的教育与辅导,使学生理性面对自我,树立正确的人生观、爱情观、价值观,鼓励学生多参加体育运动锻炼,这样有助于促进身心的协调发展。

3. 身体素质的发展

(1) 身体素质的概念

身体素质通常指一个人的基本活动能力,是肌体各器官系统的机能在运动过程中的反应。人们把人体机能在身体活动中体现出的力量、速度、耐力、灵敏性、柔韧性以及协调性等能力统称为身体素质。它是人们进行学习、工作、劳动以及日常生活的基础条件之一。

(2) 大学生身体素质特征差异

① 年龄差异

相关资料表明,男子在19岁之前,女子在13岁之前速度、腰腹力量、静力性力量耐力、弹跳和耐久力等指标,会随着年龄增加而增强。男生身体素质发展的高峰期在

19~22岁;女生的身体素质发展则有两个高峰,第一个高峰为11~14岁,第二个高峰为19~22岁,第二个高峰发展后的指标要高于第一阶段。

在身体各项指标发展的高峰上,男生除了速度指标之外在7~8岁就已经出现,其他指标在12~16岁出现;女生的大部分指标在7~9岁即发展达到高峰,而柔韧和耐力素质到18~19岁时又会出现高峰。

从上述规律看,说明到了大学阶段人体还有一定的发展空间,并不是说已经停止生长了。因此,在大学阶段还要坚持体育锻炼,以确保身体素质的全面发展。

③ 性别差异

男女有别,尤其是在身体素质上。以相同年龄的大学生来比较,从力量、灵敏度、耐力、速度等素质指标来看,男生通常要高于女生;而在柔韧、平衡、协调性方面,女生一般都超过男生。

④ 地域差异

从我国特殊的国情来看,相关研究显示,在经济发达地区的高校中,学生往往家庭物质条件较为优越,其平均速度、灵敏度、爆发力都有较好的发展水平;经济不发达地区的高校中,学生的家庭物质环境相对一般,他们的平均力量、耐力更好一些。

(二) 大学生心理发展情况

现代大学生的普遍特征是文化素质高,思维活跃,有闯劲,有干劲,对事物有探究精神,他们在生理上已处于成熟期,与此同时,心理的发展也要跟上来。

有调查表明,我国大部分学生的基本需要是积极健康的,他们将求知、友情、自尊和人格独立放在最前列。大学生心理发展突出表现在以下几个方面。

1. 性格特点基本形成

性格是指人在现实中所具有的稳定态度和习惯性的行为方式。在大学阶段,学生的个性发展趋于稳定,自我意识稳步发展,集中体现在人生观、价值观的确立上。对于学生来说,性格趋于稳定是心理健康的表现。

但要注意的是,尽管大学生已更加成熟,但是有些时候仍然会表现出单纯、幼稚等不成熟的一面,容易缺乏对事物的正确判断,仍旧需要教师引导其进行性格的自我教育和自我培养。

2. 个人情感日益丰富

大学生正值青春,风华正茂,爱憎分明,个人情感日益丰富。他们已经褪去了少年时的稚气,随着大学生的进步与成长,其阅历、经验积攒起来,逐渐在情感中表现出复杂的内容。大学生的情绪不再出现强烈的波动,但遇到一些突发事件也会喜怒形于色,表现得非常情绪化。所以,高等教育,尤其是高校体育教学,教师要适当引导学生，使他们更有修养，积极主动地参加体育运动，通过运动释放压力，得到发泄的机会，有利于控制与调节个人情绪。

3. 自我意识显著提高

自我意识是指对自己身心活动的洞察，以及由此形成的个人情感。进入大学以后，由于环境的变化造成了心理感受的变化，所以会出现对自我进行重塑的倾向。自我意识的形成与发展是人向社会发展的过程，是人从周围其他人对自己的期待和自我评价过程中主观发展而来的。大学生的自我意识的提高主要有以下几个方面。

（1）提高的自我认识水平

对自我认知有强烈的自觉性和主动性，能根据周围人对自己的态度来对自己有一个准确的认知，能更加客观地审视自我，但也会存在过分在意他人看法，对自己产生消极影响的情况。

（2）突出的自尊心

特别希望得到他人的尊重，对于他人的批评有内疚感，无法忍受别人的轻视与嘲讽。

（3）强烈的自信心

对新鲜事物有着非常乐观的心态，相信自己，永不服输。

（4）增加的自我控制愿望

提高自主性与自觉性，并逐渐根据社会标准、社会期望、社会条件等进行调整。

（5）强迫的独立倾向

希望自己独立生活，不愿意受到家人和其他人的干预，当这种意愿得不到实现后会有不满的感受，甚至会有挫败感。

4. 智力水平达到高峰

认知活动是人们最基础的心理活动，主要包括观察、记忆、思维等。人在进行各项认知活动时所具有的各项能力就是智力。通过科学测算不同年龄段智力水平，结果表明，人的智力测验分数在初期随着年龄增长而持续上升，到20岁后才会停止，智力高峰在20～25岁。

在大学阶段，学生的智力处于最高水平，具体来讲表现在以下几个方面。①观察力明显提高，通过观察注意到事物细微的变化与现象。②记忆力达到巅峰，快速、长久地记住相关信息。③有了更强的抽象思维和逻辑思维能力。大学阶段，学生的大脑在分析事物能力上达到顶峰，具有活跃的思维和丰富的想象力，具有举一反三的能力，可以快速接受新鲜事物。

5. 意志品质尚不稳定

意志品质，是指人的果断性、坚韧性、自制力以及坚忍顽强的精神。大学生的意志品质显得更加顽强，具体表现为有信心克服困难，能清晰地意识到自己行动的目的和意义。此外，受到多方面的影响，大学生渴望独立，自觉性增强，并能在行动中清晰地意识到自己行动的目的性和社会意义。但是，大学生意志品质的发展依然不稳定，当真正遇到挫折和艰难险阻时，往往会举棋不定，心理不稳定，鲁莽行事。

6. "成人思想"增强

所谓"成人思想"，是指青少年内心已经把自己当作大人，因而在行为举止、思维观念、社会交往等方面，体现出成年人的特点。大学生处在青年与成年的交界期，他们渴求自己能够成熟起来，希望自己能被别人认为是"大人"，有些大学生没有达到成年人的阶段与层次，但仍按照成年人的标准要求自己，在外在举止与行为上向成年人看齐，渴望成为成年人的程度可见一斑。

青春期的生理发展和身体发育给学生的身心发展带来变化，还使家庭和社会不再用老眼光去审视他们。这时会发现，大家已不把他们视为小孩子，开始认可他们的独立性地位，也开始重视起他们的社会属性。因此，大学生不仅具有因多种变化而产生的心理体验，还因为家庭、社会对自己态度的转变而对生活更有信心。

（三）学生在高校体育教学中的特点

1. 规律性与发展性

学生的体育学习是一个需要主观努力的过程，但是也需要遵循认知、技能发展等相关规律。对于师生来说，必须要充分认识到这些规律。体育教学本来就不是一个一蹴而就的过程，而是应循序渐进地、在遵循客观学习规律的基础上开展相关身体练习与学习活动。

对于每个学生来说，虽然有各自的情况和发展道路，但他们都处在动态变化中，因此，教师要意识到每一个学生身心所展现的各种特征都是在变化的，其各个方面的发展都隐含着巨大的变化性。因此，学生有教育的需求，教育也希望作用于学生。在高校体育教学中，体育教师应以发展的眼光和辩证的视角来看待学生。

对于体育教师来说，了解学生规律性与发展性特点的意义在于体育教师能充分认识每一个学生，在所有教学阶段都能做到因材施教，促进基础较好的学生更上一层楼，更重要的是不抛弃、不放弃每一个所谓的"差生"。

2. 差异性与统一性

体育教育对象是学生群体，在学生群体中，每一个学生的年龄、性别、运动基础、知识结构、教育背景等不尽相同，在知识结构、感知能力、思维水平、想象力、创造力以及兴趣、情感的表现力等方面都会有明显的差别。面对各有特点的学生，教师要正视他们的区别，并结合这些特点，有针对性地开展体育教学工作。但也要认识到，即便学生之间具有明显的个体差异，但在同一个阶段内，相同性别、年龄的学生群体在很多方面是有统一性的，体育教师可以结合不同学生的共同点和相似点入手，展开相应的教学工作。

3. 积极性与主动性

学生学习活动的主动性、自觉性是学生学习主体性的本质体现，体育教师的教学活动要建立在学生对体育教学的积极性、主动性、自我需求的基础上。学生的积极性和主动性的发挥对于提高教学效果、提高体育运动能力具有积极的意义。对于体育教师来说，教学中要充分尊重学生的主体意识，给学生一定的选择权和决定权，充分考虑到学生的兴趣爱好和特长，科学安排体育教学内容，合理选择体育教学方法，严谨设计体育教学过程，以进一步激发学生参加体育运动的积极性与主动性。

4. 独立性与自主性

所谓独立性，是指学生的身心发展与学习特点这二者间是相互独立的，对于教师来说，针对学生的这种独立性，要做到因材施教。具体来说，每一个学生都是独立的个体，学生的体育基础、发展目标与追求、制约学习的个性心理特征等都有各自不同的情况，所以要因材施教。学生是一个动态个体，具有主体意识，学生对体育教师在教学中的布置与安排并不是无条件接受的，他们希望教师的教学尽量满足自身需求，符合身心发展特点，做到运动量适当等。尊重学生的自主选择对于体育教师有针对性地开展教学活动、取得良好的体育教学效果具有积极意义。

5. 创造性与创新性

学生的个体差异决定了其在体育教学中完成教师布置任务的方式、方法、思路以及自身理解等，不同学生间的这些内容都不相同，因此也不能完全遵循体育教师的教学内容和方法进行。面对这种情况，体育教师也没必要"一刀切"地要求所有学生都按照自己的要求去做，要善于发现学生在体育学习中可能会表现出来的想法、个性与创造。有特色的教学活动往往都充满了创造性与创新性，因此，体育教师要鼓励学生的新想法、新思路和新创造，这样才能培养出符合现代教育发展和素质教育要求的优秀人才。

6. 多样的潜能特征

运动技能的掌握、体育素质的培养、锻炼习惯的养成等，都需要一个循序渐进的过程，在这个过程中，作为体育教学对象的学生可能会有各种各样的反应与表现，有时很多表现是不尽如人意的，无法令体育教师满意。例如，平常成绩优秀的学生，可能会在某一个阶段运动成绩出现下滑，状态糟糕。对此，体育教师在教学中要及时观察学生的变化，培养、挖掘学生的潜能。

在体育教学的相关活动中，体育教育对象——学生所体现出的潜能包括以下四个方面的内容。①丰富性。人类的潜能是十分丰富的，体育教师要时刻留意学生在某方面所表现出的潜力。②差异性。针对不同学生的差异，教师应充分考虑到所有人都有自己擅长的方面，都在自己擅长的方面蕴含着无穷的潜能，潜能的能量、等级也是因人而异的。潜能的体现或与心理发展、社会性实践有关，教师要尊重每一个学生的发展成长规律。③隐蔽性。潜能具有隐蔽性，一般在不经意间流露，是很难直观发觉的某些特殊能力，对此教师应充分了解每一个学生。④可开发性。潜能可以通过体育教学而得到开发，体育教学应不断提高学生的体育水平，促使每一个学生的潜能都能被激发出来。

二、高校学生在体育教学中的作用体现

（一）学生主体性的内容与形式

学生在体育教学中具有主体性，因为在体育教学活动中，学生作为学习的主体，在教师的指导和引导下体现出主动的态度和独立的、创造的学习行为。学生在教学活动中的主体性是依托于人的主观能动性而存在的，人的主体性是发展出个性的核心。人越有主体性，就越能理解自己是为何而学习的，进而也就更容易知道该如何去做，如何做得更好。

1. 体育学习内容的选择性

要想让学生更积极地发挥出主体性作用，就要在体育教学过程中，让学生有选择教学内容的权利。学生主动参与教学内容选择是体育教学改革所提倡的，而且在一些地区的高校中尝试并实施多年。学生选择教学内容是学生自主性中最活跃的因素。

当然，学生的选择并不是随意的和没有限度的。学生能选择的内容必须也要是在体育教育专家根据社会和教育目标所进行的初步筛选后确定的。尽管看似有一定的限制，但这种尝试依然能在某种程度上帮助学生明确教学目标，也是调动学生主动学习，使他们想要学、愿意学的有效措施。因此，让学生在教学目标的框架内参与到教学内容的选择上，这是体现其主体性的必然。

2. 体育学习过程中的自主性

学生在体育教学活动中的自主性还体现在以下几个方面。①对学习目的具有主动和独立的意识。②对体育教学活动具有一定的支配、调节和控制性。③充分挖掘自身潜力，具体包括想象力、变化能力和创新能力等各种潜力。

3. 体育学习过程中的能动性

大学生对于体育的认识和了解与小学生、中学生具有很大的不同。大学生在踏入高校的校门之前，就已经对某些体育运动具有了深刻的理解。因此，学生在学习中的

能动性体现在他们主动参加体育活动，并能以自己的知识经验、认知结构和情意结构来对体育教学进行交融，对教学活动进行吸收、改造、加工，使得自己的知识得到完善和重组。例如，有的人在儿童时期就已经学会了游泳，到了大学期间再次选择修游泳课，这时学生选游泳课的目的可能是满足自己喜欢游泳的兴趣，也可能是想进一步提高游泳技术与速度。

（二）学生发挥主体性的条件

1. 教学目标与学习目标相协调

教师要明确体育教学在学校教育中的重大意义和体育在素质教育中所占的分量。体育教学的最终目标是让学生通过学习体育项目强身健体，树立"健康第一"的教育理念，养成"终身体育"的习惯。通过上述理念与思想，体育教师根据教学内容与目标向学生灌输与引导。教师在准备教学的相关工作中要站在学生的立场上思考，制定教学目标，使学习目标与教学目标协调一致。

2. 教师和学生共同拥有体育教材

这主要是指体育教师要让学生了解教师以什么为工具进行体育教学，要使学生在学习过程中始终对所学内容有较为清晰的了解，要让学生了解教材目标与总目标的关系以及所学内容的重点、难点和与自己身心发展之间的契合点。

3. 教学过程应该按照学生的学习过程设计

在高校体育教学过程中，其实就是教师"教"和学生"学"二者的统一。"教"不过是古人所说的"传道授业，解惑也"，而"学"主要以"探究"和"挑战"为直观特征。从上述切入点来看，体育教师只有将"解决问题""探究""传承事业"和"挑战极限"结合起来，才能做好教学工作，将学生导向既定的教学目标。

4. 教学情境应该和谐民主

事实证明，良好的教学情境能全面激发学生的学习动机与探索精神，有助于让学生在学习的过程中不断思考并提出经过思考后产生的各种各样的问题。和谐的教学氛围和民主的师生关系是开展教学活动的保障。民主的教学环境是和谐教学氛围的先决条件，而民主性又显示在充分尊重学生人格的前提下。这样，学生才会学到具有真情实感的、有活力的体育知识与技能，才能真正陶冶学生情操，实现育人目的。

（三）学生"主体性"与"自由性"的区别

学生"主体性"与"自由性"，两者在很多方面都有着明显的差异，具体见表3-1。

表 3-1 学生"主体性"与"自由性"的区别

区别点	学生主体性	学生自由性
性质和本质	学生对体育学习目标的选择性、自主性、能动性和探究性	学生舒适和闲散的自主性、散漫性和小群体活动性
行为体现	①积极面对学习 ②对教师提出的问题有探究的渴望 ③自主练习 ④需要同学间的互帮互助 ⑤需要教师进行指导与帮助	①对学习没有积极态度 ②不想探究问题 ③对练习没有兴趣,只想进行娱乐和有趣的活动 ④不需要同学间的互帮互助,只希望自由交流 ⑤不需要教师的指导与帮助
课中的主要行为方式	学习、练习、讨论、探究、回答问题、思索问题等	自由活动、扎堆打闹等
所构成的课堂氛围	热烈、活跃、学习氛围强	自由、散漫、休闲
教学中景象	双向活动多、探究活动多、生生互动多、自主性学习与活动多、提问与讨论多	部分学生参加喜爱的运动,有的学生不参与体育活动;教师没有教学要求,也不进行讲解和指导

三、高校体育教学学生的管理

(一)学生管理的原则

在高校体育教学过程中,学生管理是个复杂的活动,它涉及多方面的内容。体育教学的学生管理首先要符合以下几项原则。

1. 增强体质原则

学生管理的最终目的是通过掌握一定的运动技能,增强体质,发展身心健康。在对学生进行体育教学管理的过程中,应该重点关注学生的体质发展情况。对学生的体质健康状况进行评价,通常有以下参考标准。

①依照《学生体质健康标准》进行体质测试的情况。②学生体检后反馈出的健康状况。③学校领导对学生体质的重视程度。④学校体育科研部门在学生体质提高中发挥的作用。⑤体育教学质量。⑥校外或课外体育活动的举办与开展情况。

2. 增进健康原则

学生健康水平的促进与提高需要开展以下工作。①定期举办体育运动,使学生养成良好的锻炼习惯,控制好运动强度,既不要太大也不要太小。②进行体育运动时,男、女生尽量分开。③保证每个学生每天至少有 1 小时的时间参加体育锻炼。④保证学生有充足的睡眠,不熬夜。

3. 群体活动原则

面向全体学生开展丰富多彩的体育活动，促进全校学生的身体素质和体质水平的提高。在认真上好每一次体育课的基础上充分利用早操、课间操、课外活动、单项竞赛、校运会等体育活动，积极发展本校的传统体育项目，同时采取多项措施提高校运动队的竞技水平。在此基础上，还可充分发展在某些项目上有特长的学生，进行重点培养。

4. 普及为主原则

普及为主原则在学校体育教学中主要体现在运动队的训练、竞赛，以及与群体产生矛盾时。体育教育者应充分认识到学生在体育上的根本目标不是提高运动成绩，而在于增强体质水平。

5. 全面发展原则

在体育教学中，学生管理要落实在体育教学、训练活动、竞赛任务等方面上。宗旨是提高身体素质与体质健康，促进学生所有身体系统、器官的协同发展。此外，还要对学生进行美育教育，包括运动美、体态美以及审美等，从而提高学生的审美、爱美能力。

（二）学生管理的内容

1. 体质健康管理

增强学生体质、促进学生身体健康是体育教学的任务与目的。学生的体质健康和高校培养人才的质量有直接关联。当前，我国大学生的体质状况持续滑坡，多项指标逐年下降，这种情况必须要重视起来。在高校体育教学中，应该制定相关措施，采取必要手段来促进学生的体质与健康管理，具体有以下几个方面。

（1）健全组织机构

在高校体育教学中，相关组织机构与部门要联合起来，对全体学生进行体质测试和身体检查，体检的内容包括身体形态发育水平、生理机能水平、身体素质与运动能力水平等。此外，还要将组织机构建设工作纳入体育教学工作计划之中。

（2）建立管理制度

学校管理部门应建立并完善学生健康管理制度，组织学生体检后将检查结果记录在学生档案内。此外，要重视残疾群体和体弱群体的管理，对他们进行专项管理，开设体弱、伤残体育以及保健康复体育课，要将体质健康管理工作顾及全方位。

（3）加强健康教育

学校有关管理部门与工作者做好健康教育的宣传工作，对学生进行健康教育理论培训，包括个人卫生、生活习惯、疾病预防、营养保健、心理卫生等方面，进一步提

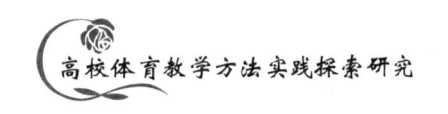

高学生的个人健康意识。

(4) 建立健康档案

等级从高到低，范围从大到小，按照学院、年级、专业、班级、个人的顺序整理全校学生的体质与健康档案，编写登记后收入总数据库中。按照这样顺序整理的目的是帮助相关工作者和体育教师随时进行检查、阅览。

(5) 开展检查评估

学校的学生健康管理部门要定期开展体质检查监督工作，对测试结果进行科学的分析，以全面了解学生的体质情况，同时制定相关措施与政策，进一步加强学生的体质健康管理，使学生养成良好的卫生习惯，享受美好大学生活。

2. 课堂纪律管理

课堂纪律在教学过程中是一个老生常谈的话题，它对教学质量与效果具有重要影响，同时也是体育教学中一项不可或缺的内容。做好学生的纪律工作是提高教学水平的关键，在大部分学科中都存在这个规律。

(1) 严格要求学生

在体育教学中，学生要做到以下几个基本要求：参与体育活动要穿着运动服与运动鞋；在体育课及其他体育活动中，不穿着或携带各种坚硬物品，如项链、剪刀等；不迟到、不早退，上课认真听讲；在教学过程中，认真练习各种运动项目的各项基本动作；师生之间相互团结，互敬互爱。

(2) 强调课堂纪律

为了确保教学活动平稳有序地开展，应具体做好以下几项工作。在教学过程中，教师应注意培养学生的自觉性；学校制定相关规定，保证体育教师与学生在体育教学上的需求得到满足；体育教师在每节课的最后进行小结，对本班上课情况及课堂表现进行点评。

(3) 培养体育骨干

在体育教学中，要大力培养骨干分子，发挥他们的带头作用。作为体育骨干分子，要大力协助体育教师的班级管理工作，从而提高教师体育教学的质量与效果。

(4) 注意教学层次

体育教师要结合学生不同的身体条件来制定切实可行的教学目标，并采取有针对性的教学方法和手段，保证良好的课堂纪律，促进教学质量的提高。

3. 课外体育活动管理

高校生活是多姿多彩的，应根据学生的需要开展各项体育工作，从而激发其体育动机。在课外体育活动中，必然会涉及课外体育活动管理的相关工作，应整合全校的人、财、物、时间、信息的功能，创造对学生有益的环境与条件，并对学生的体育运动方式、练习内容进行指导，使学生增强体质健康，提高体育文化素养，促进身心和谐发展。在管理学生的体育课外活动时，应该重点把握好以下几个方面的原则。

（1）需要性原则

需要在某种意义上属于个人愿望，能通过某种力量引起人们进行各种活动。对于大学生来讲，其参与体育的需求和动机也是不同的，包括提高运动技术、锻炼身体、获得满足感、锻炼社交能力、放松休闲等，而学校开展的丰富的课外体育活动基本能满足这些需求。

（2）多样性原则

学生参加课外体育活动通常是自主行为，他们会参加自己喜欢的运动项目。因此，课外体育活动的内容安排要依据学生的不同爱好和需求，选择那些既有健身功能又是学生喜欢的项目。

（3）指导性原则

虽然学生会主动参加体育课外活动，但是体育教师也有相应的义务来帮助学生选择适合的项目内容，指导学生科学地参加体育课外活动锻炼，从而达到增强体质、发展身心、终身体育等目标。

（4）可行性原则

体育教师在安排课外体育活动项目时，不仅要考虑到学生的需求，同时还要按照本校实际情况来确定。从当前我国各所高校的发展情况来看，体育运动设施建设基本能满足学生的体育需求。

（5）激励性原则

采取正确的激励方式能全面激发学生参与体育运动的热情与积极性，养成积极参与体育锻炼的良好习惯。因此，高校通过积极的激励方式，正确引导学生参与体育活动。

4. 学习评价管理

（1）教师对学生学习的评价

教师对学生学习的评价包括以下几种方法。

第一，标准测验与非标准测验法。标准测验，简单来说是专家对测验的各项条件进行研究而制定的相关标准，属于客观性测验。它根据考试理论，运用数理统计，按照科学程序设计与实施来进行测评，将测验后的结果对比分析，便可判断出被试者的水平与程度。标准测验评价有着明确的目标，相应评分标准具有一定的代表性。标准测验能帮助了解学生和学校成绩的水平与段位。标准测验的内容选择、实施、评分、记分、分数合成及解释等都有明确的标准要求，所以这种测验具有一定的说服力和代表性。非标准测验是教师自行掌握标准的测验，这一方法只适用于对学生知识和能力的检验。因此，非标准测验的评价是相对的，评价的内容包括难以量化的、适用于定性评价的指标，包括运动技能、心理健康、社会适应、学生进步程度的评定等。

第二，成绩定级法。定级评价法是根据学生完成教学任务的程度制定相关级别评价的方法。一般情况下，定级是将学习成绩以分数范围或 A、B、C、D 等级别确定下来。定级与评价之间有一定的差异，定级的主要用途是用某种等级级别来评价学生的成绩状况，并向学生、教师和相关领导进行报告。需要注意的是，评价的意义要大于定级，而且有时往往与定级没有直接联系。除此之外，定级还可用于检查教学效果、诊断教学存在的问题等。

第三，体育态度的测量与评价法。态度是指人们凭借自身经验、观念、习惯与想象，对某种事物在情感上的直观体现，会受到各种因素影响后出现改变。在体育教学中，测量与评价学生对体育的学习态度有着重要意义，通过对体育态度的测评能有效检验出教学内容与方法对学生情感的具体影响，这样能够为教学内容与方法的改进提供事实依据。

（2）学生对自我学习评价的方法

学生的自我评价能使学生对学习态度和表现进行自省，这样能帮助学生正视自我，从而以更好的态度参与到今后的学习中。学生的自我评价以体育教学设计中制定的评价目标为标准，通过自我评价来对自己的实际程度进行判断。学生根据自我评价标准来判断个人在体育学习中的不足之处，在日常的自我评价中这种方式对动作技能的学习很有帮助。

一般情况下，学生的自我评价往往高估，不够客观。出现这种情况往往是因为评价牵扯成绩、评优、奖学金等，造成学生的自评过于主观，那么评价就会有失客观。因此，学生在进行自我评价时要注意以下几点要求。第一，将自我评价作为一种学习性、形成性评价，不作为正式评价，不与其他利益挂钩。第二，针对某些涉及学生自尊的自我评价时，主要以师生间交流为主，不要伤害学生的自尊心。第三，将自我评价与功利性分开。

（3）学生间对学习相互评价的方法

学生之间对学习的相互评价能提高学生的观察能力及评价他人的能力，学生之间通过不断交流来提高团队意识，形成激励效果。一般来讲，相互评价的方法有互评、互议、点出他人长处、指出同伴不足等，手段包括观察、记录卡片、课堂讨论等。

学生相互评价时，由于种种原因会导致评价得不够准确，言语表达没有表达出真实含义，这就会对评价的意义与效果产生不良影响。因此，学生间的相互评价要注意以下几个方面。第一，将学生互评作为教育性的、集体养成性的评价，不作为正式评价。第二，教育学生端正态度，以公正态度评价他人。第三，将相互评价中的功利性内容剥离出去。第四，相互评价要紧紧围绕技能学习与问题探讨进行，做到"对事不对人"，不要伤害他人的自尊与人格。

（三）学生管理的方法

1. 奖惩法

奖惩法是指用表扬、奖励优秀学生，批评、惩罚后进学生的方式来管理学生。奖惩法的合理使用对于教学质量与水平的提升具有很大的帮助。奖惩法的运用要注意以下两个方面的内容。

（1）对于优秀学生进行鼓励与奖赏

第一，要对在课堂上表现突出或在各种竞赛上取得好成绩的学生进行奖励，对取得进步的学生也要予以关注；第二，对积极参加体育运动锻炼的学生予以奖励。

（2）奖励与惩罚相结合

做到赏罚分明，学生取得成绩时要进行表扬与鼓励，学生犯错时予以批评指正，如果严重违纪要进行警告与惩罚。

2. 隐性管理法

隐性管理法是指除了教师安排的教学目标控制、教学过程控制和教学效果控制之外，能够对学生心理状态和行为产生间接影响的控制方法。在体育教学中进行隐性管理，能对学生产生潜移默化的作用，有效提高体育教学的质量与水平。隐性管理法包括以下几种类型。[1]

（1）动作启发法

体育教学中，体育教师的动作、移动乃至各种表情动作都会传递出相关信息，因此学生要对这些信号及时做出反应。体育教师的手势具有引导性，手势动作可作为教学管理的辅助手段，是一种夸大的外部表现形式。在技术教学中，可将技术表现意图和学生的接受意向相联系，让学生按照教学思路去领悟，做到融会贯通。教师的面部表情能够控制学生的行为，如理解的微笑和思考方式的点头表明对学生的认可。总之，师生间的默契配合是提高教学质量的保障。

（2）情感交流法

在体育教学过程中，很多学生往往由于各种原因会有很多消极的举动，如厌学、走神等，这些负面情绪能对教学造成不良影响。产生负面情绪的原因是多种的，其中最主要的原因是教师的讲解没有意思，学生提不起兴趣，师生之间缺乏互动，学生不会主动参与到教学中。因此，优秀的体育教师在课堂上必须擅长通过情感交流与学生多沟通，从而唤醒学生对教学的热情，提高教学质量。

（3）视觉暗示法

体育教学中，视觉信号输入是重要的辅助教学方法之一。在课前，学生三三两两

---

[1] 施小花. 当代高校体育教育理论与发展探究［M］. 吉林人民出版社，2021.

地来到上课地点，这时他们内心还没有平静下来，有的还沉浸在玩闹和喜悦之中，大部分人的思想还没有重视起来。到了上课后，教师必须用坚定的目光环视一周，形成一种引力，使学生"回神"，把心思放到体育课上来。讲解时，目光要满怀期待，尽可能地环顾所有学生，不要总盯着眼前的几个人；练习时，将学生分散开立，避免距离过近而顾此失彼。

在示范、提问、解答问题上，教师要环顾四周，倾注自己的情感。教师的视野所及，以目传神，确保学生在关注自己，若有学生"开小差"，教师可直视这名学生，将自己所要表达的愿望、态度、思想感情和言语传达给学生。严厉、责备的目光促使学生提高注意力；热情、慈祥、赞许的目光给学生带来温暖，使其精神振奋。教师通过眼神的变化使学生把心思放在体育课中。

(4) 语气引导法

语气引导法也是常用的管理学生的方法。在教学过程中，教师将讲话的音质、音量、声调、语速和节奏等进行组合，融声、色、情为一体，把握讲话语气，对学生产生正面的引导作用，帮助学生将注意力集中在动作学习上。教师所传达的"弦外之音"，学生要能理解、明白，作出积极的响应，从而形成师生间的良好互动。同时，教师也要把握好讲解的语调，尽可能做到详略得当。在特殊情况下，还可通过反复加重语气，对于重点、关键技术的讲解，从而有效引导学生。

3. 柔性管理法

柔性管理是现代管理方法，与传统的刚性管理有着本质的区别。在传统的管理方法中，主要职能为计划、组织、协调、控制，管理者作为主体，其权威性和强制性得到了充分体现。而柔性管理是在对人们心理和行为规律进行研究的基础上，通过非强制性手段，从潜层中影响学生的内心，将教师的意志转变为学生的自觉行动，真正以被管理者——学生为主体，管理活动的职能也转变为教育、协调、激励、互补。相比之下，柔性管理体现人文关怀，更容易让学生接受，也更容易组织和管理。从整体来看，柔性管理在教学中的应用具有以下要求。

(1) 个体重于群体

由于学生的兴趣、爱好、性格、身体素质、运动能力等方面都有很大差别，因此，传统的"一刀切"式的教学方法并不科学，因材施教才能促进学生的发展，而柔性管理则是很好的管理方式。在现代教育理念下，要理解学生的差别，注重学生的个性发展。近年来，很多学校按照学生特点采取分级教学、专项教学等个性化教学组织形式。为了使教学更有针对性，还可采取"运动处方"式教学。下课后，学生记录下本节课教学内容的完成情况、身体的反应、个人体会及建议，教师收齐后进一步研究，开具新的运动处方，在下次课发给学生。通过运动处方，学生能更好地了解自己的真实能力与水平。

（2）内在重于外在

体育教学的学生管理包括外在管理和内在管理两种方式。外在管理包括课堂常规、课堂纪律、教学要求等，属于物化的管理形式，具有强制性。内在管理通过语言教育、形象感染、激励等手段，通过潜在的角度对学生产生影响，将教师的教学目标转化为学生的自觉行动。内在管理的核心是强化学生的学习动机，体育教学就是将学生的各种心理因素转化为学习体育知识和动作技能的内因性动机。这种动机能够提高学生的积极性、自主性和能动性。因此，体育教学的观念要从"强制"转变为"引导"，以确立学生的主体地位。

（3）肯定重于否定

在对学生的管理中，肯定与否定是常见方式。柔性管理中，肯定要重于否定。人们都渴望得到尊重，其中包括别人对自己的关注、接受、支持、赞许等，同时也包括自尊自爱，如果满足不了这些需求，人就会有自卑、无助和软弱的感受。因此，教师在评价学生时，要充分肯定其长处，不仅能满足他们的内心，而且能使他们更加自信。

（4）宣传教育法

宣传教育法是指通过宣传教育来激发学生的主动性，指导学生积极自觉地参加运动锻炼，同时还能促进学生参加体育锻炼的积极性，这对于体育工作的开展具有积极意义。

教学实践表明，体育教学的方针、政策、规章制度等是否执行到位，与是否大力宣传具有很大的联系。对于大学生来说，加强体育宣传教育，才能切实提高教学效果。在宣传工作中，可利用校园广播、信息栏、板报、网络论坛、广播、期刊报纸等资源，大力宣传体育知识与技能；提倡学生积极参加体育活动，促使学校相关领导、管理人员和广大体育教师重视学生所参加的体育活动或工作，这对提高学生的管理水平，推动校园体育文化建设具有重要意义。

第四章

高校体育教学方法

第一节　高校体育教学方法及内容的关系

一、运动技术学习与体育教学方法主体化

高校体育教学不同于一般课堂教学，它需要有严谨的组织形式，主体的学习内容需要配合合理的教学手段，其立足点是运动技术教学。从这个角度讲，教学的计划性与非计划性、智力性与非智力性、显性与隐性的多元性都需要教学中有一个科学系统的"教"法和学生怎样合理有效的"学"法，这个"教"与"学"的尺寸我们称之为教学方法。所以教学方法决定了课程的主体。目前，教育界有种"淡化运动技术"的主流，主要以提高身体素质为主的"健康第一"为指导思想，使高校体育界对体育教学内容方法的改革趋于情绪化，体育课改为体育与健康课，教学以健身为目标，体育的科学性、运动技术性的基本原则及高校体育作为教学内容的运动知识特性被淡化，这是一种不正常的现象。

高校学生在心理上、生理上的成熟限度远远高于中小学生，如果体育课不以竞技运动项目教学为主，纯粹按照健身锻炼的要求，重复中小学已经做过的身体练习，如仰卧起坐、引体向上、俯卧撑、单杠、双杠、跑步、跳跃、攀爬等所谓的跑、跳、投传统体育练习老三样，必会导致学生的反感，结果是事倍功半。就算健身的目的达到了，但这样上体育课又能坚持多久呢？大学生思想敏捷，改革意识强烈，在教学的各个层次都得到了体现，体育课程更应如此。我们应该引导学生摒弃不适合自身运动特点的旧的传统观念，以创新、独特的运动观念诱导他们掌握一两项符合自己心理、生理条件的运动项目，将会使其终身受益。同时，坚持以竞技运动项目为主体的教学内

容,灵活采用合理有效的教学方法。竞技运动项目,如篮球、足球、排球(三人制、五人制、七人制)等经过时间的沉淀,能够流行起来表明了其强大的生命力,深受大学生的喜爱。竞技项目激烈的对抗竞争意识,不屈不挠的斗志锤炼,默契的团队精神特点与大学生的思维趋向极为相合,使竞技运动项目更加适合体育教学的需要。教学方法的实施应以运动素质带动身体素质,从学生的兴趣学习开始培养他们健康向上的思想品质,使他们的精神面貌得到升华;同时,使体育课程整体化、理想化,更符合教育规律,而教学中运动技术项目与必要的教学方法毋庸置疑地成为课程的主体。

二、体育教学中内容与形式的相互关联

动作学习是体育教学的主要内容,动作是肢体的外在表现,是直观的行为。动作在时空环境中存在使内容外在形式化。动作的名称是死的,这是命名的必然性所致,但是动作却是练习者做出来的。一定的动作必然与一定的名称内容相关联,并不存在纯形式的动作。反过来说,这反映了动作概念对应的动作行为的必然性,即教学内容与技术动作的相对性。

动作技术学习应根据大学生的生理特点灵活采用教学方法。教学方法的科学运用应以教懂、教会、教悦大学生为主要目的并贯穿整个教学过程。怎样才能有效调动学生的学习主动性,教师采用有效的教学方法是重中之重。体育作为一门教授技术动作的课程,其课程内容的选择不同于一般性的科学类课程。它与人类的文化发展、科学进步及自然科学有着密切的关系,同时运动技术与社会生活又有着不可分割的联系。在人的成长过程中,体育是教育不可缺少的一个组成部分,体育课是培养学生积极意志和健全人格集体观念和团队精神的重要课堂,因此,体育课内容应该是健康向上的,是朝气蓬勃的年轻大学生喜爱的一门健康活泼、充满生气的室外课程。内容与形式的统一,自然会产生事半功倍的效果。学生兴趣的产生恰好是主动上好体育课的基础。教学方法的科学性、合理性自然会出现学习运动技术的主动性和积极性,而教学内容与形式的统一又是学有所得的保证。

将教学目标作为一个整体来看,技术动作的教学是最关键的部分,其他目标都可在这一目标实现的基础上不同限度地实现。于是,体育教学方法与内容的关系便聚焦于技术动作的训练。

综上所述,运动技术怎样教,怎样向学生传授科学、系统、合理的技术结构和运动规则的要求,并使之正确掌握是体育教学的关键。

三、体育教学中"教"与"学"的互动及共存关系

运动技术怎样教,怎样才能被学生合理快捷地掌握,是体育教学中应该解决的基础问题,也是体育教学方法面对的现实问题。现在的体育教学法,并没有形成独立、

系统、有效的理论体系。许多有关体育教学的教科书有专门章节讨论了"体育教学法",分析了动作教学各阶段的教学法特点,也提出了一些具体的教学方法,如:语言法、直观法、形态法和纠正法等等。但从已有研究来看,未能科学地深入到以人的肢体活动及情景变化为表达方式的动作技术的内在机制研究。对学生动作技术教学中"学"的研究不足,产生了"教"与"学"的对立关系。而体育教学法最重要的恰恰是动作技术学习机制,使学生形成需要的体育行为方式,使教学最终落实在学生学习的效果上。

改革体育教学法,就是摒弃传统的封闭式教学,实施开放式教学,改注入式教学为启发式教学。体育教学过程中,应提倡教师的科学"教"法与学生的主动"学"法,改变重"教"而轻"学"的旧理念,立足于终身体育和基础体育服务的观念,着重提高学生健康素质和运动素质。因此,体育教学方法应该首先认清"教"与"学"的辩证关系,它们既是对立的又是共存的,既是矛盾的又是统一的。从"教"与"学"的互动关系看,体育教学的关键不只是"教什么",而首先是"为什么教",只有清晰的教学理念,才能有的放矢地实施教学法。

四、与教学内容相契合的有效教学方法

教学方法能否有效运用,是决定学生能否有效完成教学内容的学习,决定教学成败的关键。有效的教学方法首先必须能够激发学生学习教学内容的动机和积极性,最大限度地防止懈怠心理;其次,还必须能够激发学生学习的自主性,引导学生能够不仅把学习看作为了完成学习任务,而且要把教学目标内化为自己的学习目标。综合各种学习理论,我们认为许多新的教学方法在体育教学中都是值得借鉴和引入的。

(一)支架式教学

支架式教学是建构主义的一种教学方法,它要求事先把复杂的学习任务加以分解,以便把学习者的理解逐步引向深入。支架式教学的基本环节可分为五个方面:进入情境、搭建支架、独立探索、协作学习和效果评价。

(二)合作学习

合作学习是一种适合于集体教学、小组学习的教学方法。它同样包含五个方面:成员之间面对面的互动、良性的相互依赖、明确各成员的职责、传授合作技巧和实施成员监控。

(三)自由学习

自由学习要求学生积极参与决定学习的内容与授课的方式。教师指导学生达成契

约，明确在一学期内所要做的工作的种类和数量，以及圆满完成这些工作所能得到的分数。这是一种能够充分发挥学生主观能动性的教学方法。我们应当积极探索适合于训练动作技术的教学方法，但不能否认传统教学方法仍然有其合理之处。因而，在探索新方法的同时，不能忽视对传统方法的研究与改进。新旧方法应该在比较中获得完善。

五、方法教学是教学方法的首要关注点

方法教学是动作技术教学的支架，是科学、系统、合理地传授技术结构和运动规则的基石。方法教学的重要性是由体育教学内容的特殊性所决定的。班杜拉认为，学习过程是由个体、行为和环境交互决定的。

那么，个体的学习内容即教学内容在这种情境中就至少具有以下三个特征。一是内容的整体性。如上所述，从小学到大学，教学内容不能是简单重复，而应该有新的内容，根据学生发展的特点提出更高的要求。体育项目是丰富多样的，教学内容也不能一成不变。这是内容整体性的实现，及其作为一个多样性的有机整体所提出的要求。二是内容的情境性。情境性的内容符合生态学的标准，有助于学生形成有效的迁移，增进学习效果；能使学生建立动作图式之间的广泛联系，建构运动技能的意义性，从而产生主观效能感，发挥出主观能动性。三是动作技术的学习是一种程序性知识的学习，遵循产生式规则。所谓产生式，是由条件和动作组成的指令和规则。前后两项技能学习之间产生的重叠越多，越容易产生迁移。鉴于动作技术学习的以上特点，重视方法教学是极其必要的。方法教学的任务或目标：首先，应当教给学生大量的可供提取或选用的学习方法和技能；其次，应当训练学生知道如何确定学习目标；最后，应当帮助学生储存有关学习及学习方法或策略的信息。

第二节　高校体育教学方法及创新教育的探讨

对于高校体育课堂教学中创新性地探究是新时期体育学科的特征，是时代发展的必然趋势，是素质教育在高校体育教学中的具体体现。通过对高校体育课堂教学中创新性地探究，不仅能培养学生的创新精神，更重要的是培养学生的自主学习能力和动手动脑的结合，所以，它应成为我们这一时期体育教育的使命和共识。

一、"创新教育"的含义

创新教育是挖掘人的创新潜能，弘扬人的主体精神，促进人的个性和谐发展的教

育。它的本质就是遵循人的创造活动规律和人创造素质的培养规律，以培养创新人才为宗旨。因为创新教育是指以培养创造性人才为培养目标的教育，所以创新教育不是一种具体教学模式，而是一种意义深远的教学思想，创新教育思想是时代发展的产物，是知识经济时代对教育提出的必然要求。

二、新的体育教育思想指引体育教学方法的变革方向

体育教学方法的确立和发展源于教学思想，一定的教学方法，是一定的教学思想在教学活动中的具体反映。在教学过程中，以不同的教学思想作指导，教学方法所表现出来的效能和作用便会截然不同，贯彻不同的教学思想，会产生不同的教学效果。社会的发展也在影响着体育教学思想本身不断地变化与更新，这种变化与更新又直接影响着教学方法的不断改革与发展，推动了教学方法的整体向前发展。

三、当前体育教学方法改革面临新的问题

（一）传统教育思想的制约

传统的体育教学思想是改变受教育者的心理和生理现状，使受教育者能够达到预期教育目的。而在这种传统的体育教学观念下往往只注重了教育者的作用，忽视了受教育者的主观能动性，从而阻碍他们自主学习的能力。在推行创新和素质教育的今天，传统的教学方法已经不能适应现在的教学，不进行改革就阻碍了现今教育的发展。在传统的体育教育思想模式下禁锢了学生的创新能力，使学生在体育课上缺少主动性，制约了他们的发展。他们的个性与活力受到传统教学法的压制，许多学生是为了完成学分而去上课，从而缺少主动性，这严重影响了学生创新能力的发展并降低了学生上课的兴趣，使学生不能得到全面的均衡发展。

（二）体育教学模式缺乏创新

我国传统的体育教学模式已经不能适应学生身心健康发展的需要，由于现在教师教学处于中心的位置，是知识的传播和灌输者，在教育思想和行为主义的作用下直接影响着学生的健康发展，而学生是外部接受教育者，知识和思想的灌输对象。体育教学主要是以教师教学为中心，传授知识的方法和手段是教师的本领与技术。在教学过程中教师的讲解和说明是主要的教学方法。这样就使老师凌驾于学生之上，忽视了学生自主学习的能力，对学生的自主性视而不见。在授课的同时也会出现指责、呵斥学生等错误的做法，这对学生的人格来说是无情的摧残，对学生的创新意识来说也是无情的扼杀。这样就造成了对学生主体地位的忽略，直接影响到学生的创新能力，不利于学生综合素质的培养和身心健康的提高发展。

四、高校体育教学方法创新探讨

(一) 构建有效的教学模式

要进行高校体育教学方法的创新,需要有先进的理论思想作为指导,并且要有教学实践,这样才能少走弯路。要想改变现在高校教学方法创新理论,就必须重视现代科学方法和心理教学研究,了解现在大学生的具体情况,只有明白了原因才能在体育教学中有所创新。由于现在信息论、系统论、控制论等思想的出现,引发了现在体育教学领域从思想到实践的广泛变革。现在体育教学的研究日益受到重视,特别是在现在提倡素质文化教育,体育教学得到广泛的关注。高校创新教育是高等教育的一种全新的模式。目前,国内学界将"创新教育"界定为"以培养人的创新精神和创新能力与基本价值取向的教育实践",是以培养创新型人才为主要目标的教育。高校的创新教育就是在中学阶段已进行的"创新方法和技术"训练的基础上,为培养创新人才搭建的一个平台,着重大学生创新精神和创造能力的培养。要构建高校体育教学方法创新的先进理论,就必须要对创新教育、创新方法有所了解。在经过多年的研究和发展,创新教育已经在教育管理制度、教育方法等方面形成了一系列有效的理论和措施。我们可以通过借鉴古今中外优秀的教学经验,并结合体育教学方法的实际情况,努力构建高校体育教学方法创新的先进理念。

(二) 引进创新型体育教师

体育教学方法的创新是高校体育教学创新的关键,这就需要培养和造就一批高素质创造型体育教师。培养创新型体育教师的途径也是多种多样,可以通过在校的教育培养,也可以通过专业的渠道对体育教师进行专业的培养训练。同时要加强体育教师师范教育专业的学习,充分发挥教育培养创新型教师渠道作用,要求高职高专院校要立足现实着眼于长远,进一步优化体育教学机制,改善体育专业和学科教学的设置。

创新教育的开展离不开现实中的实践,一切创新型人才的出现也离不开实践,只有通过实践才能找到根源,才能真正地创新,从不足中找到原因对症下药。我们常说理论创新、体质创新、科技创新等都是适应实践的需要。体育教学方法的创新也不例外,通过实践体育教师才能做到够理论联系实际,结合实际的情况在教学中探索创新,提高自身的创新意识。同时带动身边的老师和学生,把理论知识应用于实践,在实践中创新并不断探索不断进步,把创新立足于实践之上。现在国际交流频繁,在交流中学习先进的体育教育理念、体育教学模式是加强创新型教学理念的关键,也是培养创新型教师十分重要的作用。体育教学在教学上有两个观念:"教"和"学",树立学生是体育教学的主体,"教"要求体育教师要有较高的专业文化知识水平,对专业课程能

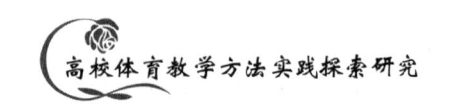

够详细地为学生解答讲清楚其知识框架。同时重视对学生独立自主学习能力和创新精神的培养。在高等院校中树立高等体育教育与终身体育教育的教学观念，充分认识现代体育教育的思想观念，把体育教学不断创新和深入。

新的体育教学理念和体育教学思想创新不断地涌现，这就要求我们要站在时代的前沿，走在发展的前头，去探索和改革新的体育教学模式和新的思路，创造高校体育教学的先锋，推动我国高等教育院校体育教学新风尚，打破传统的教育模式，在探索中进步发展。争创先进优秀的高等院校，带领新一代的体育改革与体育时尚。

第三节 高校体育教学中分层次教学法的应用

在我国高校体育课程教学中，相关人员不断探究和尝试运用多种创新型的教学方法和模式，来达到提高体育教学效率的目的，然而目前我国对于教学方法的研究还不是十分深入，在应用的过程中存在着操作过于简单和理论性不强等一系列问题，对体育学科的教学难以产生积极作用。近几年，高校体育教学工作者不断尝试多种新型教学方法，在这些方法中分层教学法拥有着独特的优势，得到了广泛应用。由于学生在身体素质、兴趣爱好以及个性特点等方面都存在着较大差异，所以必须针对每位学生的特点，积极采取分层教学的方法来提升体育教学效率。

一、分层教学方法的概述

（一）分层教学法的内涵

分层教学法是一种新流入我国的创新型教学方法，其应用过程首先是分析学生不同的接受能力、潜力以及知识水平等因素，据此将学生分成不同的小组。虽然每个小组整体的水平不一样，但是在同一个小组内，学生的水平比较接近，这样学生可以相互帮助，得到共同进步。将分层教学的方法应用到高校体育教学之中，是根据每位学生的运动水平和身体素质等因素，将学生分成不同的小组，每个教学小组的教学目标不尽相同，这样能够真正达到因材施教的目标。不仅如此，通过分组学习还可以有效地增强学生的团队合作意识和责任感。最后，由体育教师采取不同的方法对不同组的学生进行评价，以便对其进行更好的体育教学。

（二）分层教学法的本质

众所周知，分层教学方法的引入能够有效弥补传统教学手段对于学生个体独特性不重视的缺点，因此，将分层教学模式应用到高校日常体育教学中显得十分重要。人们在日常的体育学习过程中，由于每个人的先天性差异以及受后天环境影响，难免会造成不同学生的体育素质存在明显的差别。然而分层教学模式主要就是结合学生的个体差异性所实施的一种新的教学模式，它针对学生的个体差异性，来编制科学有效的教学计划，从而达到深入挖掘学生体育潜能的目的。

二、在高校体育教学中应用分层次教学法的重要性

（一）将分层次教学方法应用到高中体育教学中，可以更好地因材施教

每个学生由于成长、学习环境的不同，导致了每个人的品性、习惯也各不相同，个体差异很大。这些不同的差异是影响学生在体育课上不同表现的主要因素。分层次教学法关注的不只是学生的成绩，它可以在尊重学生差异性的基础上，充分发挥自主性，同时促进因材施教的有效实施。

（二）分层次教学方法的应用可以提高教学质量与效率

将分层次教学方法应用到高校体育教学活动中，体育老师可以根据学生的不同层次、不同水平制定不同的教学计划和教学目标，组织不同的教学内容。可以保证每个学生都能通过自己的努力来获得相应的进步。这样可以使学生们不断在实践中丰富自己的经验，激发对体育学习的积极性。除此之外，每个学生在学习中都会遇到不同的问题，体育老师采用分层次教学法可以很好地了解每个学生出现的不同问题，进而有针对性地解决。这样不但缩短了时间而且还提高了问题的处理效率，让学生们可以将更多的时间运用到其他学科的学习中去。

（三）分层次教学方法的应用可以提高体育任课教师的专业水平

分层次教学方法和传统的教学方法相比较来说，对体育任课教师的要求比以往要高出很多。在开展高校体育教学活动中运用分层次教学法的时候，体育老师必须要对学生的实际情况进行全面了解并详细掌握，然后对学生进行分层，对不同层次学生的教育管理要制定不同的教育方案和教学内容，这样才可以有效地完成教学任务，实现教学目标。与此同时，体育老师还必须要积极去研究在体育教学过程中可能出现的所有问题，并制定好解决的措施。经过这样不断地实践，可以有效提高体育教师的个人能力以及教学经验，对提升专业能力来说有着很大的积极作用。要想保证教学工作的顺利进行，学校必须要提高对任课教师的相关要求，加强对教师的培训力度，提高体育教师的综合能力，打造一支高素质的教师队伍，为高校体育教学工作的顺利进行提供有力保障。

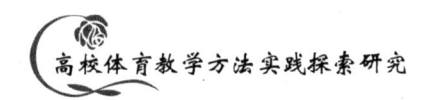

三、分层教学法的具体实施策略

(一) 在充分考虑当前大学生实际情况的基础上进行分层教学前的设计

在对学生实施分层教学之前，必须要对分层进行科学合理的设计。实施分层教学要充分考虑到所有学生的实际情况及课堂中从事的运动项目特点，然后有针对性地在课堂教学中实施分层教学。只有这样才能有效地调动学生的学习积极性，才能真正达到培养学生终身体育意识的目的。具体到分层教学设计实践中，必须要同过去传统的个别教学或者分组教学区别开，而主要是要将技术水平接近的一批学生安排在同一层次小组。在分层设计之前最好是能对所有学生进行一个有关身体素质、学习态度及专项素质等几个方面的测试。其中的身体素质测试可以主要测试学生的速度素质或力量素质，比如可测试学生的50米跑等。对于专项素质的测试可以通过某些特定项目来测试，或者通过查阅学生的电子档案来了解他们在大学之前是否已经掌握了一些体育专项技术。对于大学生学习态度的测试主要是在体育课上完成，主要的测试途径就是通过仔细观察，通过耐心谈话来完成。体育教师根据多方的测试之后，就可以根据测试的结果按照一定的标准将所有的学生进行分层。通常可以将学生分为三个层次：一般来说可以将身体素质较差，很少去主动进行体育锻炼，但是对体育学习的态度是非常认真的，对体育课有一定兴趣的学生定位为第一个层次；其次就是可以将身体素质比较好，非常喜欢上体育课，但并没有能掌握一项专项运动技术的一类学生定位为第二层；再就是可以将身体素质比较好，对体育课有着非常浓厚的兴趣，能掌握一项或者多项特长，并且还能密切配合体育教师课堂教学的一类学生定位为第三层。这样在教学前就对学生进行分层，可以有效避免伤害学生自尊心和自信心的情况，还可以有效避免重复教学。

(二) 科学制定层次化的高校体育教学目标

高校体育教学的目标不是要将学生锻造成体能过人的超人，而是要将在校大学生培养成有着健康体育意识的人才，帮助学生不但能慢慢积累体育知识，而且还能时刻注意自身体能素质的提高。从这个教育目标出发，在对学生完成分层后，就必须要根据不同层次学生的知识结构和学习特点来合理制定层次化的教学目标。当然，这个目标并不是说对不同层次的学生，其体育教育的标准不同了，而是在共同的体育教学目标下要体现出不同层次学生教育目标的差异性。这样有差异的教学目标可以帮助不同层次的学生都能实现学习目标，体会到成功的乐趣。

(三) 分层设计高校体育教学内容

根据不同的标准和要求对全体大学生进行分层之后，我们要承认各个层次学生的起点是不同的，所以在安排教学内容的时候就要有所区别，需要在确保全体学生整体体育技能提高的前提下体现出一定的差异性。具体来说，对于第三层的学生可以不必严格按照教材的要求进行授课，可以采用比赛或竞赛的形式授课来帮助他们不断提高自身的技能水平。对于第一层，甚至第二层学生的教学内容安排就最好是以教材大纲为准，不要刻意去不切实际地拔高。这样一来，一方面照顾到了体能素质差的一类学生对基础知识的掌握，另外一方面也照顾到了体能素质较好的一类学生体育技能的进一步提高和体育潜力的进一步开发。

（四）尊重大学生之间存在的差异

根据分层结果选用不同的教学方法，从而发挥每一个学生的主体作用。不同学生之间存在差异是客观存在的，所以教师必须承认这一点。对于不同层次学生的教学必须要选择适合本层次学生实际情况的教学方法，这样可以很好地培养学生的自信心，培养学生的创造精神，培养学生健康的竞争意识及师生之间的交往能力。但是，不管采用何种教学方法都必须充分发挥每个大学生在课堂教学中的主体作用，让学生都能参与到实际的课堂教学中来，体验到成功的快乐。这样就可以最终充分发挥出学生学习的积极性、创造性及主动性。

（五）开展分层考核评价，培养大学生对体育学习的热情

在对不同层次的学生安排了不同的教学内容，设计了不同的教学目标，实施了不同的教学方法之后，就面临着如何对学生的学习成绩进行考核评价的问题。对于大学生体育成绩的考核评价必须也要采用相应的分层考核评价模式，对于不同层次的学生准备不同的考核内容、制定不同的考核标准及考核要求。比如对层级低的学生重点考核基础知识的掌握情况，而对层级高的学生就必须要提高考核标准，重点考核其技能的掌握情况及创新性。这样的评价考核才可以照顾到每个层次学生的学习实际，学生也不会因为考核不达标而受到打击，从而可以很好地培养大学生对体育学习的热情。

第四节　高校体育教学中体验式教学法的应用

在高校，体育作为教学重要部分，随着教学改革深入开展，体验式教学模式作为重要的教学方法，随着其被引入体育教学课堂，大大提高了教学效果，为此，基于有效的工作实践，对体验式教学模式进行了深入讨论，在明确其含义和意义后，重点阐述了体验式教学模式的应用对策，具体分析如下。

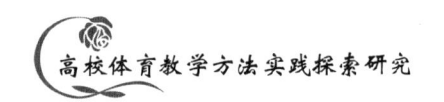

一、体验式学习的含义

（一）体验式学习的含义

所谓体验式学习就是让学生亲身参与到其中，感受体育运动带来的乐趣，在体验过程中学生能够通过对周围事物的观察、了解，真正地融入其中。教师在体验式学习中起着引导的作用，通过各种方式引导学生做好课前体验学习，从而激发学生参与体育运动的热情。

（二）体验式学习特点

体验式学习主要有三个方面的特点，第一，体验式学习强调学生学习的自主能动性，教师在体验式教学中起着引导性作用，通过这种方式能够让学生从内心感受体育运动的乐趣，自愿参与到学习体育学习当中；第二，体验式学习具有娱乐性特点，将学习和娱乐融为一体，将兴趣作为引导学生参与体育运动的基础，在教学过程中，教师会根据体育教学特点，通过有效的教学模式来激发学生的学习兴趣，用兴趣引导学生参与体育学习；第三，体验式学习更注重学生的心理活动，通过教学活动引导学生做好心理准备，在教学过程中也会关注学生心理变化，这种方式有利于培养学生积极乐观的心态。

二、高校体育教学中体验式教学应用的意义

（一）体验式教学激发学生进行体育锻炼的兴趣

培养兴趣是提升学习效果最好的途径，在传统的体育教育模式中，学生都是按照学校安排的课程去完成学习项目，学生按照学校的要求去上固定的体育课程，在大学中虽然可以根据自己的意愿去选择体育课程，但是有很多体育项目都是学生在步入大学之前就已经学习过的课程，导致学习兴趣降低，体验式教学更多的是让学生真正地参与到体育知识的学习中，去亲身参加一些户外运动，例如：开展攀岩、野外生存训练等户外活动项目。户外体育活动项目在我国高校中还没有得到普及，学生群体中参加过体验式活动的数量有限，因此，学生会觉得体验式教学比较新奇，容易引发学习兴趣。长期以来学生一直在固定的室内和体育场学习体育项目，相比之下，会更喜欢尝试户外体验式学习方式，更愿意去追寻户外体验式体育教育带来的刺激和真实的体验感受，将体验式教学模式引入高校体育教育中，能在很大限度上增加学习兴趣，并帮助学生获得良好的学习效果。

（二）体验式教学扩展了高校体育的教学模式

当前我国大多数高校开展的体育运动项目基本上以球类和田径类教育为主，其授课方式也是固定的，教师对学生讲解相关体育安全知识和运动基本规则，在学生进行体育锻炼时发现问题，教师针对学生发现的问题进行讲解并给予学生指导，学生按照教师设定的考试要求学习固定的体育内容，期末完成相关的体育考试。一成不变的体育教学模式不利于体育教育的发展，体验式教学模式作为一种新兴的教学模式，对我国高校的体育教育发展有着巨大的影响力。体验式教学模式还需要经过体育教师和学生的实践和完善，在探索的过程中能够在很大限度上提升体育教育的教学效率，促进体育教学整体水平提升。体验式教学在提升教学水平的同时也拓宽了体育教学的思路，教师在组织学生参加亲身实践的过程中完成整个教学，在实践中学习相关体育知识，从教学的形式上来讲，体验式教学模式丰富了体育教育的教学方式，拓宽了体育教育的发展道路。

（三）体验式教学有利于培养学生精神品格和心理健康成长

体验式教学模式扩大了学习的范围，使学习的过程不再局限于课堂中，将学习的过程深入学生实践的整个过程中，扩大了教育的领域。体验式教学模式强调学生的主体参与性，强调学生在教学中的主导地位，让学生在体验中获得感受，在实践中对知识进行探索，以此加强对学生的探索精神和批判总结精神的培养，学生直接参与的学习探索所带来的感受是传统的灌输式教学模式无法比拟的，学生对于通过亲身实践所学习到的知识记忆更加深刻。体验式教学模式为学生营造出一个愉快轻松的学习氛围，调动学习积极性，使学生自主积极地参与到学习的整个过程中来。体验式教学模式冲破传统的教学模式的束缚，在不违背教学原则下使学生的自主性得到最大限度的发挥，让学生完成学习目标的同时也为丰富课外活动创造了很多的机会，在丰富的课外活动中进行交流，使自我价值得到最大的体现并且促进学生正确世界观得以完善，体验式教学模式的教学过程中，学生会遇到各种各样的困难，当面临困难时学生的毅力和克服困难的精神得到锻炼，有利于帮助学生形成良好的品格。体验式教学为学生与外界接触和促进同学之间相互交流创造了很多的条件，在与外界接触和同学之间相互交流的过程中，能够帮助学生认识世界从而促进身心健康发展。

三、体验式学习在高校体育教学中的具体运用

（一）科学制定学习目标，注重培养学生的独立意识

体验式培训教学并非绝对的"放飞自我"，而是让学生在户外活动中感受体育精神

和掌握体育技能。这就要求教师除要拥有过硬的知识储备外，还应掌握策划活动并将需要教授的知识巧妙地融入其中的能力，让学生在活动中思考、提问、参与、学习和成长。要做到这一点，就要求教师能明确自己每一阶段、每一个课程的教学目标，并做出合理的规划安排。例如，当讲授到野外生存相关课程时，教师可以先让学生在课堂上发言，阐释他们能想到的注意事项，将他们的想法整理分类，并做好准备去野外进行尝试。在这一过程中，教师起到的就是引导者的作用，发挥学生的自主意识。在实际的野外生存过程中，学生的准备如果有纰漏，教师可以进行补救，并在休息的时候适时地进行总结和相关知识的详解以加深其印象；如果学生是通过自己的准备顺利完成了任务，在最后总结时就应表示赞赏并着重表扬表现突出的学生。体验式培训理念的最终目标是培养学生解决问题的能力，这也是它和传统教育的重要区别。因此在教师传授课程前，不妨先向同学提出课程相关的问题，并由学生自行查阅研究解决，这一过程中教师的作用被隐藏起来，学生的自主学习能力被有效地释放和培养起来；在实际教学中，教师则需要对学生依旧无法理解的知识进行简单阐释，并让其在接下来的体验活动中进行实践应用，解决活动中遇到的问题，这样既能加深学生对知识的认识，又能大大提高学生学以致用的能力，从而帮助学生真正掌握知识。

（二）开展体验式体育教学，让学生在体验中提高技能

在体育教学活动中，体验式学习包括精神层面的和身体层面的，想要提高学生对体育运动的兴趣，就需要在理论学习中运用体验式学习情景模式，通过情景模式开展体育教学活动。情景学习主要是在教学过程中创设学习情景模式，例如可以利用多媒体开展情境教学，教师可以在体育教学前播放一些相关的体育视频，如篮球技能教学中，教师可以播放美国职业篮球联赛的比赛视频，让学生观察明星球员在比赛中使用的技能，然后让学生切身感受，教师再对动作进行指导，让学生能够有所感、有所悟、有所获，这样才能提高学生心灵上的感触，增强心灵体验。想要将体验式学习贯彻到体育运动当中，就需要开展多样化的体育项目，让学生在体验中提高技能、感受乐趣。传统体育运动比较单一，就是教会学生基本的动作、要领，让学生按部就班，这样学生就会将体育运动看作是自己的任务，而不能当作一种兴趣爱好去参与。因此，在体验式教学活动中，教师要注意体育项目的多元化，不断创新体育项目，例如在传统体育运动中，乒乓球运动大多都讲究技术，教师多通过竞赛来提高学生技能，这样学生压力就会比较大，这时候教师就可以设置新型乒乓球运动，让学生十人一组开展乒乓球接力赛，十个人排成一队，然后从第一个人开始向后传球，每个人的乒乓球需要通过乒乓球拍弹够十下方能传递到下一个人，看哪一个小队最先完成任务。这个过程不仅能够锻炼学生的平衡能力、运球能力，还能锻炼团队协作能力，能够提高学生们的参与积极性，让学生在体验中感受运动带来的乐趣。

（三）创造体育情景，引导学生对学习进行反思

体验式教学作为一种新型的教学模式其主要特点是注重学生的参与性与师生之间的互动性，高校采用体验式教学模式进行体育教学时，要摒弃传统的教学观念，不可以再继续使用传统的教学场景和教学方法，这就要求体育教师使用多元化的教学方式，调动学生的学习积极性，使学生对体验式教学模式有一个全新的认识。在体育教学过程中，让学生加入体验是一个非常重要的教学方法，通过具体的情景设定，让学生参与到体育教学的特定情景中获得一种身临其境的真实体验，从而调动学生的学习积极性以增加其参与度，从而使体验式教学发挥其最大教育价值。体验式教学强调学生在教学中的主体性和参与体育活动的积极性，教师只是作为引导学生参加体育活动的向导，教师的重点任务在于引导学生参与到体育活动中，调动学生的积极性。无论什么形式的教学方式，最终目的都是帮助学生理解和掌握知识。体验式教学模式是通过教师的讲解让学生对知识有了进一步的认识后，再深入到实践中，在实践中获得思考，在实践中对学习的意义进行反思，通过反思加深知识的记忆，提高学习效果。体验式教学模式实际上是，让学生对已经亲身体验过的事物产生连续的思考，在思考的过程中将各个问题联系到一起，最后运用思维对所有感受过事物再进行反思，在特定的情景中，将所有的事物记忆。在学生进行反思的过程中，是离不开教师引导的，由于学生的知识储备和经验有限，所以教师应该在合适的时机给予适当的引导，从而激发学生的思维。

（四）优化体育教育资源，创造良好体育体验式教学条件

体育教育资源是体育课教学开展的基础保证。合理的课程安排、优良的教学场地，充足的体育器械，专业的体育教育工作者是体育体验式教学开展的基础条件。首先要有足够的体育课时，合理安排班级课程表，保证学生锻炼的时间以及上课班级数量，不要出现同一时段上课班级过多，影响教学效果。其次是要有良好安全的教学场地以及充足的教学器材，这样才能吸引学生主动参与，才能保证学生的练习量和熟练限度；最后是专业的体育教师，只有熟练掌握各项体育技能及教学方法、懂得安全保护的专业体育工作者才能吸引学生主动参与，帮助学生形成良好的体育态度，养成良好的体育习惯，为学生的终身体育奠定良好的基础。此外，还应该转变体育教育工作者的地位。在教育的范畴内，体育并没有被视作教育的资源和手段，最多只是在充当为教育工作锦上添花的道具，而在体育的话语体系中，学校体育的价值一直没有被正确估量。体育的育人功能被忽视，体育教育在学校教育中一直处于边缘化地位，体育教育工作者的待遇也相对较低。学校体育教育的发展应定位为"以体育人"，将体育与教育统一，充分认识体育的教育功能，将体育教育纳入学校教育体系的重点工作中，提高体

育教育工作者的地位，合理安排体育教育工作者的工作任务，公平分配体育教师待遇及各项评优评先名额，其职称评定考核也能被公平对待。从而促使体育教育工作者积极投入到体育教学工作中，提高工作热情，认真努力做好体育教学工作，将体育教育的意义价值负责任地传达到我们的学生中去，为学生的体育态度，终身体育意识奠定基础，为我们民族的未来奠定希望。

总之，体验式教学以生为本，重在通过调动学生积极性，不断提高学生学习能力，从体验式教学方法在体育教学课堂应用效果分析，体验式教学方法非常适用于高校体育教学，为此，相关教师在有效的分析与实践过程，应该进行有效尝试，以不断提高高校体育教学质量。

第五节　高校体育教学中互动式教学法的应用

互动教学法是指在高校体育教学的过程中，教师按照学生的体育兴趣、体育基础能力水平、学生的潜能等，有目的地与学生按照某一个或者综合的因素进行互动，通过互动，教师在不同的学生之间，能够更好地将教学内容和教学方法得以实施，每个学生在与教师、同学互动的过程和条件下，实现体育学习效果最大限度上的提升和掌握。互动教学是加强师生间交流的平台，运用这一方法能够有效地提升学生的学习效率，避免教师教学脱离学生这一现象的发生。传统的体育教学观念对于广大体育教师的束缚比较严重。在以前的体育课堂教学中，不管是在课程内容选择、课堂反馈、课外活动和教学评价等方面还是在备课、授课方面，教师都很少从学生的体能、兴趣差异及学生个性方面进行考虑，导致教师的工作重心总是放在课堂教学方法的改进上，这样就导致了教学内容和教学方法不能满足学生的体育需求，因此，体育教师要加强互动教学法的研究，为更好地实现大学生综合素质的提升，创造良好的条件。

一、互动式教学的内涵

互动式教学是通过营造多边互动的教学环境，在教学双方有效的平等交流与探讨的过程中，实现彼此间不同观点的有机碰撞与相互交融，进而激发教学双方的主动性和探索性，达到提高教学效果的目的。同时，互动式教学有利于构建新型的师生关系，在教学过程中注重对学生主体地位的凸显，是一种充分体现"以人为本"的、具有创新理念的教学方法。互动式教学是当代教育民主化在教学方法改革方面的重要体现，在此教学情境中，师与生双方以各自不同的身份，遵循一定的规则与规范，这些规则与规范是师生双方共同接受、共同认可的。在这些规则与规范的影响与导向下，师生双方在教学过程中进行着彼此相关、相互作用的物质与精神的交换和传导的活动。在这种过程中传导的包括物质与非物质的、言语与非言语的、理解与解释、领悟与说明等环节和方面。具体而言，就是师生双方在教学活动过程中共同构建起的教与学的情境。教与学是教学体系的基本构成因素，其相互间的关系问题是教学的本质问题，同时也是教学领域中起主导作用的理论问题。正确处理好两者之间的关系，是推进教学发展进程、提高教学效果的重要保障。互动式教学将教学的本质定位为交往，而交往的实施要建立在师生之间相互尊重、平等和谐的基础上。

二、互动式体育教学的基本特征

（一）互动过程遵循秩序化原则

在教学过程中互动的实质是师生之间、生生之间在情感、行为、思想以及个性特征等诸多方面的碰撞、融合、互补、创新、发展的过程，是建立在民主平等基础上的交流、合作、竞争以及对成功的共同体验与共享。因此，这种互动要遵循循序渐进的发展规律，并在此规律的规范与引导下，有节奏、分层次地进行。

（二）互动空间具有开放性

体育教学自身具有开放性的特征，而互动式教学是一种开放式的教学方法，有效地打破了传统教学模式的束缚，从教学理念、教学方法、教学的组织形式以及教学内容的选择等方面，向着自主、开放的方向发展，整个教学过程呈现出动态的开放。首先表现为学生根据自身发展的需求进行自主的择师、自由选项；其次，在教学过程中，学生自主组建学习小组，以利于彼此间的交流以及研讨；再次，在教学过程中，教师处于引导与辅助的地位，更加有利于对学生学习动态的掌握，便于给予及时的修正与调控；最后，在教学过程中，鼓励与支持学生个性的张扬与发展，为学生的成长提供更为广阔的发展空间。

（三）灵活多变的教学组织形式

互动式教学最为基本的教学形式是组建学习小组，进行有目的性的研究与探讨。在此过程中，教师根据教学内容的需求，创设各种教学情境，进行形式多样的情景模拟、体验交流以及认知讨论等活动，从而促进学生更为深入、透彻地理解和掌握教学内容。另外，互动式教学还可以采取组间竞技、个性化意见的交流、团队合作等教学形式，来培养与提高学生的表述能力、沟通能力、交流能力和团体合作能力等，进而强化学生对体育教学内涵的感悟，以及对自身发展的追求。

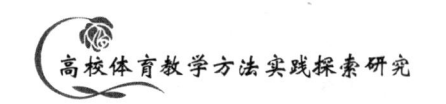

三、高校体育教学互动教学方法的意义

（一）互动教学法有利于教师更好地了解学生

在高校体育教学实施的过程中，通过互动教学更符合学生身心发展过程中存在的个别差异，能够让体育教师充分尊重、了解学生的体育兴趣和现有体育基础水平的差异。互动教学方法是通过教师对学生的体育兴趣、体育需求进行调查和访谈，遵循健康第一的指导思想来实施体育教学发展学生，根据不同学生的特点来寻找体育教学与学生发展的契合点，从而以主动、和谐的师生关系来保障体育教学目标的实现，促进学生综合能力的发展。

（二）互动教学法能够更好地实现全体学生的发展

互动教学作为提升体育教学效率的途径，对学生的综合素质发展有着重要的现实意义。在高校体育教学过程中，教师根据民主、和谐体育课堂构建的原则，从学生的实际状况出发对学生进行横向和纵向的了解，并且在面向多数的前提下同时考虑到少数，并处理好个别教学与集体教学的关系，对不同的学生提出不同的要求，以实现全体学生身心素质的发展，为高校体育教学目标和高等教育培养目标的达成，构建良好的课堂教学和师生交流的空间。

（三）互动教学法的使用更好地体现素质教育理念

在高等教育体育教学实施过程中，体育教师在进行教学目标确定的时候，首先要构建良好的师生关系，而良好的师生关系的确立需要加强互动，也就是从适应学生"学"的角度来进行教，这样就能将学生的主体作用充分调动发挥出来，使他们得到激励、主动学习，达到教学成功的目的。高校体育教学中的互动教学是素质教育理念在体育教学中的实施，高校体育教学的互动内容包括：教师与学生这一主导和主体的互动，学生与学生的互动、师生与教学内容的互动、师生与教学环境设施的互动等等。从系统观点出发，构建良好的互动教学，是实现素质教育理念的基础。

四、高校体育教学中互动教学法的应用策略

（一）做好学生体育需求等内容的调研

在高校体育教学工作开展之前，体育教师首先要对全班学生的体育兴趣等情况进行调查摸底，一般是通过体育课堂表现、信息反馈以及结合访谈等方法，对学生的体育差异做好调查和了解。还要对学生的家庭环境、心理、智能以及在校表现等情况进

行详细了解。然后将每个学生的数据资料都分别进行分类归档和综合分析。根据分析的结果将学生划分成中下、中上两个层次的学习小组，同时让大家对每个学生在某一阶段所处的层次做到心中有数。在互动教学的过程中由于学生的个性差异比较大，教师必须发挥主导的作用，通过了解他们的能力、知识基础及心理特征有针对性地开展教学。教师的教学安排要根据学生的信息反馈，对不同的对象加以区别，并及时地进行灵活的调控，从而使所有的学生都能得到帮助，并且都能在原有的基础上取得发展和进步。互动教学的基础是了解学生的各种需求，为其实施提供条件。

（二）以教学目标的设置为依据开展互动教学

随着体育教学改革的实施，在高校体育教学中需要以学生发展为理念，进行不同教学目标的设置。在素质教育理念和体育健康课程实施标准的双重引领下，对体育教材的知识结构以及学生的体育能力进行分析，然后制定出科学的体育教学目标。教学目标的设定不能实行"一刀切"，对于体育基础和身体素质中下层次的学生一定要采用由浅入深、先慢后快、密台阶、低起点、循序渐进的方法，而且要在体育学习内容的训练总目标基础上设定。根据他们实际情况的不同，可以分一步或多步来实现考纲的要求；对于中上的学生则可以允许他们超进度的学习，互动教学是体育教学目标设置的体现和促成。

（三）尊重学生的学习需求和体育能力

学生作为能动的个体，教学目标的划分，除了老师的指导外，还要让学生对自己的水平进行自主分析，自己选择层次，充分尊重学生的意愿，并且还要注意保护差生的自尊，同时防止优等生出现自大心理。层次划分后并不是固定不变的，明显进步后层次可以向上提升，若出现后退的学生则先进行鼓励提醒，实在跟不上就要降低层次。通过创设这些问题情境，让学生独立地对还不了解的方法、定理、规律等进行不断探索和发现，绝不是将教师现成的知识技能"填鸭式"地机械地传授给学生。问题情境的设定一定要能将学生追求成功的欲望激发出来，而且引导他们独立、主动地进行思考。体育教师在上体育课之前，要从教学方法、教学内容、教学步骤、教学要求、教学时间以及教学实验等方面进行备课，且一定要结合各层次学生的实际情况。在课堂教学中必须改变授课的形式，在同一节课中不仅要有面向全体同学的"整合"环节，也必须有针对学困生和优等生的"分层"环节，"整合"但不能死板，"分层"而不要分散。正常教学程序的预习、巩固、质疑、新授、辅导、小结必须要自然地融进，而且对于各层次之间的教学矛盾也要妥善地解决，对于学生的学习要求要做到因材施教。

（四）强调体育教学方法的创新

对于学生的练习必须分课外、课内两种类型。对于课内练习需要教师设置不同的练习和掌握目标，全班学生分成不同水平的练习小组，教师做巡回指导和帮助。对于在练习过程中出现的超于练习要求和跟不上练习要求的情况，教师要做好机动的调整，避免因为练习的枯燥而影响了学生的体育学习兴趣。在教学评价运用的过程中，教师要将每个小组学生练习的整体状况和个人练习的状况相互结合在一起进行评价。要多使用鼓励性和表扬性的语言对学生的体育学习做评价。通过分组练习促进学生自信心的提升，实现学生兴趣和能力的双重提升。

（五）优化体育教学环境

在高校体育教学实施的过程中，体育教学环境是实现体育教学目标、促进学生身心发展的基础条件。体育教学环境包括体育教学的自然环境、体育教学的社会环境、体育教学的物质环境等等，加强体育教学环境的优化，即通过提高体育教学自然环境的绿色化，制定有利于体育教学的制度，创建安全、丰富的场地设施等。良好的体育教学环境能够激发学生的体育兴趣，促进大学生身心发展的有效度。

通过上述研究，大学生作为高校体育教学实施的主体，在互动教学法的实施过程中，需要体育教师从学生的体育兴趣等实际出发，面向学生的差异，以整体教学目标的达成为原则，在构建良好教学环境的前提下，不断培养学生学习的兴趣及自觉进取的愿望。互动教学的实施是高校体育课堂民主师生关系、和谐交往的过程。学校和体育教师要从学生发展、环境优化、民主实施、科学评价的角度出发，提升学校体育教学的互动限度，提高高校人才培养的质量。

第六节　高校体育教学方法创新策略研究

体育运动是增强人体质的重要途径，在我国教育学习强度较高的状况下，学生的体质相对较低，很多学生由于学习压力大，学习时间紧，几乎没有时间参加体育锻炼，这样的方式导致处于学习阶段的学生身体状况不佳，同时没有坚强的意志，这对我国社会文明建设起到了阻碍作用。在常规体育教学下，学生参与度较低，究其缘由主要是由于教学方法不当。在这样的背景下，我国教育领域提出了体育课程改革的决策。

一、体育课程改革背景下创新高校体育教学的意义

在体育课程改革后，传统的体育教学应适当做出改变。这是由于体育改革中淡化了竞技运动陈旧的教学模式，树立了健康第一的教学指导思想，重视体育课程教学的功能开发，进而增强体育课程的综合性。在新型的体育课程当中能激发学生的运动兴

趣，辅助学生树立终身体育的观念。不同的体育课程和锻炼项目能培养学生坚强的意志，通过这样的方式能提高学生的社会适应与交往能力。这是由于团队竞争形式的运动项目能提升学生团结协作的意识，同时在竞争的环境下能提升学生的忧患意识。体育课程改革后，教学开展中注重以人为本，同时关注个体差异与不同需求，确保每一个学生在此过程中收到正能量信息，这对学生的成长与发展都具有重要意义。此外，改革的标准注重体育课程资源的开发，这对丰富体育课程形式起到了积极作用，对体育教育的创新有益无害。①

二、目前高校体育教学中存在的问题

（一）教育方法较单一

当前，由于受到传统的教育观念和思想的影响和制约，很多高校的体育教师在开展教学活动的过程中，往往存在着教学方法较单一的问题。在教学活动的过程中，依然以把体育技术传授给学生为主要教育目的，在教学方法上依然表现为讲解、示范、练习等传统的方式。我们必须清楚地认识到，面对新的形势，高校体育教育的目标和形式已经发生了改变，传统的教学方法和教学形式已经不再适应新形势下的高校体育教学的要求。因此，广大高校体育教师的思想观念就得到了进一步的转变，要在继承发扬传统体育教育模式长处的前提下，不断创新高校体育教学的方式，更好地为高校体育教学的开展、学生身心的全面健康而服务。

（二）实际效果不太明显

如今高校体育课的教学纲要，其实主要来自于对原有体育课的深化与改革。所以创新必然是高校体育课程的重点内容和任务。我们了解到，由于传统的体育教学把规范化技能教学作为唯一的任务，所以很多教师都会选择学生可以在短时间内就能掌握的技能来开展教学。还有的教师在教学中过于追求技能的传授，对学生准确地完成体育动作和掌握体育技能过于重视，而忽视了学生观察、创新和自学的能力，这就使高校体育教学的目标发生了偏差，使得学生的学习效果不够理想。

此外，有很多体育教师在开展体育教学的过程中，立足于创新的基础之上，采取了很多非常有效的教学方式和手段，对高校体育教学方法的改革产生了重要的推动作用。但是同时也有很多的高校体育教师过分强调课程的形式，在教学的过程中却没有注重课程的实际效果，导致教学的实际效果并不明显，甚至有的教师为了彰显全新的教学理念，而在课堂中运用了一些高科技的体育教学，这样虽然能让学生们觉得耳目

---

① 王丹，周岳峰，陈世成. 高校体育理论知识与实践研究 [M]. 吉林人民出版社，2021.

一新，但是由于操作不便，实际效果也大打折扣。

（三）学生自我学习意识不强

由于传统意识的原因，很多高校体育教师在教学过程中习惯以教为主的教学模式。这种教学模式虽然在某些环节上有一定的效果，然而在培养学生主动学习、积极创新等方面存在着很大的不足。直到今天，这样老旧的教学模式依然随处可见，在这样的教学方法下，教师只会倾向于"大锅饭"式的教学，对学生的个体差异不够重视。然而事实证明，学生的个性特征既是他们心理健康发展的需要，也是现代社会中人才素质的基本要求。所以高校体育教师应该针对不同学生的实际情况，给予支持和鼓励。

三、影响创新的原因

（一）教师素质的原因

高校体育教师在教学素质上的高低，是影响体育教学创新的重要因素。学生固然是高校体育教学活动中创新的主体，但是作为调动学生积极性和帮助指导学生发挥自己能力的引领者，教师的作用依然是不可忽视的。教师能力的高低，直接对学生的创造能力是否能得到充分发挥造成了影响，所以高校体育教师必须善于指导和帮助学生学习，善于掌握学生的学习与心理情况，不断诱导学生自身潜在的想象力和创造力，最终实现对体育教学方法的创新。当前，我国大部分高校在体育教学方面方法比较单一，体育教师的教学素质和教学理论不足，致使很多学生对体育教学活动的兴趣不高，创造想象力逐渐下降。针对这种情况，教师要给学生留出广阔的学习和参与体育活动的空间，使学生根据自己的爱好选择参与体育活动，这样才有利于发挥和培养学生在体育教学活动方面的想象力和创造力。

（二）学生自身的原因

影响高校体育在教学方法上有所创新最主要的因素，是学生自身的原因。学生对体育活动参与的积极度、对某些体育活动的水平和兴趣，对体育活动是否有想象力等，都直接影响着高校体育教学活动的实际效果。就算学生拥有再好的天赋，如果不去积极地参与体育活动，那么其天赋也不会在高校体育教学中得到发展。

其中学生对体育活动的兴趣是关键的一点，作为最好的老师，兴趣不仅是学生参加体育活动的动机，也是学生能够积极学习并进行创新的重要前提。

如果学生对体育活动的兴趣得到了激发，那么就会全神贯注地进行学习和锻炼，其意志力就能够得到提高。如果在高校体育教学活动中学生善于思考，其能力就会在某些具体情况下表现出来，就会不断地出现新的形象和思维。

四、体育课程改革背景下创新高校体育教学方法途径探析

(一) 丰富体育教学开展形式

在体育教育教学改革背景下应注重对体育教学形式的创新,这样才能激发出学生参与体育教学课程的积极性。例如,在热身环节,教师可以将音乐融入其中,通过音乐节奏的刺激,赶走由于热身给学生带来的疲劳感,同时在伸展运动环节中,教师可以播放一些舒缓类的音乐,让学生在美好音乐的渲染下放松身心,从生理上和心理上减轻热身带来的疲劳感,这样更容易接受教师后续讲解的知识。此外,教师不仅要将室内环境下适合的运动项目融入教学课程中,同时还应增加室外的运动,例如户外攀岩类型的体育运动,这样能让学生在视野开阔的环境下进行运动,同时这样的运动能增强学生的体力,锻炼其坚强的意志,更重要的是能激发学生参与的兴趣,这对学生未来养成长期运动的良好习惯具有重要意义和作用。

(二) 加快高校体育教师队伍的建设

教师是体育教学开展的主导者,与其他文化课程开展形式不同,体育课程的开展需要教师的充分指导,才能保障学生在相对安全的环境下对一些知识进行学习,不论是从增强体育课程教学效果的角度或是创新体育课程教学形式的角度,对高校体育教师队伍的建设是毋庸置疑的。在实际操作中,学校可以聘用优秀省级或者国家级的教练员做全职(或兼职)的体育教师,这样不仅能指导学生按照标准的方式进行运动,同时鉴于其经验,能为学生提供多种有效的学习方式。另外,可以在本校中对在职体育教师进行培养,注重体育教师队伍的质量和数量,这样能为学生提供优质的体育教学服务。针对固有体育教师培训的方式和流程是:理论学习——实践课程演练——借鉴学习。在理论学习过程中,学校要聘请优秀和权威的体育教学人员,对不同体育运动项目的侧重点进行详细讲解,然后教师应针对各种类型的运动项目制定创新的开展方式,通过相互评价和学习来不断完善新型的体育教学方式与方法。

(三) 制定规范化的体育运动安全防护体系

为了增加学生运动体验次数和安全系数,应对运动安全管理内容进行规范。通过对不同环境下运动安全管理机制的细致管理,保障学生运动在安全和有序的环境下开展。在此之后,要细化高校开展各项体育运动项目的安全防范措施。不同的运动类型应制定相配套的应急措施,教师要在开展新型体育运动之前进行演练,这样才能在一定限度上保障学生的生命安全。第一,应聘请专业的项目运动员和教练员对安全防范

的知识进行讲解，要让学生和教师明确体育运动的安全防范要点，进而保障学生在突发状况下能实施一些自救的措施。第二，应组织应急救援小组，在高校开展新型体育运动之前，应急小组应时刻准备安全救助工作的开展。此外，学校还应准备充足的安全器材与紧急救助药箱，以备不时之需。

第五章

高校体育教学过程

第一节　体育教学过程的含义及性质

一、什么是教学

"教学"是一个极为普通、用途很广的日常用语,又是教育科学中的基本概念,要研究教学理论必须首先回答"教学是什么"的问题。当前,对教学的解释主要有:①教师的教和学生的学的共同活动。学生在教师有目的、有计划地指导下,积极主动地掌握系统的文化科学基础知识和基本技能,发展能力,增强体质,并形成一定的思想品德。②教学是一种帮助或促进人成长的努力。③教学是以课程内容为中介的师生双方教和学的共同活动。

二、什么是体育教学

体育教学是教学的下位概念,是整个教学的一个有机的组成部分,同时又是一个具有鲜明特征的过程。国内对体育教学的解释主要有:①体育教学是指实现体育教学目的和任务的基本途径。以体育课内容为中介的师生双方在教与学两个方面的双边活动。②体育教学是在教师的指导和学生的参加下,按照教育方针和体育教学大纲的要求,锻炼身体,增强体质,学习和掌握一定的体育卫生保健知识与技术、技能,培养思想道德质量的有目的有组织的教育过程。③体育教学是在体育教师和普通学生之间展开的运动技术传习活动。体育教学是以体育教学内容为中介,以学生身体实际参与为特征的师生双边活动。

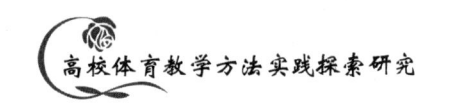

三、体育教学过程的含义

第一,认为体育教学过程是实现体育教学目标的途径和过程,这是因为体育教学目标是通过体育教学活动的实施才得以实现的。第二,体育教学过程是有组织的程序和有计划的安排,这是因为教学过程是依据体育教学计划进行的,具有教学组织性和计划性。第三,体育教学过程是学生掌握各种体育教学知识、运动技能以及各种体育活动的过程。体育教学过程是由教师的"教"和学生的"学"组成的,是知识和技能的传递过程。

根据以上三种有关体育教学过程的认识,将体育教学过程定义为:体育教学过程是为了实现体育教学目标而有计划地组织和实施的,在此过程中完成知识和技能的传授,帮助学生获得与体育相关的知识和技能。

在整个教学中,根据教学的进程,可以将体育教学过程分为以下几个层次。

第一,超学段体育教学过程。这是对整个学校教育中体育教学的总结,包括从上小学到大学毕业所规定的各种学习阶段的教学,因此,也可以将超学段体育教学过程称为体育教学的总过程。

第二,学段体育教学过程。学段体育教学过程就是学校教育的各个阶段的体育教学过程,如小学阶段、高中阶段、大学阶段的体育教学过程。

第三,学年或是学期体育教学过程。学年体育教学过程的单位是年级,包括上下两个学期,指的是整个年级的教学;学期体育教学过程较学年体育教学过程而言,时间较短,是以学期为主的划分单位。

第四,单元体育教学过程。顾名思义,单元体育教学过程就是以教学单元为单位的教学过程,如篮球单元的教学过程、足球单元的教学过程。

第五,课堂体育教学过程。课堂体育教学过程是指从上课到下课一节课时间的教学过程。

四、体育教学过程的性质

体育教学过程是体育教学的重要组成部分,是体育教学活动的体现,也是体育教学的必经之路,这一环节同时还包含教师的"教"和学生的"学",因此涉及的相关因素较多,应该引起每一位教学工作者的重视。

(一)体育教学过程是学生掌握运动技能的过程

每一种知识和技能的教授都是一个严谨有序的教学过程,并且每一种教学过程都有其相对应的意义。知识类学科的教学过程主要使学生识记概念以及运用判断、推理等思维方式帮助学生掌握学科所需的知识,发展学生的智力,而体育教学是通过不断引导学生进行身体练习，帮助学生掌握运动技能，同时促进学生身心健康的发展。例如，在体育教学的过程中，教师通过不断指导，使学生掌握篮球的比赛规则和投篮的技巧，培养学生的应变能力。由此可见，体育教学过程实际上就是学生掌握技能的过程。

（二）体育教学过程是提高学生运动素质的过程

运动技能的获得和运动素质的提高是相辅相成、相互促进的关系，因为运动是通过肌肉群的做功完成的，因此反复的练习能够有效地提高肌肉群的运动素质，因此体育教学本身就是一个不断提高肌体运动素质的过程，也是一个不断增强学生体能的过程。例如，学生进行立定跳远的练习，刚开始接触这项运动的时候，学生会感觉大腿内侧肌肉有明显的紧张感和酸胀感，但是通过一段时间的练习后，学生不仅能够掌握此项运动的技巧，身体也会对此项运动产生一定的适应性。因此，在进行体育教学的过程中，不仅要注重学生对体育技能的掌握，还要关注学生运动素质的提高，这就需要教师在设计教学、安排进度和选编内容的时候不仅注重运动技能的提高，还要注重运动素质的培养。

（三）体育教学过程是学习知识和形成运动认知的过程

体育教学是一门涉及内容较多的学科，是人文学科和自然学科的综合体。体育教学在要求学生在掌握运动技能的基础上，也会涉及许多其他相关知识的学习和运动认知的获得，就认知理论而言，这也是学生掌握运动技能和提高运动素质的基础。有很多的体育运动会在运动的过程中提升学生的反应能力，通过动作的反复练习，增强学生的体能和智力，因此，学习过体育运动的人和没有学习过体育运动的人在认知的发展上存在明显的差异。由此可见，在某种程度上，体育教学的过程也是学习知识和形成运动认知的过程，教师应当给予重视。

（四）体育教学过程是集体学习和集体思考的过程

体育教学的主要教学形式就是集体教学，这主要取决于体育运动的特点，大多数的体育运动都是由集体或是小组共同完成的，包括体育学科知识、技能，甚至是体育运动素养的形成都需要建立在集体这一平台之上。随着体育教学的不断改革，当今社会对体育教学的要求也逐渐趋于集体性，以便充分发掘集体教学过程中的潜在作用。集体教学活动本身能够促进学生之间、师生之间的互动和交流，培养学生的集体主义精神，提高学生的社交能力。例如，在对学生进行体能训练的过程中，学生之间能够互相帮助，同时也能促进经验和技能的交流，从而促进教学质量的提高和教学目标的完成。

(五) 体育教学过程是体验运动乐趣的过程

体育运动与学生的身体息息相关，从生物学角度来看，运动的过程实际上也是身体经过生物学改造的过程，同时也是身体和心理方面体验运动乐趣的过程。这种运动乐趣既是运动本身所特有的一种性质，也是学习体育课程的基础和条件，更是培养学生终身体育意识的基础。因为在文化课的教学过程中，学生的肢体语言、空间感和交流的自由感等都是受限的，但是在体育课堂上，这些限制就被冲破，学生能充分地体验自由交流的乐趣，体验放大的空间带来的满足感，甚至还能体验到运动带来的成就感。例如，学生刚开始接触一项运动的时候，因为不熟悉，往往会产生焦虑感，一旦经过长期的锻炼掌握了这种技能，就会有强烈的成就感。因此，体育教学的过程具有体验运动乐趣的性质。

五、体育教学过程中相关概念的介绍

由于体育教学过程涉及的知识和内容众多，因此，要想了解体育教学过程的概念，应该清楚体育教学过程与其相关的概念之间的关系。为了更加全面地阐述体育教学过程，在此就体育教学过程与体育教学原则、教学模式、教学设计和课堂教学等相关概念之间的关系做一下基本的阐述。

(一) 体育教学过程与体育教学原则

有很多著作中所讲述的体育教学原则，实际上都是体育教学过程的原则，体育教学原则与体育教学过程之间存在不可分割的关系，具体体现在以下几个方面。

第一，体育教学原则是体育教学过程的基本要求，如因材施教的原则，这一原则要求教师在进行教学的过程中，要根据学生的特点选择合适的教学方法。

第二，体育教学原则是优化体育教学过程的基本内容，如体育教学原则能够使得教学过程不断加以规范，保证教学过程的优化。

第三，体育教学原则贯穿于体育教学各个层次的教学活动之中。体育教学原则并不是指体育教学过程的某个阶段，而是每一个阶段，如整体性的教学原则，不管是初中、高中还是大学，在进行体育教学的时候，都要坚持这一原则。

虽然体育教学原则与体育教学过程之间有着紧密地联系，但两者也存在区别。

第一，体育教学过程较侧重的单位是时间，时间是教学过程的组成单位，但是教学原则是一些理论的要求。

第二，体育教学过程是由不同的教学层次组成的，每一个教学层次的内容都有所不同，但是体育教学原则是贯穿于整个教学过程的。

（二）体育教学过程与体育教学模式

体育教学模式实质上就是单元和课时。体育教学过程的结构是根据某种体育教学思想设计的教学过程，由此可见，体育教学过程是能够体现出来的。但是体育教学模式则是抽象的，只能依附于某个教学概念体现，因此，可以说体育教学模式与体育教学过程之间的最大区别就是具体和抽象的区别。在教学过程中，那些具体的、有一定教学特色的教学设计，包括教学方法中的方法体系等，就是体育教学模式。

（三）体育教学过程与体育教学设计

体育教学设计是体育教学过程的前提和条件，教学设计实际上就是体育教师对某一教学过程的构想和安排，任何一个体育教学过程都是根据教学设计进行的，教学设计也是教学过程的一部分，是教学过程的计划。但是我们不能认为所有的教学过程都需要教学设计来实现，但是一个完整的、有目的的教学过程必须要有教学设计的参与，因此，教学过程和教学设计之间是相互依存的关系。

（四）体育教学过程与体育课堂教学

体育课堂教学只是教学过程中的一个场景，是组成教学的一个基本单元，课堂教学是体育教学的实践，是组成体育教学的元素，因此，教学过程和课堂教学是密切联系的整体，相互兼容、相互渗透、不可分割。

与教学过程相关的概念还有教学方法、教学内容、教学步骤、教学元素等，这些都是组成教学过程必不可少的条件。总而言之，体育教学过程涉及的相关因素众多，它们不仅是体育教学过程的"参与者"和"组成者"，同时也是各体育教学研究者观察体育教学过程的基础和依据。

六、体育教学过程的特点

特点就是一个事物特有的矛盾，教学过程的特点是体育教学过程本质的具体体现，研究体育教学过程的特点，有利于加深对体育教学过程本质的理解，并可为揭示体育教学过程规律提供依据。一般认为，体育教学过程有以下特点：

（一）运动实践性

体育教学过程是教师指导学生进行运动实践活动的过程，因此运动实践性就成为体育教学过程的一个重要特点，具体表现在：实践的目的具有特殊性，即为了使学生掌握体育知识、技术技能，培养运动能力；实践环境具有特殊性，即在富有开放性的特定环境中，在教师的组织指导下，根据体育教学目标的要求而有计划、按步骤进行的；实践方式具有特殊性，即体育教学过程总是与学生的身体活动相伴随，通过感知、模仿、练习促进学生身心的和谐发展。

(二) 社会交往性

体育教学过程是教师的教和学生的学双边活动的过程，学生要从事各种身体练习和活动，既需要教师的指导、帮助，又需要学生之间的相互合作、相互帮助、相互评价，因此，客观上需要进行多方面的交往。如果说，在其他学科的教学中主要是师生交往，而在体育教学过程中学生之间的交往则占有相当重要的地位。因此，曾把体育教学过程中的人际关系称之为"课堂小社会"，即社会的浓缩体。体育教学过程中的人际关系交往是社会性和生活性的体现，交往可以分为教师与学生、学生与学生、学生与集体等方面的交往，在这个交往的基础上，体育教学才得以展开。

(三) 过程动态性

体育教学过程在其动力机制的作用下维持其自身的发展，它是一个从教学目标为起点到教学评价为终点的过程。在体育教学过程中其动态性表现在两个方面：组成体育教学过程的因素是相互联系、相互作用的，并不是由一系列有时间顺序、相互区别、固定不变的教学阶段组成的，而是一种不断变化却有规律可循的运动过程；体育教学内容主要是以经过选择的身体练习为主的，教学过程是以运动实践为主促进学生身心发展的过程，所以在体育教学过程中要以动态发展的观点来分析和解决教学中出现的问题。

(四) 组织复杂性

体育教学与学生身心发展的基础水平是直接联系的，而学生身心发展的基础水平又客观地存在着差异，在体育教学过程中不仅要考虑男女学生性别上的差异，还要考虑到不同学生之间的个体差异，从而采取不同的组织形式和方法，以适应和满足学生的需要。在体育教学过程中，学生多处在不断变化、多种形式的运动中，加之教学易受气候和周围环境的干扰，因而教学中的组织管理工作相当复杂，要精心设计、认真组织，使组织形式、教学步骤、教学手段具有较多的应变性。从某种意义上说，良好的教学组织工作与措施是达到体育教学目标的根本保证。

(五) 运动负荷适宜性

体育教学过程中，由于学生从事各种身体练习，身体各器官系统（尤其是神经系统、运动系统、心血管系统、呼吸系统等）积极参与活动，提高了有机体的机能活动能力。所以，学生身体要承受适宜的生理负荷，所产生的身体疲劳可以承受，最终加速机体的新陈代谢活动。这一点也正是学生在体育教学中能促进身体发展、增进健康的生物学依据,即只有使机体适应一定生理、心理负荷的刺激过程,不断地经过适度的超量负荷锻炼,才能有效地发展身体,由此引导体育教学过程中运动负荷的理论与实践。

第二节 体育教学过程中的规律

一、体育教学规律概论

任何事物都有其客观规律,只有遵循这一规律才能达到理想的效果。如果不清楚一件事情的规律,就不知道如何去做,就不能将事情做好,体育教学工作也是如此。因此,要搞好体育教学,就必须清楚体育教学的规律。

教学规律是一切教学活动的内部反映,是客观存在的。教学的规律不同于自然界中其他事物的规律,自然界的规律是物质运动的规律,只要这种自然现象或是事物存在,这种规律就会表现出来;而教学规律是一种社会活动,其所有的规律只存在于教学实践之中,并根据教学过程的变化而变化。

教学存在的五条规律:第一,教学的内容必须符合人类在各个知识领域中所要达到的发展水平;第二,在教学的过程中,要注重教学与教育的统一性,这是教学的基本规律;第三,要注重学生在教学活动中的主体性,努力提高学生的学习积极性;第四,在教学方法的选择上,要遵循学生的认知发展规律,符合该阶段学生的成长需求;第五,学生的发展取决于其所获得知识和技能的性质以及由它引起的教学活动的性质。

二、体育教学规律的含义

任何一种事物的规律都是客观存在的,是事物发展过程中的本质属性和必然联系,是事物本身所固有的。体育教学过程作为一种以运动为媒介,以促进学生身体素质的提高和综合素质的养成为根本目的的活动,也必然存在一定的规律性,因此我们首先应该了解体育教学的基本规律,在教学的过程中遵循这些客观规律,这样才能更好地实现体育教学的目标。根据体育教学的研究和相关文献资料的查阅,将体育教学规律的含义归纳如下:体育教学规律是体育教学过程中客观存在的和必然显现的,与体育教学的特殊性有着密切的联系和共同的规则。

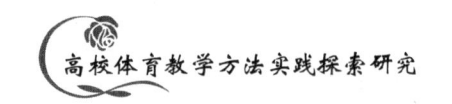

三、体育教学过程的规律

(一) 社会制约性的规律

虽然体育教学同其他学科教学有着明显的区别,但其归根到底还是一种教学活动,是一个培养人的过程。因此,体育教学理所应当会受到一定的社会物质、文化水平、社会发展需要的影响,尤其受到社会教育目标和教学内容的影响。由此可见,各国的国情不同,人们的素质和文化水平也有所不同,体育教学的目标和内容也就有所区别。从目前我国体育教学的现状来看,体育教学是学校教育的重要组成部分,和其他的学科教学一起,共同承担着实现学校教育的目标。除此之外,体育教学的过程也将受到社会经济和政治水平、文化发展水平和科学技术水平的影响。当国家经济和技术水平较高的时候,在运动器械的购置和构成上也较为先进,这对教学的内容、手段和教学的目标都会有所影响,因此,体育教学的过程必须与体育社会发展的条件和需求相适应,并随着社会的发展变化而变化,这就是体育教学过程中社会制约性的规律。

(二) 学生身心发展的规律

体育教学的对象是学生,学生是一个不断成长的个体,其身心发展具有一定的规律性,因此在进行体育教学的过程中,无论是制定体育教学目标,安排教学内容,采用相应的教学组织形式,还是选择相应的教学方法和措施,都必须从学生的年龄、性别、认知水平、接受能力等身心发展的特点出发,要保证教学过程中的各种因素符合他们的接受能力和体质状况,以便教师选择最佳的教学方法,因材施教,促进教学目标的实现和教学效果的改善。传授体育教学知识、技能,促进学生身体和心理素质健康全面发展,不仅是学生成长过程中的需要,同时也是当今社会对学校教育的根本要求。在教学的过程中,教学的内容影响着学生的身心发展,而学生的身心发展又反过来影响着体育教学的内容和方法等。因此,体育教学的过程要适应学生身心发展的规律。

(三) 认识事物的规律

教学的过程实际上也是一个培养学生认知能力的过程,体育教学作为一门学科教学,学生在学习和掌握体育知识、技术和技能的过程中,也必须遵循认知活动的规律。体育教学是一门相对较为复杂的学科,它要求学生在学习的过程中将感知、思维和实践三个环节紧密地结合起来。感知是学生认识事物的开始,也是学生学习的基础,只有将事物的表象在学生的头脑中建立起来,才能进行知识和技能的传授;思维是形成理性的认识、掌握运动技能的关键;实践是对体育知识和技能的巩固,是知识应用和技能提高的必经之路。体育教学是一门实践性极强的学科,侧重于技能的传递,因此,在教学的过程中，也必须遵循认识事物的规律，如在进行跳远这项运动技能的学习时，首先要让学生认识什么是跳远，这是感知的阶段，然后让学生思考如何才能跳得远，最后进行反复的实践练习，最终掌握跳远的方法，这反映了教学过程中学生认识事物的客观规律。[①]

（四）教育、教养和发展相统一的规律

教学的过程也是学生接受教育的过程，随着教学的不断改革和发展，教学的目标也在不断完善，注重学生全面发展已经成为现代教学的总要求，因此，体育教师在教学的过程中也应该结合对学生知识、技术和技能的传播，注重学生的思想品德教育，促进学生个性化的发展，力争在向学生传递体育运动相关知识和技能的过程中，使学生的思想感情、精神面貌、意志品格等都受到陶冶并得到明显的提高，这是当今体育教学的教育目标。与此同时，体育教学又是指导学生不断认识和掌握相关知识和技能的过程，要以一定的专业知识和技术武装学生，这也是体育教学的教育目标。教学能够提高学生对体育学科的认识，增强学生对体育运动的兴趣，促进学生对正确学习方法的掌握，并培养学生在学习过程中的自信、自评的能力，为终身体育打下坚实的基础，这是体育教学的发展目标。例如，对学生进行足球运动的教学时，首先通过这种集体性的活动，培养学生的集体意识和团结合作的能力，培养学生足球运动的素养，激发学生对足球运动的兴趣，从而将这项运动作为终身性的运动。由此可见，体育教学过程遵循教育、教养和发展相统一的规律。

（五）教师的"教"和学生的"学"辩证统一的规律

教学的过程包括两个不同的领域——既是教师"教"的过程，也是学生"学"的过程，二者是相辅相成、互相影响的。为了全面提高体育教学的质量，体育教学工作者必须能够正确认识教与学的关系，在教学的过程中既能够充分地发挥教师的引导作用，又能够重视学生的主体作用。教师需采用科学有效的教学方法，引导学生掌握体育教学的相关知识，并通过实践过程的引导，逐渐将这种知识转变成技能。而在这一教学环境中，学生是学习的主体，是教学成功的内部根源，教师的教学是外因，外因只有通过内因才能起作用。如果教学的过程中没有学生思维的运转、运动的时间，只依靠灌输，是无法达到教学目标的。反之，如果教学的过程没有教师的指导，仅仅依靠学生的摸索式学习，也无法使其掌握正确的学习方法，无法实现教学目标。例如，进行一堂关于排球运动的教学时，如果学生不主动学习，即使教师再怎么讲解，所讲授的技能也不能被学生所掌握，反之，如果教师不讲解，排球运动的相关知识和技能

---

① 谢宾，王新光，时春梅. 高校体育教学与运动训练研究［M］. 吉林人民出版社，2021.

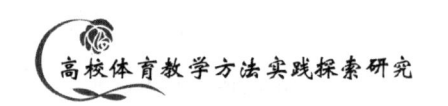

就无法传授给学生，排球运动对于学生而言，也无任何意义。由此可见，教学的过程存在教师的"教"与学生的"学"辩证统一的规律。

(六) 动作技能形成的规律

开展体育教学的根本目的就是让学生掌握一定的运动技能。任何一种运动技能的习得都要经历从不会到会、不熟练到熟练的过程，动作技能的形成一般要经历三个过程，即粗略掌握运动动作的阶段、改进和提高的阶段、巩固和运用自如的阶段。因为在进行体育教学的过程中，每节课只有 45 分钟，每周所安排的体育课时也较少，所以在日常的教学过程中，不可能对每节课都按照"三段式"的教学理论进行，但是对于一项完整的体育运动而言，任何一种体育运动的教学，都要遵循这三个阶段。例如，在进行体操教学的过程中，在前面的教学中，学生能够在教师的指导下粗略模仿；随着教学的不断推进，学生能够对自己的错误动作加以改正，使运动更加规范化；然后经过不断地实践和练习，学生自己能够完成连贯的体操动作，这就是体育教学过程所遵循的动作技能形成的规律。

(七) 人体技能适应性的规律

在学生刚开始接触某种体育运动项目的时候，体内会产生一系列的变化，机体对这个变化会有一定的适应过程，有一定的规律性。当人体进行某种运动的时候，由于肢体和肌肉群的做功，身体会承受一定的生理负荷，体内的异化作用就会加强，产生一定的能耗，机体所储备的能量也就有所下降，这一时期也被称为机体的工作阶段。在运动结束之后，经过一定时间的休息和调整，体内原本被消耗的能量也将逐渐地恢复到之前的水平，这一阶段称为恢复阶段。然后再经过合理的休息，体能逐渐地超过运动前的水平，称为超能量恢复阶段。根据人体的这一规律，教师在教学的过程中，必须合理地安排体育课的间隔时间，这样才能在机体运动的规律内，大大提升练习的效果，增强学生的体能，从而提高技能水平。例如在进行游泳训练的时候，游一段时间之后，人体就会感觉乏累，如果这个时候不休息，往往会导致学习效果下降，而如果进行合理的休息，体能就能恢复，再进行训练就会达到最佳的状态。因此，体育教学的过程需要遵循人体技能的适应性规律。

(八) 人体机体功能活动能力变化的规律

在学生进行体育运动的过程中，机体功能活动能力的变化与人体有关器官系统的功能是密切相关的。当学生反复练习某种体育运动项目的时候，学生身体技能活动的能力就会产生一定的变化，并且这一变化过程会呈现出一定的规律性。当机体开始运动的时候，受到人体惰性的影响，人体各器官系统的活动能力从相对平稳的状态逐渐地上升，在运动很长一段时间后，人体的活动能力会稳定在最高的水平，这种状态持续一段时间之后，机体就会感觉到疲劳，活动能力也会逐渐下降，但是，经过合理的休息之后，机体又会恢复到相对稳定的水平。由于每个个体的体质和生理特点都存在差异性，学生机体活动能力恢复所需要的时间、最佳状态的保持时间都会有所不同。

（九）体育学习集体形成与变化的规律

体育学习集体的形成与变化的规律，主要是指在进行体育教学的过程中，学生学习的形式主要侧重于集体合作、配合和互相帮助等。因为体育教学本身就是一种开放式的教学，不受空间的限制，言论也较为自由，因此，体育教学中的很多项目和活动均以集体的形式存在。由于体育运动具有这一特点，所以体育教学过程中的集体性学习体现了体育的特征和目标指向，教学的集体性也成为体育教学的根本特点。既然是集体性的教学，那么教学的过程就必须遵守集体形成和变化的规律，在教学的过程中，教师要选择和设计一些集体性项目作为教学的内容，在教学方法上也要采用小组教学形式，研究和分析集体性学习的特点和评价的方法，并掌握学习集体形成和变化的规律：从相对陌生到相互配合，从互相帮助到共同促进，只有掌握这一规律，才能更好地培养学生的集体意识和责任感，才能在教学的过程中将思想道德教育与技能获得融为一体。

（十）体验运动乐趣的规律

在体育教学过程中，要让学生不断地体验运动的乐趣，这样才能培养学生学习体育运动的兴趣，激发学生学习的积极性和主动性，因此，让学生体验到运动的乐趣是帮助学生形成运动爱好和专长的首要条件，也是增强学生体质、促进学生运动技能不断提高的前提条件，也是在体育教学过程中，每一名体育教师应该遵循和掌握体育的教学规律。体育教学本身就是各种乐趣性文化的综合体，学生只有体会到体育运动的乐趣，才能将体育运动的过程变成充满活力和乐趣的过程，如果学生体会不到运动中的乐趣，那么学生学习的过程就会十分痛苦，技能的掌握速度也会大大降低。体育教学中的乐趣体验的过程是：首先，学生在自己原有的技能水平上，经过对运动的了解和领悟，充分地体验到运动的乐趣；其次，通过新技能的不断获得，体验到不断突破自己、不断获得新知识和技能的学习乐趣；最后，学生在技能习得的基础上不断进行创新，最终体验到创新的乐趣。

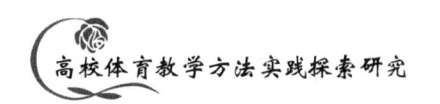

第三节　体育教学过程的优化和管理

学习和掌握体育教学过程的根本目的，不仅是帮助体育教学工作者和研究者更详细地了解和掌握体育教学过程的理论知识，更重要的是注重理论与实践的结合和应用，将理论与教学实践进行完美的融合，从而提高体育教学的效率和质量。要达到这种教学目的，就需要广大体育教学工作者学习和掌握体育教学过程优化和管理方面的知识。

一、体育教学过程的优化

在当今信息迅猛发展的社会，无论是教学还是从事其他行业的工作，都是既讲究效率，又讲究效益，特别是我国正处于教学改革的关键时期、对体育教学过程的优化和管理具有非常深远的意义。体育教学过程的优化是指体育教学研究者和工作者，通过对体育教学中相关问题和因素的不断研究、分析和综合，按照体育教学的目标，有计划地选择和实施教学优化方案，在规定的时间内和现有的环境中发现最有效的教学方法，获得最优质的教学效果。

（一）体育教学过程的优化观点

随着教学改革的呼声逐渐升高，为了提高体育教学的质量，很多体育教学工作者投身到体育教学的研究工作中，以期通过自己的不断分析和研究，使体育教学过程不断优化，从而提高体育教学质量。

1. 用整体的观点认识体育教学过程

用整体的观点认识体育教学过程，有助于我们在教学实践过程中科学地掌握体育教学过程的结构和相关的教学活动环节。我们可以将体育教学过程看作是一个简单的坐标轴，其横向坐标是由当地学校的教学学科构成的，纵向坐标是由超学段、学段、学年、学期、单元和课时等教学过程组成的。这样就能将体育教学看成是一个处于动态平衡中的教学整体，用这种整体性的观点才能更好地认识体育教学的过程，才能对体育教学这个大环境做一个具体的、综合的判断和分析。在此基础上，才能根据不断变化的教学环境和社会环境，全面地优化教学目标、教学内容、教学方法、教学手段、教学组织形式和教学评价。因此在体育教学过程中必须整体地考虑和认识教学结构的成分及其相互联系，力求发挥体育教学过程的整体效用。

2. 用联系的观点看待体育教学过程

任何一门学科的教学，其知识和技能之间都存在一定的联系，用联系的观点分析体育教学过程的结构和功能，可以清楚地发现体育教学过程中各相关因素之间存在各种各样的内在和外在的联系，体育教学过程主要包括因果联系、发展联系和控制联系。

所谓的因果联系是指体育教学过程中各种行为活动和效果之间存在一定的因果关系，如在进行篮球教学的时候，开展篮球技能教育的活动和培养学生篮球技能之间就是因果的联系，教学研究者要想在教学实践过程中不断地优化教学过程，就应该在教学实践过程之中及其结束之后不断地分析和研究各种现象之间的因果关系，寻求教学中某些因素之间存在的本质和必然的联系，并借助这种联系达到教学效果最优化的目的。

体育教学过程本身就是一个不断发展和变化的过程，学生在教师的影响下所产生的、对体育教学所需的知识和技能的需求与实现这种需求可能性之间的矛盾，是教学内部发展所固有的矛盾，这也是推进教学过程不断深化的动力。因此在教学的过程中，教师要根据学生身心的发展变化进行教学的组织和安排。

控制联系是指教学的过程实际上也是一个控制和自我控制的过程，如在教学实践中，教师对学生的学习计划、技能实践过程和教学监督的控制。如果对学生的控制太过严格，就会打击学生的学习热情和信心；如果对学生的控制较为松散，就会降低学生的学习效果。因此在教学的过程中，要注意把握合适的尺度，寻找最有效的教学控制点。

3. 用综合的观点处理教学中的方法和形式

体育教学内容的执行和教学目标的实现均建立在教学的方法和组织形式的基础上。体育教学较为复杂，在教学的过程中，涉及的因素也较多，这些因素影响着体育教学方法和教学形式的选择和实施。例如，教材的难易程度、教学的设备设施、教师的教学水平、学生已掌握的与体育相关的知识等，这些都能对体育教学方法和组织形式产生影响。为了保证体育教学效果，在进行体育教学过程研究和优化的时候，要用综合性的观点看待这些问题，优化教学方案，从而提高教学效果。

（二）体育教学过程的优化策略

体育教学过程有不同的层次和分类，但是只有课时体育教学过程是体育教学的具体实践环节，是组成其他各个层次体育教学过程的基本单位。我们所讲述的体育教学过程的优化，实际上也是对课时体育教学过程的优化，通过对体育教学特点、教学实践的分析和总结，得出体育教学过程的优化有以下几个方面的策略。

1. 优化体育教学目标，使其具有明确性

体育教学目标是体育教学的起点和归宿，是首要解决的问题，因为在整个体育教学过程中，它在体育教学方法的选择、教学内容的组织、教学过程的实施、教学结构

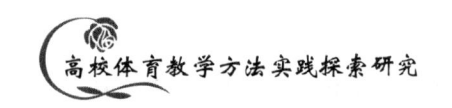

的建构和教学手段的运用等方面起到了指导和统领的作用。体育教学目标的选择和制定有一定的依据，它具体受教学目的、教学环境和教学水平的影响。在确定体育教学目标的时候，一定要保持明确、科学和可操作性，而且各种目标之间要具有鲜明的差异性和连贯性。体育教学目标的确定要有利于教学设计，要能够反映和监督教学过程，有利于教学评价的进行，这就是体育教学目标的优化策略。

2. 优化体育教学内容，使之具有可学习性

体育教学内容是体育教学过程最基本、最主要的组成部分，是教学目标的载体，体育教学内容也是教师与学生联系的纽带。教学内容是否受到学生的欢迎，学生是否对学习内容感兴趣，最终都影响到体育教学目标的完成情况。因此，在进行教学内容的选择时，一定要对体育教学内容进行精选，使之具有学习性，能够激发学生的学习动机和学习兴趣。如果体育教学的内容脱离了教学实际，不具有学习性，就会使得教学活动变得"可望而不可即"，不利于教学质量的提高。因此在对教学活动内容进行优化的时候，教师应该选择一些学生喜闻乐见的内容，合理地采用一些竞技类的项目，使之更具有学习性。

3. 优化体育的课堂教学结构，使之具有合理性

课堂结构是教学过程的主要表现形式，课堂结构是指在规定时间和空间的教学活动中，进行各个教学环节、教学步骤的具体安排，也是教学目标的实施计划、教学内容的实施和各教学方法的主要体现。由于体育教学涉及的因素较多，且较为复杂，因此体育教学的课堂结构是一个较为复杂的系统，在进行体育课堂结构的优化时，要着眼于整体，使课堂教学结构的各个组成部分能够相互协调、相互促进。要保证课堂结构优化的合理性，应该坚持课堂立体五结构优化理论。

①智能结构优化，指优化一些具体的、清晰的、可测的课堂教学目标，主要包括运动认知的容量、思想道德教育的要点和技能训练的重点。②时间结构优化，指课堂各个教学环节所用的时间要保证分配的合理性，保证教学目标的圆满完成，将时间有效地分配到教学的重点和难点上。③认知结构的优化，指按照学生的认知水平合理地安排教学过程，保证教学的发展过程能够遵循由浅入深、由易到难、循序渐进的原则。④信息结构的优化，指在充分发挥学生主体性地位的基础上，保证教学过程相关的信息能够得到迅速有效的传递。在体育课堂教学中，对学生的组织协调要及时有效，对教学的评价要准确到位。⑤训练结构的优化，根据学生的身心发展特点、教学内容的特点、教学环境、教学条件等，合理地安排训练的内容、方法和步骤，从而实现教学目标。

4. 优化体育教学方法，使之具有时效性

体育教学方法是知识和技能传递的依据，是连接学生和教师之间知识传递的纽带，是实现体育教学课堂目标所采取的各种行为方式的总称。由此可见，体育教学方法在

体育教学过程中占据十分重要的地位。好的教学方法能够促进教学目标的完成，错误的教学方法不仅会对学生的身心发展造成不良影响，同时也影响教学目标的顺利完成。在进行教学方法的选择时，首先要保证其与教学内容的适应性、与教学知识和水平发展的适应性，提高教学的效率和教学的水平，使学生能够在较短的时间内掌握更多的知识和技能，并受到全面的思想道德教育，得到全面的发展。因此在进行体育教学方法的选择时，要注重教学方法选择的科学性，结合学生的身心发展特点、教师的教学水平、教学设备和环境以及教学的知识和特点进行教学内容的安排。创新是教育的根本，只有创新才能有更大的突破，因此在进行教学方法的选择和优化的过程中，要注重教学方法的创新，激发学生的学习兴趣。最重要的还是要突出教学评价的激励作用和功能，使教学评价成为检测和完善教学过程的依据。

5. 优化体育教学评价，使之具有激励性

体育教学评价能够检测体育教学方法是否科学、教学过程是否合理，同时还能检测教师的教学水平，是教学过程不断优化和完善的前提，教学评价能够使教师不断地发现教学中的问题，然后进行解决和改正。由此可见，教学评价是教学过程中的重要环节，在进行教学评价的优化和制定时，应该注重评价的全面性、民主性、科学性和发展性，最重要的还是要注重提出评价的激励作用和功能，使其更好地为教学活动服务。

6. 优化学生

学生在体育教学活动中，发挥着自身的主体性，这种主体性是其主体结构的功能表现。学生在体育教学过程中应该发挥自己的主观能动性，参与体育教学内容的选择，表现出参加体育学习和锻炼的愿望、动机和兴趣，通过练习获得一定的运动经验、运动能力和运动技能储备等。在体育教学过程中，只有全面发展学生的创造性、主动性、独立性，才能促使学生掌握体育知识、技能，发展能力，形成合理的主体结构。全面构建学生主体活动，是体育教学过程优化的内在要求和重要机制。为了优化体育教学过程，促进学生全面发展，必须科学设计和组织各种活动，丰富和健全学生主体活动的领域，并使其有机协调以形成整体合力。

二、体育教学过程的管理

从管理学的角度来看，体育教学的过程实际上也是一个管理的过程，其中所涉及的管理内容主要包括：计划的制订、计划的执行、信息的反馈和计划的评估等一些管理学理论。从提高效益的角度来讲，体育教学过程非常注重对教师教学能力和素质的管理，而且注重对学生的学习态度和学习行为的管理。不仅要注重对课堂秩序的管理，同时还要注重对课堂中所出现的教学问题的管理，既要对学生进行必要的行为约束，也要对学生的学习氛围和环境进行科学的管理。

第六章

高校体育教学组织管理体系的构建及发展

第一节 体育课堂教学组织管理的内容及方法

一、体育教学课堂组织的概念

对体育教学的课堂组织形式研究是体育教学理论研究的重要课题。体育教学组织是指教师根据体育教学特点、教学任务、内容、学生、场地器材、规范等进行合理安排所采取的措施，体育教学课堂组织的内容主要包括体育课堂常规、队列和体操队形的运用、分组教学和场地器材布置。体育教学课堂组织形式是体育教学活动中师生相互作用的结构形式，是联系教师的教和学生的学之间的纽带。教学组织形式运用的合理与否不仅直接影响着教学过程的速度与规模，而且影响着教学的质量和效果，体育教学课堂组织形式反映的是教学活动中人员、时间和空间的组织和安排，当我们从教学组织形式的角度来说明一种教学活动时，我们至少必须从人员、时间和空间等方面来加以考虑，否则就不可能对教学组织形式有全面的了解。

体育教学采用什么样的课堂组织形式并非仅受客观因素制约，还受一定的主观因素影响，主要表现在体育教师对多种可以采用的教学组织形式进行抉择，也表现在对原有的体育教学组织形式进行目的性的整合、改造和创新。

体育教学的课堂组织形式指的是在体育教学活动中，为了实现具体的教学目标，体育教师和学习者所采用的结合的方式，这些方式并不是固定的，可以根据实际条件而具体采用。体育教学组织形式的特征，具体来说有以下三点。①有一定的教学程序，而且这些教学程序是教师和学生所必须服从的，实行集体上课的形式或以小组学习的形式进行。②有一定的时间限制，教师和学生的活动不能无限期进行，要提高活动的效率，也要在规定的时间完成规定的活动。③有一定的搭配关系，教师和学生在互动中并不是散乱无章，没有互动或对话的，他们以间接或直接的方式相互影响、相互作用。

二、体育课堂教学组织的特征

（一）多维性

体育教学组织形式反映的是教学活动中人员、时间和空间的组织和安排等。教学组织的多维性也决定了体育教学活动有多种教学组织形式，即人员的、时间的和空间的组织形式是同时并存的。例如，某种体育教学活动在教学的组织上是采取分组教学，在教师的组织上是采取小队教学，在时间的组织上是采取活动课时制，在空间上是采取课堂教学等。也正因为教学组织形式在客观上是多维的，因此对它的研究也要全面、完整地进行。

（二）多样性

体育教学组织形式的多样性与教学组织形式的多维性具有密切的关系。但从体育教学组织本身的历史发展过程来看，也是从简单到复杂，由单一向多样发展的，如个别教学——班级教学——分组教学——群体教学等。但这种发展过程并不意味着后一种形式是对前一种形式的否定，更多的是作为一种补充和发展。

因此，当代体育教学组织形式的现状是多种教学形式并存、共同发展。体育教学组织形式的多样化又是与它的各种制约因素——教学目标、教学内容、教学对象等分不开的。随着人们对教学目标的认识更加全面，对体育教学内容、结构的研究更加深入以及对教学对象及其特点的认识更加科学化，势必会使得体育教学组织形式出现新的发展和变化，从而使体育教学的组织形式变得更加多种多样。

三、体育教学课堂组织的基本形式

（一）集体教学

1. 班级授课制

班级授课制是由一定数量年龄、文化程度和体育基础的学生组成教学班，教师根据规定的教学内容、教学进度、教学时间表，对学生进行集体教学的一种组织形式。班级授课制也叫作课堂教学，具有五个"固定"的特点：一是学生固定，按照学生年龄、文化程度和体育基础分成固定人数的班级，通常由30~50名的学生组成；二是教师固定，一般由同一名体育教师对同一班级进行教学，教师对该班体育课全面负责；

三是内容固定，教师根据课程标准和教材向学生传授统一的体育教学内容，统一教学进度；四是时间固定，有统一的教学日历，还有统一的作息时间表，保证了课与课之间的合理衔接；五是场所固定，有相对固定的运动场地或场所。

2. 分组教学制

分组教学是教师把学生按体育运动能力或成绩分为不同的组别进行学习的组织形式。在体育教学中，一般可以采用以下分组形式：性别分组、帮教型分组、同质分组、兴趣分组、友伴型分组、异质分组、健康分组、随机分组等。

以上各种分组形式并不是孤立的，有时一节课上会综合运用多种分组形式。在实际教学中还有其他许多分组形式，如按身高、年龄、性格、纪律性等分组方法，体育教师可结合实际情况灵活选择，合理把握。

（二）个别教学

个别教学是体育教学组织的基本形式之一，其优点是可根据每个人的能力和特点进行不同的教学指导，纠正个别学生在技术掌握上的个性错误。由于每个人的兴趣、爱好不同，在体育组织教学形式中个体差异是普遍存在的。随着现代教学理论的突破和教学实践的探索，体育教学个性化的趋势也日益明显。个别教学能充分照顾到每一个学生的不同情况和特点，从而适应并注意学生的个性发展，激励学生主动积极地参加学习活动，培养学生按自己的实际情况自我学习、自我发展。在个别教学的组织中，学生除了直接与教师发生联系外，学生之间也存在着密切联系。在教学中，让学生自由结成"友伴群体"，按教师的要求去创造性地锻炼，在互为教练、互相帮助的过程中，更好地发挥学生学习的自主性、积极性和主动性。

四、体育课堂教学的组织与实施

（一）体育课的准备

体育课的准备就是备课，这是体育教师在正式上课前需要完成的一项重要工作。为了高效地完成备课工作，体育教师需从以下几方面进行努力。

1. 钻研教材

体育教师应深入研究体育教学指导纲要，明确不同的教学内容所对应的教学目标，了解在每节课的教学中都需要完成什么任务，熟知教学的相关要求，从一定的广度与深度上把握体育教材，避免专门挑选深奥晦涩的超出学生理解能力的内容，否则会影响学生学习的积极性与学习效果。体育教师尤其要重视对每节课重点教学内容和教学难点的把握，以此来提高体育课堂教学效果。

2. 了解学生

体育课堂教学的对象是学生，学生也是体育课堂学习的主体，因此，从一定意义上可以说体育课堂教学是完全为学生服务的，为了尽可能满足学生的需求、促进学生的发展，体育教师需在上课前了解学生的基本情况，包括学生的身心特点、认知基础、运动能力、特长优势、缺陷不足、体育兴趣爱好等，这样才能保证体育课堂教学安排与学生的特点及实际需求相符，才能充分满足学生的需求、发挥学生的优势、弥补学生的不足、促进学生的进步。

3. 设计组织教法

体育教师在备课时，应将体育课堂教学的任务明确下来，然后再对有利于完成体育课教学任务的课堂教学内容进行选择，对体育课堂教学方法进行科学设计。此外，在选择与设计内容及方法的过程中，还应综合考虑学校的场地设施条件和教师自身的教学能力，提高内容与方法的实效性。

4. 编写课时计划

在体育课正式开始之前，体育教师应将课时教学计划确定下来，在计划中简单描述课堂上要进行的教学活动，设计组织教学。课时教学计划其实就是我们平时所说的教案，教案就是体育教师所做的备课工作的成果，体育教师一般应根据教案来组织课堂教学。体育课时教学计划应该包括以下内容。①课堂教学目标。②课堂教学内容。③课堂教学重点和难点。④课堂教学方法。⑤课堂教学中需要用到的场地器材等。

5. 准备场地、器材

在正式上体育课之前，教师要准备好场地器材及相应设备，要根据体育课堂教学的需求布置教学场地，从而为这节课的顺利开展提供方便。

（二）体育课的实施

完成体育课堂教学的目标和任务、提高体育课堂教学的质量是体育课实施的主要目标，而为了实现该目标则需做到如下要求。

1. 明确体育教学目标

体育教师只有清楚本节课要实现什么样的目标，有了明确的方向，才能有针对性地开展教学活动，避免走弯路，从而省时高效地提高教学效果。

2. 选择与实施正确的教学内容

体育教学内容丰富多样，但每节课的教学时间是有限的，在有限的时间内要实施哪些教学内容，是广大体育教师需要考虑的事情。一般来说，体育教师应根据本节课的目标、任务、学生的需求和基础以及教学纲要的相关规定来选择体育课堂教学内容，而且要尽可能地选择具有健身性、文化性、实效性、科学性、可接受性等特征的教学内容。

3. 采用恰当的教学方法

体育教学方法有很多种，选择什么方法进行教学取决于教学目标、任务及内容。此外，学生也是主要决定因素。体育教师应在综合考虑这些要素的基础上进行选用，充分发挥出体育教学方法的作用，灵活组合多种教学方法，优化体育课堂教学效果。

4. 严密组织课堂教学

体育教学包括教师的"教"和学生的"学"，所以教师在体育课堂教学中应给学生留出自主学习的时间，使学生能够慢慢"消化"本节课所学的内容，及时发现问题，体育教师应及时帮学生解答问题，避免问题的遗留，这对于保证教学效率和教学效果具有积极的意义。

五、体育课堂教学管理的内容

（一）体育备课管理

体育教师在上体育课前进行备课并不是一项随意性的工作，需要遵循一定的规定和要求。为了提高备课效率和教案的实效性，管理者需从以下几个方面要求体育教师。①要求体育教师以教学大纲、学校规定、学生情况、场地器材条件等因素为依据进行备课。②要求体育教师在编写教案时，采用精练、准确的文字描述教案内容。③对体育教师编写教案的规范化程度、详略程度等作出具体要求。④对体育教师的备课能力提出一定要求，通过教案评比来对体育教师的备课能力进行评价。

（二）体育课堂管理

第一，为了检查体育课的实施情况，督导体育教师和学生，管理者需安排一定的看课、听课环节，也就是组织公开课，借此机会深入到课堂中，对师生进行监督与指导。

第二，管理者管理体育课堂教学的主要目的就是提高课堂教学效率与质量，取得良好的课堂教学效果，为此，管理者应尽最大努力给予必要的支持。在一些实际问题面前，帮助体育教师共同解决与处理，从而营造出一个优良的有利于教师"教"和学生"学"的教学环境。

第三，在体育课上，学生主要由体育教师管理，体育课的教学效果如何直接受体育教师管理的影响。为了更好地管理学生，利用有限的时间上好体育课，达到目标，完成任务，体育教师需提前建立好课堂规则，对学生进行分组，安排好场地器材，对要讲的内容和要采用的教学方法做到心中有数。体育教师也可以要求体育委员或班干部协助自己管理课堂纪律。

（三）体育课结束管理

在距离体育课结束还有 10 分钟左右时，体育教师应简单地总结本节课的教学内容和教学目标达成的情况，然后另行说明下节课要讲什么，给学生布置作业，组织学生将器材放回原位，将场地整理好，按时下课。

六、体育课堂教学管理的方法

（一）集体教育方法

在体育课堂教学中，体育教师应使用集体教育方法进行管理，主要是因为通过集体成员之间的交往可以使巨大的教育力量得以形成，发挥这一教育力量的作用能够提高教学效率，促进体育课堂教学目标的顺利完成与实现。此外，该管理方法对于营造良好的课堂教学氛围、激发学生学习的主动性与积极性也有着重要作用。

（二）分组控制方法

分组控制管理方法就是监督体育课堂教学的活动，看体育课堂教学是否正向着既定的目标方向发展，如果偏离了目标和方向，需要及时干预和纠正，使其重新回归目标方向，从而促进体育课堂教学目标的实现。

在体育课堂教学中，如果要组织各组学生进行讨论学习，可以采用分组控制的方法进行管理。

第二节 体育课堂教学管理及课外体育活动管理

一、体育课堂教学管理

（一）体育课堂教学中意外伤害事故管理

在体育教学活动中，总是会由于各种原因而不可避免地发生学生人身伤害（肢体残疾、组织器官功能障碍及其他影响人身健康的损伤）或死亡事故。为了避免这种情况的发生，需要在体育课堂教学中加强安全管理，严格贯彻安全第一的原则，有效预防伤害事故的发生。在伤害事故发生后，应及时采用正确的方法处理，最大限度地减少伤害与损失。下面主要分析一下体育课堂教学中意外伤害事故的预防措施与处理方法。

1. 意外伤害事故的预防

①学校在建设场地设施、购置教学器材与设备时，必须要确保场地器材符合国家和省、市的有关规定，并已达到相应的安全标准。②学校的体育工作人员应认真履行自己的职责，并做好沟通及交流工作，尽可能消除安全隐患。③对管理和保护学生的各项规章制度进行建立与实施，这要在充分考虑不同学生的身心特点以及教育特点的基础之上进行。④学校中的各种安全保障措施应尽可能健全与完善，应杜绝形式主义。⑤学校严格按照操作规程组织体育活动，做好安全检查工作，防患于未然。

2. 意外伤害事故发生后的处理

①根据不同的伤害事故采取相应的措施进行抢救，这就需要施救者先对伤者的伤情进行判断。医务室的工作人员一般可以处理轻伤，而如果伤者伤势严重则应及时联系"120"。②及时通报学生的安全情况。如果学生伤势严重，应及时向学生家长、学校领导和有关部门通报情况，将事故发生的时间、地点、原因、后果等一一说明，各方力量团结一致共同面对。③根据实际情况填写事故报告，如有必要，需提供人证、物证和法医鉴定报告。

（二）体育课堂教学质量的评价管理

以一定的标准作为依据评价体育课堂教学效果，并以评价结果为依据对体育课堂教学进行改革，促进体育课堂教学质量不断提高的过程就是所谓的体育课堂教学质量评价。

对体育教师的业务水平进行考核，需要采用体育课堂教学质量评价的方法，通过这一方法可有效促进体育教师教学水平的提高，促进体育教学任务的完成。

体育课堂教学质量评价在体育教学中受到了一定重视，在具体的评价实践中，定性评价与定量评价一般是结合起来运用的。评价内容倾向于综合评价，评价体系呈现出了多维性和立体性的特征。在评价过程中，应重视现场评价，并考虑平时的教学检查结果，从客观上对体育课堂教学质量进行科学的综合分析与评价，体育课堂教学质量评价的类型见表7-1。

表7-1 体育课堂教学质量评价的分类

分类方法	类型
依据评价对象分类	教师教学评价
	学生学习评价

续表

分类方法	类型
依据评价内容分类	专题评价
	全面评价
依据评价方式分类	自我评价
	他人评价

二、课外体育活动管理

(一) 课外体育活动概述

1. 课外体育活动的概念

课外体育活动是学校在体育教学大纲和教科书范围以外，对学生进行的有计划、有目的、有组织的教育活动。课外体育活动是课堂体育教学的补充，前者在后者的基础上进行，二者相互促进、相辅相成，将课堂体育教学与课外体育活动充分结合起来有利于对学生智力和能力的培养、有助于学生的全面发展。因此，加强课外体育活动管理至关重要。

2. 课外体育活动的类型

课外体育活动的类型见表 7-2。

表 7-2 课外体育活动的类型

类型	特点	表现形式
自发性体育锻炼	第一，学生利用课余时间参与 第二，学生独立或结伴参与 第三，在校内外参与均可	参加俱乐部活动 参加单项体育协会的活动等
有组织的体育锻炼	第一，与作息制度相结合 第二，有一定的组织和要求	早操、课间操 班级体育锻炼 全校课余体育锻炼活动 有组织和指导的课外活动等

(二) 课外体育活动管理的内容

课外体育活动管理内容如下。

1. 早操、课间操的管理

(1) 早操

早操主要是练习徒手体操，也可以组织学生跑步，练习武术，组织一些轻松的游戏等，时间为 15~20 分种，以较小的生理负荷为宜。关于早操的内容，学校可以统一安排，也可以由学生自选，以满足不同学生的需求。早操结束后，应检查活动效果。

（2）课间操

课间操时间一般为 15~20 分钟，以较小的生理负荷为宜。可参照早操的内容和方法来组织课间操活动。

（3）早操、课间操的管理要点

在早操、课间操的管理中，应注意以下几个要点。第一，在"两操"时间必须要组织学生做活动，如无特殊情况不得占用这个时间，切忌搞形式主义。第二，安排专门的人员组织早操、课间操，班主任、体育教师要做好配合工作。第三，学生干部应发挥好自己的带动作用与积极影响。第四，向全体师生宣传"两操"的重要价值，提高学生的参与积极性和教师的自觉性。第五，举行会操表演、比赛等，检验"两操"质量，并提高练习效果。

2. 班级体育锻炼

班级体育锻炼在时间、内容、组织及生理负荷等方面的要求比早操和课间操的要求更多，而且更高。在安排班级体育锻炼的活动内容时，可以结合体育课教学内容，也可以结合学校传统项目和学生喜欢的项目进行安排。

3. 体育节管理

体育节的形式主要有两种，一是"体育周"，二是"体育日"。有关体育文化节的组织与管理下面会详细分析，这里不再赘述。

4. 节、假日体育管理

学校可以利用节、假日组织开展校内或校外的各种体育活动。

（1）校内活动

在学校内组织活动时，应将现有的场地器材等活动条件充分利用起来，使活动顺利举行，使学生的需求最大限度地得到满足。在校内活动的管理中，参考相关的条例。

（2）校外活动

登山、远足、郊游、游泳、野营等是学校组织的校外活动中常见的几个内容。组织校外活动应加强领导与组织，将安全及卫生方面的问题高度重视起来，预防学生受伤。

（三）课外体育活动管理的要求

1. 学校有关部门重视对课外体育活动的管理

在课外体育活动管理中，学校体育教研室、班主任、体育教师、学生会等都应发挥出重要作用，这些管理主体应发挥自身的主动性与能动性，切实管理好课外体育活动。

2. 加强学生组织建设

课外体育活动的开展需要学校的指导、学生的参与、社会的关注以及家长的支持，因此应充分调动各方面的力量，对适合不同年龄学生需求的课外体育活动组织进行建立，使学生能够在组织的完善保障中参加课外体育活动。同时，学生体育骨干在课外体育活动管理中发挥的作用也非常重要，因此应积极培养优秀的学生体育骨干。

3. 合理安排活动时间，提供必要的物质保证

为了保证能够将学校的场地器材充分利用起来，为课外体育活动的举办提供良好的物质条件，需要合理安排课外体育活动时间，根据时间安排来运用场地器材。学校应加大体育场地设施建设力度，购置合乎标准的体育器材设备，以充分满足不同类型体育活动开展的需要。

4. 加强对课外体育活动的宣传

学校应广泛宣传课外体育活动的重要性，在立足实际的基础上有针对性地开展思想教育工作，实施形象化、多样化的体育教育。学生、家长是宣传的主要对象，因此应从以下两方面展开宣传工作。

①向学生宣传课外体育活动科学方面的知识与技能，提高学生参加课外体育锻炼的积极性。②通过宣传课外体育活动的功能与价值，使家长深刻认识到体育锻炼对子女健康的促进作用，从而支持、鼓励子女参与课外体育活动，督促子女参加体育锻炼。

5. 积极举办各种活动与比赛

学校组织的课外体育活动及竞赛必须是多种多样、丰富多彩的，这样才能吸引不同兴趣爱好的学生，才能满足不同学生的需求。对此，各级教育部门、体育行政部门及相关社会组织都要充分发挥自己的作用与职能。有些学生体质较差，对于他们而言，更需要参与简单易行、锻炼价值大的体育活动，如长跑等。只有明确了学生的特点与需求，才能提高课外体育活动的举办效果。

6. 建立规章制度

要持久有序地开展课外体育工作，需要对有关法规制度、考勤制度，检查评比制度、定期测验制度等相关制度进行制定，并不断修改和完善，然后积极贯彻与实施，从而为学生参加课外体育活动提供更全面的保障。

7. 加强安全管理

学生参加课外体育活动，会因为很多原因而受伤，极个别的甚至会面临生命危险，对此，学校必须要加强安全管理，做好医务监督工作，促进学生健康地参与活动，并在活动中获得更高水平的健康。

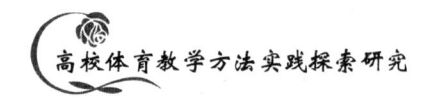

（四）体育文化节的组织与管理

1. 体育文化节的主要形式

（1）体育比赛和表演

① 田径比赛。在学校体育文化节中，田径运动是主要项目之一，其所占比重较大。田径运动内容丰富、项目多样，不管是个人项目还是集体项目，都可以将学生的积极性激发出来。

② 各种球类比赛。学校体育节中的球类比赛项目也占有较大的比重。球类项目竞争性强，而且趣味浓厚，深受学生的喜爱，这类运动的开展促进了学生文化生活的丰富。

③ 健美操。健美操是可以促进身体各部位的发展，是体操及舞蹈的结合，而且会有音乐伴奏。健美操的动作比较简单，学起来容易，而且实效性强，动作连续，造型优美，具有健身、健心、健美等特征，有助于增强体质，塑造优美的体形和姿态。

④ 体育知识竞赛。学校开展体育知识竞赛有利于使学生充分了解并掌握体育知识，提高学生的体育知识学习效果，在知识竞赛中融入体育的竞争性，使竞赛对学生产生出强大的吸引力。

⑤ 体育知识讲座。在学校开展有关体育目的任务、健身价值、社会价值等方面的知识讲座非常必要，这有利于促进学校体育运动的发展，使学生充分意识到体育锻炼的重要性，从而将学生参加体育锻炼的意识与热情激发出来。在体育节中开展体育知识讲座应注意选择与当前热点有关的主题，选择符合学生实际情况且容易被学生接受的内容，安排理论水平较高及具有名人效应的人进行讲授。

（2）不同时间段的体育节形式

在校园体育文化建设中，学生是非常重要的主体，对健康、活跃，积极向上的体育文化氛围进行营造，能够促进学生的身心发展。在学生的课余生活中，体育活动是非常重要的组成部分，体育为学生课余生活的丰富提供了重要的条件。因此，为了促进学生的全面发展、丰富学生的生活，学校应利用节假日、双休日、纪念日来组织全校或以年级、班级为单位的体育节。

学生在双休日可以自由支配时间，学校应以学生的特点和需求为依据对可以增加学生才干，使学生放松娱乐的课余活动进行组织，以满足不同学生的需求。青少年学生充满着活力和朝气，富于创造性，他们喜欢便于普及又具有欣赏性、挑战性的文体活动，因此，学校可以在双休日组织体育比赛，让学生通过参与体育比赛缓解学习压力，发挥个人特长，充分放松自己。

除此之外，节日、纪念日期间也是学校组织体育文化节的重要时机。节日、纪念日本身就具有教育的含义，在此期间对学生进行思想品德教育是比较合适的，学校历来都很重视对学生的思想品德教育,所以利用节日、纪念日的时间组织活动是很有意义的。学校组织的体育文化节形式应丰富多样,要不拘一格、不断创新,避免每年都雷同,各校应以本校学生的特点和需求为依据来对本校体育文化节进行有针对性的组织,鼓励全体学生都参加。

2. 体育文化节的组织与实施

(1) 方案制定

学校领导以活动的工作环节、内容等具体工作为依据将一个基本框架拟定下来,具体实施方案由承办部门拟定。总实施方案的内容包括以下几个方面。

① 组织领导

体育文化节领导小组由学校主管体育的领导以及体育部、宣传部、团委、保卫部等有关部门的负责人共同组成,主要由主管体育的校领导挂帅。领导小组下设的办事机构主要包括活动组织部、新闻宣传部、安全保卫部等,这些办事机构的工作协调和管理工作由领导小组的副组长负责。办事机构的职责及任务见表7-3。

表7-3 学校体育文化节主要办事机构及职责任务

办事机构	职责与任务
活动组织部 (主体机构)	(1) 制定总的实施方案,总体安排全校体育节的活动,如安排活动组织部主要活动内容、活动时间、活动场地等; (2) 掌握基层准备工作的落实情况; (3) 在活动过程中做好各方面的沟通、检查、督促工作办事机构
新闻宣传部	(1) 对活动期间的新闻宣传方案进行制定; (2) 加强新闻报道人员的组织; (3) 通过校广播电台宣传报道体育节的动态信息
安全保卫部	保障体育节安全顺利地举行

② 活动形式与时间

将体育节整个活动的具体时间确定下来,具体规定将要采取的组织形式,如体育表演、体育比赛、体育知识竞赛、体育讲座等。这些组织形式可以是全校性的,也可以是学院或班级范围内的。

③ 制定活动规程

体育节活动规程内容如下。第一,根据组织方案将本次活动的目的、任务、主办单位、活动日期、活动地点、参加单位及级别等事项明确下来。第二,以体育节的性质、规模、级别、参与者的实际情况等为依据来对比赛项目进行设置,根据参与者的实际水平明确规定比赛规则、器械重量和规格要求。

(2) 思想发动

第一,召开领导小组会议,将实施方案中的任务、要求讲解清楚,将思想及步调统一起来。召开各层领导小组负责人会议，听取汇报，对各项情况进行检查并及时落实，上下级应做好协调。第二，通过校电台和校报向全体师生宣传与报道活动的相关信息。第三，积极动员所有工作人员，使他们高度重视体育节的活动，严肃认真地履行好自己的职责。第四，做好全体师生的思想教育和组织工作，使他们对体育节的目的与价值有充分的认识，号召全校师生积极参加活动。

（3）落实方案

在体育文化节的举办过程中，第一步就是制定实施方案了。将方案落到实处，严密组织与实施活动流程，取得理想效果，才是最主要的目的。应通过有效组织，有序开展体育文化节活动，有意识地调整参与者的活动，充分调动各方面的力量，规定各成员的职责及相互间的关系，充分发挥整体功能，实现整体优化的目的。

（五）课外体育活动管理的延伸——课余体育竞赛管理

1. 课余体育竞赛的管理机构

学生运动会尤其是大型学生运动会的组织与举办必然会有主办单位、协办单位以及承办单位，对于我国而言，国家体育总局、教育部、共青团中央是学生运动会的主办单位，承办单位和协办单位分别是当地政府和教育部学生体育协会。从这些单位各自的地位来看，政府部门和社会团体是我国课余体育竞赛的主管部门，前者包括国家体育总局、教育部，后者包括共青团中央和教育部学生体育协会。

具体而言，学生课余体育竞赛的主管部门是教育部，课余体育竞赛的授权管理单位是教育部学生体育协会，课余体育竞赛的业务指导部门主要是国家体育总局及其下属各个项目协会。

2. 课余体育竞赛的管理过程

课余体育竞赛的管理包括五个阶段，分别是竞赛准备阶段、竞赛计划阶段、竞赛实施阶段、竞赛控制阶段以及竞赛结束阶段。

在课余体育竞赛管理的不同阶段，都有着各自的任务及目标。例如，在竞赛准备阶段需要完成的任务主要有以下几个方面。①形成设想。②环境扫描。③可行性分析。④举办准备等。

在竞赛计划阶段需要完成的任务包括以下几个方面。①情形分析。②目标设定。③战略管理。④作业计划（竞赛计划、营销计划、财政预算、风险管划、人力资源计划、后勤保障计划、信息技术管理）。在以上任务与流程中，作业计划至关重要。为了做好作业计划的管理工作，一般应采用流程图的方法来预防比赛中出现疏漏。网络分析技术图和甘特图是常见的流程图形式。

（六）课外体育活动管理的评估

1. 评估原则

（1）目的性原则

在课外体育活动管理的评估中，每项工作的实施都是为了达到一定的目的。课外体育活动管理评估的目的主要表现在两个方面。

第一，对管理工作绩效进行检查，看是否达到了工作目标，找出问题，分析原因，不断修正管理计划，为总体目标的实现而努力。

第二，"以评促建、评建结合、重在建设"，通过评估来更好地开展下一步的管理工作。

（2）方向性原则

正确的指导思想是课外体育活动管理评估的基础条件，在管理评估过程中，必须要遵循相关的政策、规划、法规、制度等，以确保评估的大方向是正确的。

（3）客观性原则

在建立评估指标体系的过程中，能定量和可测定的评估指标与评估方式是首选，旨在通过评估将课外体育活动管理工作的实际情况比较公正、客观地反映出来。此外，在建立评估指标体系过程中还应注意对同类评估对象共性内容的选择，将评估体系的标准化严格控制好，将评估尺度的一致性把握好，通过评估结果对同类事物的优劣和差异进行比较与权衡。

（4）科学性原则

在课外体育活动管理评估中，应坚持科学性原则，对采用符合评估对象客观规律的评估标准和方法进行评估，将其中对事物本质具有决定性作用的主要因素和内在联系体现出来，尽可能精确与量化，减少主观估计的成分。为此，应有机结合定性评估与定量评估两种方法来进行评估。

（5）可行性原则

在学校课外体育活动的管理中，难以确定的客观标准和不能量化的因素有很多，所以在制定管理评估指标体系时应要将管理评估的可行性考虑在内。

2. 评估的基本要求

（1）思想与组织双落实

对于课外体育活动管理的检查与评估工作，学校领导应高度重视，通过组织不同形式的学习，使全校师生对检查与评估的重要意义有明确的认识，从而能够对检查评估工作予以重视。同时，应对由各类有关人员组成的自评队伍进行建立，以有关文件精神和评估方案为依据，结合本校的实际情况，客观地展开自评工作。

（2）提高评估的信度和效度

评估方案的科学性直接受评估信度与效度的影响，因此，有关专家一定要认真、仔细地对评估方案进行研究与制定，突出评估方案的科学性、准确性和客观性特征与优势。同时，在正式评估前一定要注意对评估组成员和被评对象的培训，使评估主体对制定好的评估方案认真学习和研究，严格按照评估方案进行评估，对评估的尺度应准确把握好，对评估误差应及时修正，实事求是、客观全面地评估课外体育活动管理情况。

（3）坚持经常化和制度化

检查与评估学校课外体育活动管理应长期坚持下去，并形成制度。只有经常进行评估，才能不断促进评估方案、评估方法的完善，最终促进评估质量的提高。提高评估质量有助于对学校课外体育活动开展的成功经验进行深入总结，有助于学校课外体育建设的加强，能够进一步提高课外体育活动的水平与质量。

（4）注意信息反馈

课外体育活动管理评估的过程包括信息收集、加工、反馈等环节。评估结果综合反映了各类评估材料和相关数据的真实性与有效性，学校主管部门及学校领导能够依据评估结果进行科学决策。因此，在课外体育活动管理的评估过程中应注意信息反馈，并科学加工、提炼反馈的信息，以促进整体管理效益的提高。

按照学校体育活动管理评估的原则、要求以及程序，有关人员制定了一套学校体育管理综合评估指标体系，以供学校体育管理人员参考，其中包括学校课外体育活动管理评估的指标。

3. 评估的组织实施

（1）准备阶段

在学校课外体育活动管理评估的准备阶段，需要完成以下工作。第一，明确组织评估部门及评估范围。第二，对评估目的进行确定。第三，选择合理的评估方法。第四，对评估指标体系进行制定。第五，科学安排评估进度。第六，组织遴选评估成员。第七，将评估用具准备好。

（2）实施阶段

在学校课外体育活动管理的评估过程中，实施阶段是中心环节，其直接决定了评估的效果。该阶段主要应完成以下工作。第一，对评估信息全面收集。第二，对收集的评估信息进行科学处理。第三，做出正确的评估结论。

（3）总结阶段

在总结阶段，应向学校及时反馈评估结果。肯定课外体育活动管理的成绩，找出其中的不足与问题，帮助学校及时调整管理计划与方案。学校对检查评估组的工作应积极配合，认真听取意见，不断改进课外体育活动及管理的质量。

第三节 体育课堂教学组织及管理的决策及计划

一、体育课堂教学组织与管理的决策

(一) 体育课堂教学组织与管理决策的含义

体育课堂教学组织与管理决策指的是通过分析、比较，结合实际情况选定最优体育课堂教学组织与管理方案的动态过程。

(二) 体育课堂教学组织与管理决策的分类

体育课堂教学组织与管理决策的分类方法见表7-4。

表7-4 体育课堂教学组织与管理决策的分类

分类依据	类型
决策的性质	程序化决策
	非程序化决策
决策的作用	管理决策
	业务决策
	战略决策
决策问题的条件	确定型决策
	不确定型决策
	风险型决策
决策采用的方法	经验决策
	科学决策

(三) 体育课堂教学组织与管理决策的程序

体育课堂教学组织与管理决策的程序具体分为以下几个步骤。①确定体育课堂教学组织与管理决策目标。②制定体育课堂教学组织与管理备选方案。③评价体育课堂教学组织与管理备选方案。④选择体育课堂教学组织与管理最佳方案。⑤体育课堂教学组织与管理决策执行效果反馈，总结管理的经验和教训。

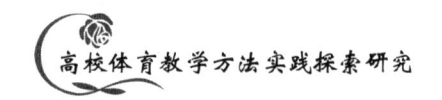

二、体育课堂教学组织与管理的计划

(一) 体育教学工作计划

现代体育教学工作的开展离不开宏观指导，而体育教学工作计划就是宏观指导文件，制定体育教学工作计划应在全面贯彻国家制定的体育教学大纲的基础上进行，应以此为依据对整个教学工作作出科学安排，从而促进教学工作目标的顺利完成。体育教师开展体育课堂教学，需要以此为依据。

体育教学工作计划包括全年体育教学工作计划、单元体育教学计划和体育课时教学计划等几种类型。

(二) 学年体育工作计划

体育教师开展体育课堂教学、实施体育教学管理，也应以学校体育工作计划为依据而进行。学年体育工作计划是在长期规划的基础上制定的，在制定过程中，要对国家的教育和体育方针、上级领导机关的指示精神加以贯彻，对学校体育工作的中心任务及要求进行深入了解与分析，对上学年或上学期体育工作进行全面总结。在这些基础上，立足于学校实际科学合理地进行制定。

(三) 场馆、器材管理计划

在体育课堂教学管理中，场馆器材也是重要的管理内容，因此应对场馆器材管理计划进行合理制定。场馆管理主要包括场馆建设、维护等内容，器材管理主要包括器材购买、维修等内容，学校应在考虑本校体育发展情况的基础上进行这些方面计划的制定，将学校现有的财力、物力资源充分整合起来，优化配置，最大限度地发挥出这些资源的作用，保证体育教学活动顺利实施。

三、体育教学课堂组织形式的发展趋势

(一) 向个别化方向发展

由于个体差异的普遍存在，当今体育教学开始逐渐重视个别教学，认为个别教学可以最充分地照顾到每一个学生的不同情况和特点。然而现实条件不可能进行教师与学生"一对一"的个别教学，在这种情况下，要进行有效的班级教学向个别化教学的方向发展。个别化教学能采用较灵活的方式组织学生，使每一个学生在学习每项教材时，都按其能力和许可程度前进，并能充分发挥每个学习者的最大潜能，使教学适应个体差异。个别教学还能适应并注意学生的个性发展，激励学生主动积极地参与学习

活动,培养学生按自己的实际情况自我学习、自我发展。个别化教学体现出来的这些优点已被公认,其与现代化教育技术手段相结合,特别用多媒体技术来辅助教学,使它在教学媒介和手段上更为先进,效果更好,虽然个别化教学也有缺点,但是体育教学改革的实践表明,向个别化教学方向发展正是教学组织形式发展的大趋势之一。

(二) 向以学生为主体的方向发展

当前一些新的体育教学组织形式主要强调的是学生在教学活动中的积极性、能动性和探索性,注重的是学生在教学活动中的主体作用,主张的是学生自律、自主地进行学习,属"学习型"教学组织形式。例如,分层次教学、友伴群体教学等,对大面积提高体育教学质量、改善体育教学的心理气氛可以起到积极作用。体育教学组织由"教型"向"学型"方向发展,说明体育教学理论的发展方向发生了变化,正在从"教论"向"学论"转变。

(三) 向综合化发展

教学组织形式的发展和变革,使人们认识到只有把各种教学组织形式有效地结合起来,才能发挥其长处,取得更好的教学效果。因而在体育教学中,应该有意识地选择教学组织形式,把全班教学、小组教学和个别教学这三种形式经常结合在一起,同时保持某种教学形式在某个阶段的主导作用。[①]

(四) 向多样化发展

在体育教学改革的过程中,涌现了多种多样的教学组织形式,尽管它们考虑和设计的角度不一,但都具有一些共同的特征,力图使体育教学适应每个学生的兴趣、能力和需要,让每一个学生都达到尽可能高的发展水平,它们各自存在合理的因素,因此多种教学组织形式是并存不悖的。同时,多种教学组织形式并存是与不同地区、不同发展水平、不同教育发展程度、不同的教学目标相适应的。如班级授课制具有多、快、好、省的优点,适合用于较落后的地区;个别化教学的教学质量高,易发挥学生的主动性,教学条件要求也高,因而适合于较发达的地区。多种不同的教学组织形式并存,也同各个地区、学校、学生的不同实际情况相适应。班级教学、分组教学、个别教学等各种形式均有适用的范围和条件。另外,从体育教学过程来看,教学是一个动态的过程,教学对象是相互作用的人、不断发生变化的人,如果仅以一种不变的教学形式和模式去应对不同的教学对象,也是不适合、不科学的,因而教学组织形式向多样化发展是必然趋势。

---

① 王丽丽,许波,李清瑶. 教育技术在高校体育教学中的实践探索 [M]. 吉林人民出版社,2021.

第七章

高校生体育能力及培养

第一节 高校体育能力及培养

一、大学生体育能力的含义

能力主要是指基于一个人的某些生理和心理素质，在认知和实践活动中形成和发展完成某些任务的能力。因此，体育能力就是一个人基于体育知识和运动技能，并借助各种方法和手段，对自身的体育实践活动起稳定调节作用的个性心理品质，以及操作行为的一种综合能力。大学生运动能力主要分为运动能力、锻炼能力、运动自我评价能力、运动适应能力等。

二、大学生体育能力培养的意义

体育能力是人们进行体育运动应该具有的基本性条件。它是一种综合性比较强的能力，包含的内容众多，并且不同群体所具有的体育能力也是各有差别。同时，它也是个人素质的体现。培养大学生的运动能力是促进大学生素质教育，提高人口素质的重要组成部分。这也是确立"健康第一"理念和实现高校体育课程基本目标的有效方法。因此，借助体育教育开展对大学生的运动能力的培养有助于实现大学生的全面发展。

（一）培养大学生体育能力的必要性

从体育的萌芽和发展层面而言，体育与人类的生产需求两者之间往往有着非常紧密的关联，主要取决于人的自然属性，伴随着科技的进步、时代的发展、机械自动的普及、人们生活水平的提高，人们对体力的依赖性大大降低。体育与生存之间的原始关系也日渐稀疏化。现代社会的各种弊端，如大气污染、生态失衡等情况对人们的健康状况产生了极大的影响。在这样的环境和背景下，人们再一次意识到体育的重要性，作为一个现代人，体育运动的依附不但是对生理和生存满足，而且还会促进自身价值、自身潜力的展现和发掘，同时，丰富了人们的日常生活，有助于身心健康。因此，对大学生体育能力的培养是时代发展的必然需求。

新课标中强调了高校教育对于人整体教育的重要性，并倡导"终身学习"的理念。现今信息科技发展迅猛，知识快速更新，且更新的速度越来越快，只有快速掌握新知识，丰富自己，才不会被社会淘汰。也是基于这样的时代背景，"终身体育"被大力提倡。从"终身体育"的概念出发，体育能力的发展将为人们奠定坚实的精神物质基础，并且终身受益。另外，今天的高等教育更加重视培养学生的能力，尤其是培养实践能力。体育作为整个学校教育的一个重要方面，自然应该把体育能力的培养提高到一个新的高度。在如此大的背景下，学生运动能力的进一步提高已成为时代发展的必然需求。

（二）体育能力的培养是高校体育教学的目标之一

从当前大学生的体育能力来看，体育教育方面问题重重。很多高校所采用的教学方法就是传统的教学方法，基本上没有做任何的改动，没有过多地关注学生的兴趣喜好和自主性。单一看重体育成绩，注重短期收益，认为想方设法达到考试目标就可以，这非常不利于学生的个性培养。

能力是一种综合性的心理特征，在某些教学条件和实践途径中，知识、技能和智力逐渐形成和发展。运动能力是指参加特定体育活动所体现的一种人的体育知识、技术、技能、素质和体验的综合能力，以及可体现的各种锻炼方法和健身方法。根据大学生的年龄特点，要引导他们充分锻炼身体，提高身体素质，促进身体健康，要让他们感受到运动带来的乐趣和意义，慢慢培养他们进行体育锻炼的习惯。

现代教育特别注重终身教育，终身体育作为一种全新的理念也受到了终身教育的影响，伴随着社会环境、人们生活习惯的改变而发生变动。在当代社会，人们对体育的需求越来越强烈，人们已经深刻地意识到体育锻炼的重要性。各大高校，也要积极地贯彻终身体育的思想，从服务广大学生终身受益的理念出发，引导他们积极参加体育锻炼，并学会科学的锻炼方法，了解相关的锻炼知识和技能，帮助他们养成良好的锻炼习惯，促进全民运动活动的推广，提高参与度。根据终身体育的思想和高校体育现状，现代高校体育教学的核心目标之一就是注重大学生体育能力的培养。

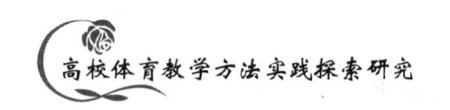

三、大学生体育能力培养的基本要素、对策与方法

(一) 学生体育能力培养的基本要素

1. 体育理论认识能力

体育理论认识能力就是对基本理论知识和技能知识的掌握。我们国家的高校教学大纲中，明确指出了体育理论应该达到的学时数，最终的目的就是希望引起各大高校对体育教学的关注。只有在思想层面提升了，才会有具体的实施方向和目标，为"终身体育"做好铺垫工作。对于学生体育理论认识能力的培养，要注重理论和实践的结合，单一侧重某一方面，都不能达到理想的效果。

2. 身体素质和基本活动能力

人体各器官系统的机能在肌肉活动中表现出来的能力就是我们常说的身体素质和基本活动能力，它是人体活动应该具有的基础能力，是以人的生理和心理发展为基础的。并且对大学生完成学习生涯起到了促进作用。

3. 体育锻炼的基本技能

体育锻炼的基本技能也可以理解为一种能力，即掌握和运用体育锻炼的身体技能的能力。只有对基本技能有所掌握，才有在某个项目中专门进行体育锻炼的可能性。例如掌握了传球、扣球和发球的技巧，才具有从事排球运动的资格。因此，掌握必要的基本体育锻炼能力才是提高运动能力的关键。体育运动项目众多，哪些技能是必须要具备的？在制定体育课程指导纲要挑选运动项目时，要特别注意选择适合大学生身心特点的，实用性比较强且有一定针对性的项目，基本技能掌握的最根本方式就是在教学过程中，应该强调"基本"这个词，不要过于看重技术细节。

4. 环境适应能力

环境适应性是指人体适应外部环境变化所体现的生理和心理调节能力。人们的身体情况，受到身体各个器官、系统的功能和身体对环境的适应能力几方面的影响。在这样日益变化的社会环境下，只有适者才能生存。环境适应能力的增强源于长久的体育锻炼和运动，人们适应能力间的差异最根本的原因就是体育锻炼方面的差别。

5. 自我锻炼能力

自我锻炼能力是指根据自身特征（身体状况、喜好、时间充裕度等）挑选合适的运动项目以实现锻炼身体目标的能力。这种能力的培养基于对身体理论的理解能力、身体素质、基本活动能力和体育锻炼的基本技能的训练。自我锻炼能力训练的关注点应该是让学生在体育锻炼和实践中遵循体育锻炼的基本原则（全面性、规律性、适宜性、针对性、渐进性等），并结合自身的实际情况，在这个过程中，我们应该对学生自我锻炼能力的培养给予极高的关注。

6. 自我监督与评价能力

自我监督与评价能力，简单来说，就是锻炼者对自己锻炼情况的记录和反馈。在这个锻炼的过程中，可以借助一些辅助材料，也可以凭借自己的感官意识，对自己的练习情况和健康情况进行记录和整理，然后根据评估的结果适时地调整自己的锻炼计划、运动指标等。在实际的体育教学中，要确保每一位学生都了解和掌握此方法，以便他们对自己的身体、技能、运动等情况开展评估。这种方法可以让学生随时随地了解自身的情况，并且也可以让他们科学健身，根据评估结果调整自己的运动计划，更好地实现强身健体的目标。

7. 体育欣赏和评论能力

体育也是我们人类文化的一部分，观看体育比赛对于大众来说，就是一场文化盛宴。体育运动所彰显的健、力、美震撼着人们的心灵，增强人们的爱国之心和民族意识，对体育赛事展开评论的前提需要对相关赛事规则和战术有比较深刻的了解，我们应该培养学生这种可以参与评论的能力。

（二）大学生体育能力培养的对策

1. 立足终身体育，重视大学生体育能力的培养

在当前各大高校的体育教学中，普遍存在一个问题：单一地关注学生的短期收益，应付考试结果，并不看重学生生涯结束后依然要进行体育活动，进行体育锻炼的教育，这非常不利于学生终身教育的发展。所以，各大高校需要清楚地意识到这个问题，调整教学观念，要注重终身教育的重要性，以服务学生终身受益为原则，开展教学工作，也要让学生深刻地意识到终身体育的重要性，所以，在教学过程中，要实现课程内容的多样化，确保学生学习到更全面的体育教学内容，强化体育意识。

2. 加强体育与健康知识教育

增强学生体育能力，首要前提就是让他们对体育意识有所了解和认知。知识是能力的体现，知识储备不丰富，很难有极强的能力。学生的体育能力取决于体育健康知识和技能两大层面，所以，提高他们的知识储备量，有助于他们体育能力的提升。

3. 培养大学生体育锻炼自我评价能力

学生对自己的锻炼成果和身体情况进行分析和评价的能力就是体育锻炼的自我评价能力。通过评价结果，学生可以对自身的情况有所了解，并结合自己的身体状况，适时地调整锻炼计划和锻炼内容，科学锻炼、科学运动，以便获得良好的锻炼成果。所以，在日常的教学课程中，教师要教给学生进行自我评价的方法和知识，让他们可以了解自身的情况，也有利于获得最佳的教学成效。

（三）大学生体育能力培养的方法

1. 激发体育兴趣，养成锻炼身体的习惯

对于体育锻炼来说，兴趣是助推力，同时，兴趣又与体育需要有很大的关联度。这种体育需要可以是直接的，也可以是间接的。直接需要注重的是体育锻炼自身所带来的吸引力，间接需要注重的是锻炼带来的成效和价值。不管是哪一种需要都是推动兴趣产生的基础。由此我们可以得知，培养兴趣的前提条件就是要挖掘他们的体育需要。这就要求教师在日常的教学授课中多下功夫，通过讲授运动项目的乐趣吸引学生的好奇心，提高参与度，给学生们灌输进行体育锻炼的好处和意义。其实，培养学生的体育兴趣还有很多方法，例如，思想教育、基础知识的灌输，丰富、有趣的实践活动等，教师要根据学生的实际情况，选择最恰当的方法。

2. 正确引导大学生的准备活动

教师要让学生参与到课堂的准备活动中，这样可以增强他们的体育能力。教师要给学生讲述准备活动的重要性、需注意的地方和相关指令等。在实践课上，开展一些准备活动或者游戏，让每一个学生都积极地参与其中，感受体育运动带来的乐趣。

第二节　高校生体育能力及学校教育

一、体育能力发展的社会需求与学校体育

教育应该满足人和社会发展不断更新的要求。教育要引导和促进人与社会的发展进步，以及在全面反映进步之后建立的科学观。同时也指出了现代社会人才应该具备的基础素养。高校体育应结合未来社会对人才发展的要求，为当代大学生的社会能力提供有针对性的培训，提高他们的社会适应能力。

（一）现代社会发展对人才的要求

1. 要具备较高的思想道德素质

当代社会对人才的发展提出了更高的要求，不但要有强烈的责任感、合作意识，而且要具备良好的思想品德；另外，在继承和发扬中华民族的优秀文化的同时，也要借鉴国外先进的理念，要有正确的价值观。民族文化相互融合的趋势越来越明显，人才更要有爱国思想。

2. 要具备较强的身体素质

人的身体素质是非常重要的。现代社会更是对人才的身体素质提出了更高的标准，要具有较强的适应外部世界的能力、抵御疾病和灾害的能力，注重卫生，定期进行体育锻炼，并对人体的相关知识有初步的认知。现代社会要求人才的头脑要灵活、敏捷，反应能力要迅速，这样才能适应日益变化且发展速度迅猛的现代社会。另外，也要做好自己情绪、心态的管理师，确保身心一直处于平和的状态下。当代社会对人才的主要要求可以总结为：强壮的体魄、健康的体质和全面的体能。

3. 要具备较好的科学文化素质

当今是知识快速更新的时代，时代的进步，科技的发展，对人才提出了更高的标准，不但要掌握相关知识和技能，还要有良好的信息处理能力，了解最先进的知识和科学成果，另外，要有能力使用计算机进行程序操控。当代社会的职业流动性非常大，社会人才一定要善于学习，并能通过工作实践学习新的科技知识。

4. 要具备较完善的心理素质

现代社会要求加快人才思维过程，减少重复性，提高科学性和准确性，提高通用性和深度性；人才的思维和理解需要从封闭到开放，从单一到多种类型和系统类型，对认知和思维的创新能力特别注重。同时，要求人才具有顽强的意志和乐观、自信、自控、自律等心理素质，具有较强的抗逆能力和抗挫折能力。只有具备这些心理素质，才能更好地适应未来复杂多变的社会生活。

5. 要具备较强的竞争意识

少年兴，则国家兴。国家的发展，离不开优秀的人才。当今世界的各种竞争，不管是经济也好，政治也罢，最后都归结于人才的竞争。人才决定着人类命运、国家的命运。所以，新一代的人才一定要有一颗上进的心，永不放弃，敢于参与竞争，在竞争中体现人的本质力量，体会成功与失败。

（二）学校体育培养目标

1. 大学体育能够培养学生的体育能力

健康是当前全世界都比较关注的问题，也是教育中备受关注的问题。高校体育的目标是培养高素质人才的健康和全面发展。要着力提高学生的社会适应能力，在毕业后尽快建立适合高校毕业生的合理知识体系，教会他们学习、表现和做事，了解健康的基本知识、体能的基本理论以及体育文化的基本内容。为了实现这一目标，体育教育应该帮助学生树立正确的健康观，培养学生的认知能力、自我评价能力、自我调节能力，使学生学会增强体质、保持健康的方法和手段，建立终身体育意识，定期进行体育锻炼，打造全方位的健康人才，以满足未来社会的需求。

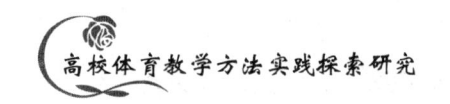

2. 大学体育能培养学生的竞争能力

现代社会对人才的要求是"双高",即高情商和高智商,如果不具备,就很难在当前的激烈竞争中生存。竞争能力的强弱是大学生衡量的标准,同时也是教学成果的反映。借助大学体育,可以培养学生的竞争能力。在实际的教学过程中,学校和教师应该为学生创造可以参与竞争的机会,要让学生真真切切地参与其中,感受竞争的过程,展现自身能力,在竞争的过程中积累经验和技巧,通过各个方面的积累,满足竞争能力培养和提升的需要。

3. 大学体育能培养学生个性与创造能力

现代教育的重要标志就是培养学生的个性,挖掘创新型人才。社会竞争日益激烈,对人才的要求也更高,要有创新性、勇于开拓才是现代需要的人才。所以,在大学的实际教学中,要引入全新的教育理念、方式方法,重点关注学生的个性发展,建立自我责任意识。同时要开拓学生的思维能力,注重创新意识的培养,为日后走向社会做好充足的准备。

4. 大学体育能培养学生的交际能力

交际能力是大学生能力的一个重要体现。大学生步入社会后,良好的沟通能力可以帮助他们建立广泛的社交圈,有助于他们早日成功。未来的社交活动和工作需要各种人际关系,良好的人际关系具体表现在社交沟通能力上。大学体育的开放性可以满足大学生交流的需要,其开放性表现在教师、个人、班级、部门、学校的频繁接触和互动。社交互动可以反映学生的交际能力。在实施大学体育教学中,要创造更多的交流机会,以满足培养学生人际交往能力的需要。

二、大学体育的发展趋势和特点

高校体育最核心的内容就是大学体育教学工作,它在全面贯彻党的教育方针,实现高校体育的教学目标、体育教学等方面占据着十分重要的地位。改革开放在带来新成就的同时,也必然会造成新的问题。对于大学体育教学来说,机遇与挑战并存。我们要做好迎接挑战的准备,不断借鉴和积累经验,还要勇于站在时代的前列,用理智和智慧思考,实现自我超越。

(一)大学体育的发展趋势

21世纪的社会要求人们有新的特点和品质。为了更好地满足社会发展的需要,各国都非常重视提高人口素质。高校体育占据学习教学的核心部分,它与德育、智育、美育、劳动教育相结合,承担着培养知识经济时代高素质人才的重任。大学体育既是国家体育的重要组成部分,也是社会体育和竞技体育的基础。从社会变迁和发展的角度正确把握学校体育的发展趋势，对我们具有重要的意义。

1. 体育功能向多元化发展

大学体育教育，注重先教育后运动，换言之，体育教育是借助运动而开展的。21世纪的大学体育要向以下四个层面发展。①生存教育的功能。②生活教育的功能。③道德教育的功能。④个性教育的功能。

2. 高校体育逐步实现现代化

我国的大学体育是学校教育的一个组成部分。学校体育必须适应整个教育改革的宏观形势，体现教育现代化的核心理念。目前，以竞技为中心、单一内容的旧体制转向以健康为主、内容多样的现代学校体育新体系。以学科分离为主要特征的旧课程结构转变为融合学科、知识与能力，凸显人文价值的新课程结构。基于义务教育的旧模式已经转变为自主学习的新模式。在体育教学中，以直接灌输教育为基础的传统教育方式正在向以间接引导教育为基础的新型教育方式转变。体育教学评价从绝对标准评价方法向相对标准评价方法转变。体育教师从体育专家转变为教育专家，学校体育由封闭式教育向家庭式、社区式、学校一体化转变，更多地发挥体育功能。

（二）大学体育教育的特点

大学体育教育的特点主要表现在两个方面。

第一，大学体育教育育人的特点。①体育教育与社会需要相结合。②体育教育与育心相结合。第二，大学体育教育方法方面的特点。①统一安排与自主活动相结合，②激发学生体育兴趣与培养学生刻苦锻炼的精神相结合。③课内与课外相结合。

三、大学体育教育培养学生体育能力的主要途径

（一）改革传统的教学模式

1. 对传统体育教学模式的认识

传统的体育教学模式主要侧重于技术教学，学生缺乏提出自己的目标和追求新目标的动力机制。教学过分强调教师，强化教师的主导性作用，对学生的主体性没有给予关注；重视"学习"，轻视"会学"。学生在紧张的组织下，在大规模、高强度的实践环境下，很少有独立活动的空间，缺乏思考和探索问题的空间，学习氛围比较压抑，参与活动的意识淡薄，能力得不到良好的提升。

2. 培养体育活动课学生自主实践能力的过程

首先，它突出了学生的自主实践过程，并为学生主观能力的培养创造了必要的时间和空间。其次，根据理解规律、掌握技能规律和情感发展规律，将学生独立实践技

能的培养贯穿到活动教学的各个环节，其可操作性比较强，把学生的独立实践能力作为教学改革的主要目标，这些都有助于学生未来的发展。实施过程必须有相应的教学原则和学习方法来保证。

（二）培养学生体育活动基本能力必须遵循的教学原则

教学原则主要体现在教师行为的规定和引导作用上，它们渗透到练习的教学设计、安排和指导中。因此，教学原则充分体现在以实现学生独立实践能力为目标的课堂教学改革中。培养学生体育活动基本能力需要遵循的原则如下。

1. 发展性教学原则

发展性教学原则要求体育教师要努力实现每个学生在课堂教学中素质和能力各方面的全面发展，注意加强对活动中非智力因素的培养。

2. 分层教学原则

分层教学主要就是指教师要根据学生的不同特点，采取不同的教学方法，让每个学生都能感受到自己取得的进步，促进学生的发展。

3. 教学民主原则

民主原则要求在体育教学过程中保证师生互动的平等对待，关爱和照顾学生，尊重学生的人格和权利。

除了上述原则外，还有竞争性原则、鼓励性原则、独立性原则等，教学原则只是对教师行为提供指导，还需要教学策略予以配合。

（三）培养学生体育活动基本能力的教学方法

根据培养学生自主实践能力的主要目标，挑选和改革目前的教学方法是为了更好地促进学生的全面发展，其实施过程需要借助一定的教学方法予以确保。教学方法主要有以下五种。

1. 多媒体教学法

借助多媒体的化动为静、化小为大、化快为慢等功能，实现相关知识和技能的直观化、形象化，方便学生学习和掌握，提升他们自主学习、自主练习的能力。

2. 实地观摩法

以有组织的方式观看现场比赛并尝试做实况评论。参照教师的讲评开展讨论，提升自我评价和相互评价的能力。

3. 协同合作法

在多成员参加的体育运动项目中，在教师的指引下，依据兴趣爱好、体质能力、技能好坏等划分小组，确保小组成员优势互补、互帮互助，加深彼此之间的感情。

4. 组织分工法

学生在教师引领下，把自己分配到的任务进行人员的再次分工的方法，就是组织分工法。活动小组成员通过分工能独立完成各自的分工任务，提高参与度。

5. 讨论交流法

讨论交流法就是利用自由活动的环节，学生展现自己的才能，表达自己的活动策略，或者进行彼此交流和沟通，借助这种沟通来提升自己的语言表达能力，提升自己解决问题的能力。

第三节 高校生体育能力构成要素

一、身体素质和基本活动能力

（一）身体素质的含义

素质是人在社会生活的诸多关系中所表现出来的若干基础物质的反映，是人本身具有的认识世界、改造世界的条件和能力。身体素质、文化素质以及思想品德素质共同构成了人的素质。身体素质主要就是指健康状况以及大脑的机能状况，身体素质是人生存的自然条件和基础。

（二）增强身体素质的方法

1. 提高全身耐力的方法

为了提高全身耐力，必须给予呼吸系统和血液循环系统长时间适宜强度的刺激。

（1）持续练习法

提高有氧耐力经常采用持续负荷的练习方法。具体方法有两种：首先是连续负荷法，就是在相当长的一段时间内以相同的速度跑 20～30 分钟；其次是交换负荷法，是在连续负荷的基础上短时间地增大负荷强度，使机体的呼吸能力和血液循环能力产生良性刺激，锻炼手段多采用慢跑、跳绳、游泳、自行车、滑冰等。

（2）间歇练习法

同样选用慢跑、跳绳、游泳、自行车、溜冰等，用比持续练习法更高的强度（心率为 150 次/分钟～170 次/分钟）进行 1 分钟左右的练习之后，再进行 2～3 次的轻微运动作为积极性休息，反复做 4~8 次，其效果比较明显。只有有一定耐力基础的人，才能采用这种方法，由于运动强度大，应十分重视医务监督。

2. 提高肌肉耐力的方法

借助全身耐力的训练，来达到腿部肌肉耐力的提升。此外，利用肌肉最大强度的 1/3 或 1/4 反复进行练习，人体某一部位的肌肉可以长时间克服小阻力达到一种状态的疲劳，肌肉耐力会得到有效改善。可以借助仰卧起坐和俯卧撑（或斜体俯卧撑）来提高腹部肌肉和上臂肌肉的耐力，每天 3~5 组是有效的。

3. 提高灵敏性的方法

球类运动是提高灵敏性最直接且效果最佳的方法，可以适当进行乒乓球、羽毛球、篮球、足球等练习。除此之外，滑雪、击剑、体操也可以达到不错的效果。

二、身体锻炼的基本能力

（一）身体锻炼的原理

1. 适应性动态平衡理论

所谓"适应"，是指生物适合环境条件而形成的一定特性和形状的现象。生物的适应性表现出两个特征：一是适应的普遍性，二是适应的相对性。生物对客观环境的适应是普遍存在的，无论植物、动物、微生物和人都具有适应环境的能力。但是适应又是相对的，这种相对性表现在是针对一定条件产生的适应，而不是对所有客观环境的适应。世界上没有一种适应性变化是十全十美的，不存在以不变应万变的适应性。由于生物的适应性带有相对性，这一特点决定了体育锻炼过程必须有针对性地选择适当的手段，在体育锻炼中不存在一种万能的手段或万能的方法。另外，适应性还有一个特点，那就是适应性只是一种暂时的应答反应。当客观环境发生变化时，生物体所受到的特定刺激就消除了，那么已得到的适应性也就会发生消退。"用进废退"就是这个意思。例如，人体存在许多痕迹器官，像人的盲肠、动耳肌、第三眼睑等是退化了的器官，造成退化的原因就是环境发生了变化。在人的一生中，通过体育锻炼虽然可以使身体产生一些良好的适应性变化，如肌肉发达、心肌功能增强等，但是这些效应用遗传学观点来看，只是一种状态变异，不仅不能传给子孙，而且一旦停止了体育锻炼，原来所取得的良好变化也会一点点消退。这就是为什么参加体育锻炼不能"三天打鱼、两天晒网"，必须坚持的道理。

适应性是指人体适应外部环境的能力。它主要包含对环境的适应性和对疾病的适应性两个层面。客观环境包括自然环境和社会环境。不同的环境给人的影响是不同的，良好的环境会给人积极的作用；恶劣的环境很容易让人产生消极情绪，严重的还会影响生命。人类发展的首要条件是实现与客观世界的生态平衡。人是万物之灵，不仅可以被动地适应环境，还可以对环境进行改造，利用环境为人类服务，从而为人类的完美发展创造条件。

阳光、空气和水等自然因素是生命的源泉，人体的发展一刻也离不开它们。人体是恒温的有机整体，只有在36～37℃的体温条件下，才能保证正常的生理功能，上下逾越1℃以上就意味着病态。光照、气温、风速、温度、气压等气象条件却总是变化的，为了适应自然环境的变化，人们除了采取积极的御寒、防暑措施外，关键在于通过改善营养和进行体育锻炼等方法使肌肉内部的产热和散热过程更加旺盛，体温调节机能更加灵敏。实践证明，广泛利用自然因素，不仅能有效地改善机体的体温调节能力，而且具有多方面的健身价值。因此，体育锻炼最好在阳光和煦的户外进行，并可根据需要与可能，多进行日光浴、空气浴和冷水浴。

人体的生存和发展离不开社会环境，并受物质条件制约。不同的社会制度和历史阶段，不同的政治局面和经济地位，不同的劳动方式、职业工种、生活习惯，以及体育锻炼和休息娱乐的方式等，都对人体发展产生直接或间接的影响。实践证明，在所处的自然环境和社会环境基本接近的前提下，坚持体育锻炼可以提高人对环境的适应能力，使人体与环境之间保持动态平衡。可见，人体的发展同样遵循"用进废退""适者生存"的生物法则。

2. 有机的统一性理论

有机的统一性理论对科学地进行身体锻炼具有实际的指导意义。人体的形态结构与生理机能是辩证统一的。人体的形态结构决定了生理机能，而机能的变化又给形态结构以影响。例如，对于短跑运动员来说，无氧代谢能力要求较高，所以腿部肌肉显得细长些。

人体各组织系统间的机能活动是互为联系和互为影响的。例如，进行身体锻炼时要消耗能量物质，心血管系统就要提供充足的血液，呼吸系统要不断地吸入氧气和排出二氧化碳，但呼吸、循环系统的工作能力和体内能量物质的储备与消耗都是有一定限度的，哪一方面的功能先达到极限都会使整个机体的活动受到影响。人体的生理机制如物质的同化与异化、神经的兴奋与抑制、肌肉的收缩与舒张、血液的推力和阻力等都是既矛盾又统一的生理活动过程。

有机体是内外相连、形神难分的。古人说："善养生者养内，不善养生者养外。"所以，所进行的各种身体锻炼，要内外相合，不能忽视内脏器官的锻炼。同时，还要注意调节情绪，振奋精神。人们常说：身体和心智是人体不可分割的两个方面。如果对人的各部分动作及其相互作用加以研究的话，可以发现身体的发展足以影响思想、心智、态度，而情绪困扰又足以导致生理困扰，生命是身心合一的统一体，二者息息相关，不可分割。鉴于此，体育锻炼不能只限于促进代谢、发展肌肉，也不只限于提

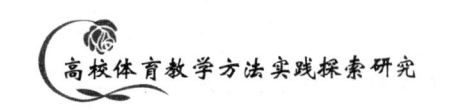

供娱乐和调节精神，而应以人的全面发展为目的。作为大学生，可通过体育锻炼培养自己成为身体、心智和谐发展的人才。

(二) 健身锻炼的原则

健身锻炼原则是千百万体育锻炼者的经验总结，是客观规律的反映。人们要达到理想的锻炼效果，必须遵循锻炼原则。

1. 经常性原则

经常性原则是指锻炼者必须有计划、持之以恒地锻炼身体。按照"用进废退"的学说，根据增强体质靠"积累"的特点，必须克服惰性，排除干扰，养成经常锻炼身体的习惯。首先锻炼者要有明确的锻炼目标，以使自己积极、主动、自觉地投身于锻炼。毛泽东同志曾指出，"锻炼在于坚持，锻炼在于自觉""欲图体育之有效，非动其主观，促其对体育之自觉不可"。为此，必须懂得"生命在于运动"的深刻含义，明确锻炼目标，强化动机，培养兴趣，养成锻炼习惯并及时检评锻炼效果，提高锻炼的自觉性和积极性。

2. 适量性原则

凡事都有个"度"。在体育锻炼中，这个"度"就是活动时所能承受的最大生理负荷和心理负荷。中国武术界早有"紧了崩，慢了松，不紧不慢才是功"的经验。运动负荷过小，达不到锻炼的目的；运动负荷过大，则会损害健康。决定运动负荷大小的主要因素是"量"和"强度"。量是指完成动作的时间、次数、组数、距离、质量等；强度是指完成动作所用力量的大小和机体的紧张程度，包括运动速度、练习密度、练习间歇时间、跳跃高度、投掷远度等。量和强度要处理适当，强度大，量就要相应减少；强度适中，测量可以相应加大。要做到适度则以锻炼者承受得了而且有点疲劳为标准。强度的确定取决于身体训练的基础以及能量消耗和恢复的超量补偿。能量消耗过多，便会产生疲劳。适度疲劳，超量恢复效果明显；过度疲劳，则将造成亏损或伤害。锻炼者在制订锻炼计划和具体实施时，应逐渐提高运动负荷、动作难度，以使身体逐渐适应。超量恢复只能在适宜运动负荷之后；动作技能的形成和提高，必须经过泛化、分化、巩固、自动化四个阶段。所以，在锻炼身体时，必须循序渐进，不能好高骛远、急于求成，否则易发生伤害事故。在提高运动负荷时，宜先加量后增强度；在每次锻炼时，必须做好准备活动和放松练习；突然剧烈运动或剧烈运动后即停，都易对身体造成损伤。

3. 身体性原则

要用多种形式和多种手段来全面影响机体，使锻炼者均衡发展。身体素质（包括健康素质和运动素质）的好坏反映了内脏器官的机能、肌肉工作时的供能情况以及运动器官与内脏器官的协调配合状况。因此，在锻炼中应特别注意打好身体素质基础，特别是要十分注重发展健康素质，以便为终身体育奠定基础。在室外锻炼时，要充分利用阳光、空气、水等自然因素，提高锻炼者对炎热、寒冷和疾病的抵御能力，提高健康水平。在锻炼中还应多注意安全，讲究运动卫生，注意身体健康。注意设备、器械的检查，严防运动伤害。

4. 因人而异原则

从事体育锻炼应根据自身条件，诸如年龄、性别、职业、健康状况、体质水平、生活条件等，合理选择和确定锻炼内容、方法和运动负荷。不同年龄阶段的人参加体育锻炼的兴趣、爱好以及承受运动负荷的能力都有较大的差异，所以应量力而行，切不可机械照搬或盲目模仿，否则非但达不到健身的目的，还可能对身心造成伤害。同年龄的男、女青年之间有较大的生理、心理差别，运动锻炼中必须注意青春期的特点，区别对待。对健康状况良好和有锻炼基础的学生可加大运动负荷，并在严密保护下进行较复杂的运动技能训练，身体较弱的学生应做简单易于掌握的动作；对患有慢性病，特别是心脏健康状况不佳的学生，应安排医疗体育。

三、适应环境的能力

（一）社会适应能力的基本要求

适应，本是一个生物学科的名词。它是指植物与动物适应外界环境并生存下来的过程。人具有社会性，因其不仅要适应周边的自然环境，如气温、湿度、气压、食物、空气质量等，还要适应社会环境，如家庭、集体、社会、城市，甚至对国家的适应。社会适应是指人在一生中对不断变化的外界社会环境，特别是某种社会环境所采取的态度和行为。人对外界社会的适应包括多种内容，如对风俗习惯的适应、对风土人情的适应、对生活方式的适应、对集体行为方式的适应、对生活节奏的适应、对宗教礼仪的适应、对人际关系的适应以及对价值观念的适应。人对社会环境的适应有接受、忍耐、顺应、支配、保守、反抗、逃避等形式。

由于社会的不断变革和人的经常流动，社会适应就成为人与社会之间经常出现的问题。比如，当前中国处在社会转型的时期，很多新的观念、新的事物不断地涌现，人必须适应这些社会变化。再比如，人们在社会中自身的地位、处境也会发生各种各样的改变，如搬迁、升学、调动、出国留学、下岗、失业、外出打工、升迁、降职等，这些都要求人们要有一个适应的过程。

一般情况下，难以让社会适应个人，而是人们必须适应社会。当人们很快适应社会的时候，就能融入社会，与社会成员一起心情舒畅地共同学习、生活和工作，而当人们对社会不适应的时候，可能产生反感、抵触、焦虑、压力、紧张等不良反应，并由此产生各种健康问题。因此，培养良好的社会适应能力是当代大学生必修的一门课。

1. 良好和谐的社会关系

社会关系是人们在共同的社会活动过程中所结成的以生产关系为基础的一切相互关系的总称。人类生活是一种群体性的共同生活，从一开始就相互联系，结成一定的社会关系。在生产劳动中结成生产关系，又在其他的各种社会活动中结成各种社会关系，这些社会关系及人们的共同行为构成人类的社会生活，构成社会。因此，社会关系是与人和人类社会共同产生的。

社会关系是人类社会存在的根本条件之一，没有人与人之间的相互关系，就不存在人们的社会生活，也就无所谓社会；社会关系同人类最初的劳动行为一同产生，它是人类与动物的根本区别之一；社会关系是人的具体体现，人的本质、人的劳动、人的一切规定性都体现在社会关系之中，离开社会关系，人和人的本质、特性就无从谈起。

社会关系是一个外延非常广阔的概念，它是人们在共同的社会实践中结成的一切相互关系的总和。其中，政治关系、阶级关系是最高层的关系。而这些高层次的社会关系在现实生活中的直接表现就是低层次的社会关系。低层次的社会关系形形色色、种类繁多，从亲友角度来看，有夫妻关系、母子关系、兄弟姐妹关系、朋友关系、邻里关系等；从工作、学习角度来看，有同学关系、师生关系、同事关系、上下级关系、医患关系、买卖关系、军民关系、警民关系等。这些低层次的社会关系就称为人际关系，这些人际关系往往会直接干预人们的身心健康。为了保持身心健康，人们既需要营养、体育锻炼、休息和其他生理方面的满足，也需要安全、友谊、爱情、亲情、支持、理解、归属和尊重等通过人际关系所获得的心理方面的满足。从一定意义上讲，良好的人际关系是人的生命所需要的非常宝贵的滋补剂。善于与人相处是一个人诸多能力中重要的、不可或缺的能力之一。因此，为了提高人们的生活质量，应该努力培养和提高与人相处的能力。

2. 热情的社会参与

社会参与是指人们对各种社会活动、社会团体的介入程度。人类社会必须形成团体，采取共同的行动才能集合较大的社会力量，这一社会力量足以让人们应付各种自然灾害，分享各种劳动成果，阻止某种恶势力的压迫，对抗外族侵略，推翻旧的社会制度，建立新的生产方式和生活方式。当人们结成社会关系之后，其行为就往往不再是个体的，而是带有强烈的社会性。社会越发达，人们的社会参与程度越高。在现代社会里，各种社会团体和群众组织数量繁多，人们参与社会活动的积极性很高。而从人们的社会参与程度又可以看出这个社会的文明程度和社会成员的觉悟程度。

在社会生活中，人既需要独处的空间，也需要积极地参与社会活动。人通过彼此之间的交往无疑会增进相互之间的情感交流，产生亲密感，消除误会和隔阂，使人感到心情愉快、舒畅，同时也会促进信息的交流。有人估计，人们除了 8 小时的睡眠以外，其余 16 小时中，约有 70% 的时间都在进行相互的信息交流。古往今来，人们为了生存和发展，都十分重视相互间的信息交流。人类社会进入了电子信息时代后，一方面，信息交流发展了人际关系，扩大了社会参与；另一方面，和谐的人际关系保证了信息交流的畅通。人们的社会参与和自身的健康水平关系十分密切。社会参与既是一种对他人关心的过程，也是一种得到他人关心的过程。一个身心健康的人往往对社会参与十分热心，并从中得到许多人生乐趣；而一个身心健康状况欠佳的人，往往拒绝社会参与，从而使自己更加封闭，更加远离社会。

（二）体育锻炼与社会适应能力的提高

1. 体育锻炼是促进人际关系发展的有益方式

随着工业化和商品经济的发展，人类日益社会化。当今社会分工越来越细，人们之间相互依赖越来越紧密，人与人之间的联系与交往越来越密切。与此同时，随着现代化的发展，人与人的隔阂也在加强，但同时也使人施展自己能力、智慧的空间缩到了最小。人可以只面对"传送带"工作，而不必与别人打交道。再加上高度自动化的发展，过去几十、上百人的大车间，现在只需几个人操作就可以了。人与人之间的关系变得淡漠了。在生活中，往日的大家庭已被两三口之家取代，独生子女普遍化，生活设施现代化，休息时间大多是面对电视、电脑，忘了周围还有别人。于是，以往那种亲朋好友之间密切的关系也变得越来越淡漠。另外，人类追求友谊、和谐，但现实却存在着激烈而残酷的竞争；人需要物质和物质享受，人们在为物质而努力奋斗的时候，人的另一种需要——爱和交往的需要却被忽视。交通和通信的发达使地球逐渐"缩小"，而阶级、民族和国家之间的分离与对立，在相当长的时期内仍然不会消除，社会和国家之间的要求与社会现实的这种反差，使人们努力去寻找新途径来解决这些矛盾。体育在解决这些现代人类社会的特殊矛盾中有着独特的作用。

体育，它的魅力在于使人们冲破隔阂和孤独，相聚在运动场，建立起平等、亲密、和谐的关系。青少年在运动场上可以建立起伙伴、朋友关系。体育活动不分地位、肤色、贫富、职业、年龄，任何人都可以参与，而且常超越世俗的界限，让人们平等而真诚地为一个目标而奔跑，为一场比赛而呐喊、兴奋、激动。孤独、分散的人们，在运动场上相聚，重建人际关系。

在现代社会中，竞争是不可避免的，而人类需要友谊、和谐及和平共处。体育作为"理想的契约竞争关系"，为人类提供了一个解脱困境的办法和重建人际关系的新模式。在体育比赛中，人类的竞争被保留、升华了，人类的竞争又被限制和规范了。在体育比赛中，竞争是为了友谊，为了人类共同的发展、繁荣，为了健美、幸福、快乐，

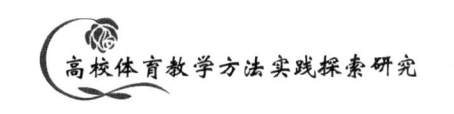

而不是伤害和破坏。

体育正是在它的实际活动中，让人充分展示和发挥自己的主动性和创造性。在体育中，人类追求的不是对物质的占有，而是自身的创造和确证，人们为自己能跑完马拉松全程而高兴，为能攀上高峰而振奋，为自己健美的形体而自豪，这一切都需要一定的物质条件，却不是占有物质条件就能做得到的，有钱不一定有健康。但体育竞技则是人自身创造力的竞赛，物质条件虽然在竞赛中越来越起作用，但体育的本质却始终是让赤裸裸的人自身去进行比赛。体育把人自身的力量淋漓尽致地展现在人类面前，人可以跑得更快，跳得更高，变得更强。体育展示了人的强大、人的威力。因此，体育是人摆脱物质的控制而展现自身创造力的活动，在体育中，每个人所进行的都是生命本质自由发挥的身体创造活动，是生命活力和创造力的尽情展示。

2. 体育锻炼是重要的社会参与

体育活动是人们实现社会参与的最简单易行、最经济又最有收获的一种形式。在体育运动的参与过程中，人们为实现价值观的培养所发挥的作用是极其重要的。在体育活动中，需要尊重他人，又要尊重自己，在社会关系中诚实待人。一边要适当地发展人体机能，一边要保持较高水平的精神状态。这是人类文化的本质所在。体育活动是一种充满活力的文化活动，向人们灌输着乐观主义精神，鼓励人们要有拼搏精神，要有公平和责任感，要有一种渴望提高及成功、获胜、成为最好的愿望，要有争创第一、敢为人先的竞争意识，但同时体育要求人们遵守规则和技术要求，摒弃谎言和虚伪。因此，体育是一种宣传"真理和公平"的最好范例。

体育的这种特质贯穿于锻炼与比赛活动中，成为每个参与者所信守的原则，它完善了人们的言行，改善了家庭成员的关系，使家庭更加融洽，形成了相互尊重和诚实待人的人际关系。体育是一种使人类平衡的工具，并且是形成凝聚力、社会一致性的一种手段，体育是一种善度余暇的理想方式，它还能给家庭带来融洽与幸福。

（三）学校体育对大学生适应能力的培养

在现代社会中，人的社会适应能力越来越受到教育者的关注，因此，分析和研究学校体育中如何针对当代大学生的特点，有效地解决大学生社会适应性，提高大学生社会适应能力，已经成为体育工作者必须面对的一个新问题。以下通过对学校体育的作用、社会适应能力实质的理论分析，来阐述学校体育培养大学生社会适应能力的意义及培养大学生适应社会能力的具体措施和方法。

1. 学校体育培养学生社会适应能力问题的分析

（1）学校体育的作用

学校体育的目的同学校的其他教育一样，是培养德智体美全面发展的人才。而学校体育并不同于大众体育和竞技体育，学校体育是讲团队、讲协作、讲平等的一种教育活动，其本身就具有特殊的教育属性。在学校体育教育中，不管是课堂体育教学还是课外体育活动，由于体育具有实用性、技能性、竞争性、游戏性的特点，往往需要同伴间互相配合、团结以及一定的行为约束才能完成。在提高学生身体素质的同时体验运动的愉快情感，对培养学生的自制能力和遵纪守法、道德规范的好习惯有着不可取代的作用。

（2）社会适应过程的实质

社会适应过程不是一个抽象的概念，社会适应过程实质上是一个个体不断社会化的过程。一个生物的人成为一个社会的人，他必须适应自己所生活的社会变化，他要在与其他人的交往中逐渐形成自我观念，协调人际关系；他要学习和体验社会角色，学会承受各种挫折；他在个体社会化的过程中必须面对各种冲突，并学会理解和妥协、合作与竞争；他要学习各种规则和价值观，这种不断学习、不断调适的过程就是一个社会化的过程，也是一个个体不断提高社会适应能力的过程。

（3）学校体育与社会适应之间的关系

在学校体育教学活动的过程中，参加者往往要根据需要担任某项体育运动角色，并按照一定的体育规则和体育道德标准进行体育活动，而这实际上就是一种社会活动的缩影，是学生最早接触的社交场所。这对学生尽早地接触社会，提高学生的社交能力、独立工作能力有着积极的作用，对提高社会适应能力方面具有不可替代的特殊功能。

2. 学校体育培养学生社会适应能力的意义

（1）有助于强化学生的规范意识，增强学生调控自己行为和态度的能力

在学校体育教学活动中，尤其是参加运动竞赛，学生往往情绪高涨，潜意识和潜在的思想作风很容易完全地表露出来，而在规则、裁判、舆论、精神文明规范等有效的教育措施下，学生就不可避免地会受到规范的约束。学生的规范意识会逐渐增强，学生将逐渐学会在规范的约束中进行体育活动，而这种体育教学过程是在极为自然、生动活泼的运动中进行的，因此具有良好的效果。在运动场上不仅可以培养学生良好的体育道德和顽强的意志品质，而且可以培养学生遵守纪律、服从裁判、礼貌待人、顾全大局等好作风，这些都对学生的精神文明教育起着积极的作用，集体活动中形成的规范意识有助于学生一般行为规范意识的形成，因此，学校体育有助于学生法纪观念的形成，对学生的社会化进程具有重要的意义。

（2）有助于提高学生的探索、创新能力和心理承受力

克服障碍和挫折正是运动行为的一个显著特征，同时体育的实践性、技能性、竞争性和规则性的特点也决定了体育活动更多地表现为不断遭遇障碍和挫折、不断超越自我、不断创新和提高的特色。因此学校体育教学不单纯只是运动技能的传授，对培养学生探索意识、创新精神和心理承受能力也同样有重要的意义。

(3) 有助于提升大学生的集体荣誉感和社会责任

体育课程学习区别于其他许多课程学习的显著特征就是体育课程学习的集体性。因此，体育课程学习对培养学生团队精神和团队行为具有特别的、其他课程学习所不可替代的作用，而且这种团队精神对于大学生适应未来的社会生活具有非常重要的意义。在集体项目的学习和竞赛的过程中，让学生逐步体会到团队的意识、合作意识、竞争意识，引导学生正确地认识自我，正确地交友，正确地处理个体与集体之间的关系，个体与个体之间的团结友爱、关心支持、鼓励帮助、尊重信任和理解体谅等关系，对培养大学生高度的集体荣誉感和社会责任感具有重要意义。

四、体育理论认识的能力

体育课除了增进学生健康，增强学生体质以外，还有一个重要作用就是培养个体的体育理论认知。随着社会的发展，时代的进步，前者正受到前所未有的重视，而后者正逐渐被人们淡忘。结果是学生的体育理论知识严重缺乏，在很多学校的校运会上我们不难看到学生在跑 400 米以下的项目时，经常为跑错跑道而没有成绩，以致闹矛盾。学生居然不知道在这样的项目比赛中不能抢道，在抢跑召回的哨声响后，总有学生跑完大半程才会被拦下，学生并不是没有听到哨声，而是根本就不知道哨声所要表达的意思。对于这样简单的理论知识，学生却浑然不知，更不要说复杂的球赛规则了，这不能不说是学校体育的一个悲哀。试问没有一定的理论知识做指导，终身体育观念又从何谈起？究其原因，一是受学生体质下降影响体育理论课在教学大纲上安排较少；二是体育教师不重视，一般情况下体育课都上室外活动课，遇上下雨天，体育课常会被其他科目或自习课代替，体育理论课成了一纸空文，名存实亡。这也就难怪运动会上出现的那一幕幕了。

体育教师是体育课的直接实施者，是培养学生终身体育观念的引导者。体育教师首先要从思想上重视学生的体育理论知识学习，除了遵从教学大纲的理论课安排外，体育教师还应该抓住一切的室内体育课机会加强学生的体育理论学习，同时要改变体育课就是室外活动课的陈旧观念，潜移默化地去影响学生的体育思维，促进学生终身体育意识的形成；其次，体育教师应加强自身的理论学习，注重传授学生基本的体育规则，提高学生欣赏比赛的能力，激起学生的兴趣，使学生对体育明星的崇拜转变为自身的参与。

学生正处于习惯养成的重要时期，体育习惯也是如此，他们当中很多人热爱运动、偏爱体育，但苦于对体育的认识不足，而不能参与到其中。此时，如果体育教师能进行适当的指导，使他们掌握一定的体育理论基础知识，一定会提高他们的兴趣，从而促进其终身体育观念的养成。

根据《全国普通高校体育课程教学指导纲要》（以下简称《纲要》）所要求的"体育课要注重体育基本理论、基本知识和体育文化的传授"，并明确地规定，理论教学内容每学年约 8 学时。分析目前高校在体育理论教学上普遍存在的问题和不足,结合本科教学质量评估要求,为提高教师的体育理论教学活动质量,更好地实现体育教学对提高人才素质,增进学生身心健康,全面地掌握体育基本知识、技术、技能的要求,改变过去体育课偏重于以技术实践为主的教学方式和只注重近期的体育锻炼,对学生体育理论知识的传授偏少,学生的日常自我锻炼能力较弱,远期效益小的状况,有必要对普通高校体育理论课教学提出创新实践的要求。

体育理论教学是高校体育教育的有机组成部分,在大学一、二年级学生中注重传授一些有关体育与社会、体育人文、体育保健、运动常识等兼具科学性与实用性的知识,改变学生体育意识薄弱的观念,提高当代大学生应当具有的体育文化素养。许多国外大学体育教学中十分重视传授学生体育理论知识,随着世界经济的发展,国家实力的增强以及人民生活水平的普遍提高,人们对体育教育的认识和需要在不断地增强,而作为体育教育重要组成部分的高校体育理论课教学必须得到重视,并进行创新实践的研究。

第四节 高校体育教育管理

一、大学体育教育管理的范围

学校体育教学的管理主要包括各种教学文件的制定、教学大纲、教学计划(教学工作计划、课时计划)、体育课的准备、实施、分析与评价(观摩、评估、检查课),对学生体育课的成绩考核、教学工作总结,这些工作都是相互衔接的。

在体育教学管理中,必须坚决执行体育教学大纲。体育教学大纲是指导体育教学的基本文件,由国家统一审定颁布实施,它是体育教师进行教学的法律依据,所有的体育教学管理人员,特别是体育教师要对体育教学大纲内容所反映的基本原则有深刻理解,并且要根据地区、民族、学校等具体情况,从实际出发,在不违背体育教学大纲的精神指导下加以选择、充实、发展,实现学校体育教学任务,解决教材问题。目前,一些省市编写了体育课本,教师在使用课本上课时,亦应依据学校实际进行适当调整,并不断了解国内外教材建设情况,充实一些与实际相符的新内容。在体育教学管理中,很重要的一个教学环节是制订体育教学计划。体育教学计划的制订,是在体育教研室的具体领导下,由体育教师做出,并经学校审查、确定。制订体育教学计划,首先,要依据体育教学大纲,并恰当地结合学校、学生的实际情况制订出全年的计划。其次,按照全年计划制订出学期、阶段或单元计划。课时计划(教案)是体育教师上课的依据,也是体育教师备课最主要内容,课时计划是根据学期、阶段、单元教学计划进度或可行性体育课本，由任课教师结合学生、学校实际情况（场地、器材）编写。课时计划写出后，在备课的全过程中，加以检验，进行合理修改、增补，以求更合理。可以说，不到上课使用时，课时计划仍有被修改的可能；即使上课，也应依据课堂情况，随时调整。而学校的各种教学计划，也应在执行时，进行必要的补充与调整。上述各种教学计划是互相联系、互相制约、缺一不可的。

不在学校体育教学管理中，很重要的一点就是钻研教材。钻研教材应在教师自己钻研的基础上，由体育教研室组织或按一定的年级或按体育项目的项群分类集体钻研，明确教材的动作要领、重点、难点及教学步骤等。在钻研教材的同时，亦应注意研究教法，这要根据教学任务、教学重点、教学难点选择教学手段和方法，并在实际授课时检查、调整，以提高教学效果。

在教学管理中组织检查（定期或不定期），以了解教学情况，获得信息反馈；对好的经验要发扬，对问题、事故等要吸取教训，以使体育教学更加完美。

（二）体育课教学质量的管理

德智体全面发展的质量管理，要依靠各部门、各环节、全体教职员工的共同努力，是集体成果。体育教师在质量管理上，负有重要职责。

1. 建立体育教学质量标准

由于教学质量的评价是复杂的问题，受多方面因素的影响，很难确定量化标准，根据国内外的经验，体育教学质量应从以下三个方面评定：教师能力与教学水平，教学效果统计分析，教学手段、场地、器材使用与改进。

2. 教学质量的评定

评定教学质量，亦应注意上述计划制订是否合理，而且应注意评定质量不应把一次课作为结论，而应以一定数量课的质量进行综合衡量。

（三）对体育教师业务及体育科学研究、业务档案的管理

关于学校体育教师的管理，不能不涉及教师的职责。教师的职责：提高自己的思想品德、知识、能力水平。教学能力是体育教师最主要的能力之一，主要是指按教学大纲要求进行讲解、示范和组织教学的能力。另外，诸如体育实践能力、科研能力等都是体育教师应具备的能力。

在体育教师管理中，应特别注意建立教师业务档案。档案包括教师自然情况，参加教学、训练、科研、学术活动情况；创造、发明、学术论文、专著、教材编写；业务和学术受表彰的资料。档案还应有进修情况，包括成绩、鉴定，教师个人规划；各种晋升呈报表、学期工作登记卡、评语、观摩教学（重点）情况等。

学校体育科研工作是学校体育工作的重要管理内容之一，科研应以教师为主，由于教师知识结构等素质较高，又有实践经验，因此存在着搞好科研的基本条件；同时，教师亦可通过科学研究多出成果，既可加强自身的能力，亦可对社会有所贡献，提高教学效果。学校体育科研工作，应在教研室的统一领导下，有组织地进行。科研工作的管理包括总体科研规划与计划的制订、实施；选题、审题、课题计划的制订、实施与研究成果管理。体育教师进行科研工作，教研室及学校领导机构应给予支持，特别是对必要的设备、经费、资料的供给方面，应予创造条件。体育教师在选择课题时，亦应从实际出发，结合学校实际，并应注意科研成果的应用。[1]

二、大学体育教育管理的组织

大学体育教育管理的组织体系：高校体育主管校长、体育部、体育运动委员会、实施《大学生体育合格标准》领导小组。学校的体育行政管理工作（主管学校体育工作的上级部门领导）是在学校党组织的具体统一领导下，由校长或主管副校长负责。

（一）主管校长、副校长职责

主管校长、副校长是学校体育行政管理负责人，他们的工作应在上级部门的领导下，管理学校体育的一切事宜，贯彻政府（教委、体委）体育行政部门的指示、法规、制度，并以此为依据作出学校体育工作规划，以及有关工作计划；召开校务会议作出决定后，具体领导执行；根据工作进展情况进行督促、检查，最后作出总结。对教导处（体卫处）、总务处、共青团及教育工会的体育工作实施工作管理、指导。例如，通过团委落实宣传，通过教导处抓教研室的教学、业余训练、群体工作，通过总务处管理学校体育经费比例等。注意调动全校师生关心学校体育工作，做好思想政治工作，关心他们的业务学习、体育锻炼及生活问题，指导他们的工作，与他们共同完成学校各项体育工作。

（二）教导处（体卫处）体育工作职责

在校长领导下做好体育教研、体育教学等工作，与体育教研室一起对学校体育工作计划（全年、学期的教学、竞赛、运动训练计划）作出初步方案，交校长审批；负责对体育教师的业务学习、进修，学校体育教师配置，体育教室主任的选拔、任免等工作，必要工作请示校长审定；检查、督促日常体育、卫生工作。

（三）体育教研室的工作职责

在主管校长、副校长及教导处（体卫处）的直接领导下，依据党的教育、体育方

---

[1] 马顺江. 互联网+教育背景下高校体育教学创新思路研究 [M]. 沈阳：辽宁大学出版社，2021.

针及上级的指示精神，协同各有关部门制订学校体育工作规划、计划，制定规章制度，对学校的体育工作随时提出建议；组织教师研究体育教学大纲、教材、教学方法，在学校领导下做好学校群体工作，组织业余训练队伍。例如，积极推行《国家体育锻炼标准》等项工作；组织安排体育教师的政治业务学习、进修，以及学校体育科研，并随时检查他们的工作情况；协同医务室做好学生的健康保健工作，与其共同做好学生体质、健康卡片登记，与医务室一起定期检查学生的身体机能、素质，并研究分析科学总结；与总务处合作管好体育场地、器材及经费的合理使用，与团委一起做好体育宣传教育，指导学生会体育部的体育工作；关心体育教师生活，协助学校解决他们的实际困难，共同做好学校体育工作。

（四）体育教师的工作职责

体育教师是在体育教研室主任的直接领导下工作，接受教研室主任分配的具体工作，并创造性地完成。首先，要深入理解党的教育、体育方针，钻研业务，安心完成学校体育工作；其次，做好学校体育教学工作，钻研《大纲》和教材，掌握教学方法，制订课时计划，上好体育课，积极进行体育教学改革，提高教学质量；再次，积极承担业余训练工作，发现、培养体育优秀人才，组织课外体育活动竞赛，做好分管的具体工作；最后，在做好指导学生锻炼身体的同时，培养他们的体育兴趣、习惯，同时要做好体育宣传教育工作，另外，协同总务处做好场地、器材管理工作。

（五）学校体育后勤工作的职责

接受主管后勤工作校长、副校长的直接领导，做好学校体育工作所需经费的预算，协同有关部门进行使用，对使用情况进行合理的监督、检查；学习掌握体育教学、竞赛业务，掌握体育场地、器材的使用规律，保证场地使用效果及器材供应，做好服务工作，及时对场地及器材进行维修、保管，建立采购、验收、入库、保管、出库制度；勤俭节约，组织自制器材，注意与使用者合作，教育使用者爱护场地、器材；主动解决体育器材不足问题；参与卫生室（校区）学生体质测定及建立健康卡片工作。最后，积极参与制订学校体育工作计划，制定体育规章制度，做好科研工作，对所有工作要及时作出总结、汇报，对学校体育工作提出自己的想法、建议。

学校体育的各部门职责，实质上也是学校体育行政管理不同角色所负责的体育行政管理内容，这种管理也是互相联系与制约的，因此协同合作是至关重要的。并且，在完成各自的管理任务时，要讲究管理的方法及管理思想，这样才能全面地做好学校的体育管理工作。

第八章

高校体育教学模式创新

第一节 高校体育教学的创新

一、高校体育教学创新原则及路径

（一）高校体育教学创新应遵循的原则

1. 主体性与超越性原则

体育教学创新的实质是把个体的地位、潜能、利益、发展置于核心地位，发扬人的主体性，其职能是最大限度地激发学生的积极性、主动性和创造性。摒弃教学方法单一、教学模式固定、管理方式死板的"一统化"的教育方式，使学生在教育教学活动中表现出高度的自主性、主动性和创造性。体育课堂的主导活动是以学生为主，教师的教只作为一种辅助形式，融于学生的各项活动之中。而且在发挥主体性作用当中，还应摒弃传统教育机械单向的"适应论"，而走向"超越论"。创造出不以"重复过去"为己任，而是在人文本质上真正超越前人的一代"新人"。换言之，就是在教师的引导下主动参与体育课堂教学，使之由过去体育课堂单纯听口令的被动接受者变为主动受益者，成为体育课堂教学的主体。

2. 民主性与独创性原则

教师和学生对于知识、价值及其评价有着平等的发言权，因而在教学活动中是一种平等关系，这一平等关系又必须建立在一种民主宽松的教学氛围（如师生关系、教学环境、学生自由发展度等）基础之上。这样不仅能充分发挥学生的创造性思维和想象力，也有利于学生个性的发展。因为，个人作为教育主体不仅具有主体共同的特性，还具有独特性和差异性。而民主平等的师生关系和生生关系，民主和谐的教学氛围使得师生间能够互相接受、互相适应、互相理解、互相尊重。

3. 全面性与发展性原则

创新教育是综合素质的教育，它涉及人格、智能、知识技能培养等诸多方面，其实质是培养人的自由全面发展。相对于应试教育而言，创新教育是一种注重完善学生健全人格的教育。作为体育教学来讲，一方面不仅要注重德、智，以及坚忍不拔的奋斗志向、纯洁优秀的道德品质、超凡脱俗的审美理想、宽广渊博的文化素养和敏捷灵巧的生活技能；另一方面更要注重培养学生从事未来创造工作所必备的独特精神品质，如坚持探索、博采众长、吸纳百川而又独树一帜的宽广胸襟等。因而，体育教学创新更是全面性和发展性特征的完美体现，其宗旨就是实现学生认知和个性的全面协调发展。

4. 启发性与互动性原则

体育教学中学生创造性思维的激发和培养是建筑"创新"大厦的基础之一。通过体育教学，对学生施以积极的教育和影响，为使他们最终作为一个独立的个体能够学会并善于发现和认识有意义的新知识、新事物、新方法，掌握其中蕴含的基本规律并具备相应的能力打下稳固的基础。但创造性活动并不是单方面的，而是师生间的一种互动，只有这样才能相互启发、相互激励、相互帮助，才能激发思维，形成创造性想象。而互动性在体育课堂中表现得最为明显，只有师生积极配合，才能发挥最佳的体育教学效果，才能使学生在互动过程中形成自己的知识结构、能力结构和人格结构，展示自己的独特性和创造性，培养积极参与的能力和态度。

（二）高校体育教学创新的路径

1. 转变教育观念，更新教育思想是体育教学创新的前提

要从传授、继承已有知识为中心的传统教育，转变为以学习者为中心，着重培养学生创新精神的现代教育。教师要认识到"授人以鱼，不如授人以渔"的道理，努力形成以主动参与、积极探索、主动思考、主动创造为基本学习方式的新型教学过程。要坚持教育的成功导向和正面鼓励，鼓励冒尖，允许"落后"，不求全责备，充分发挥学生的个性。认清创新教育的核心是以教为主导，学为主体，整个教学过程是在教师的引导下，充分发挥学生的主体性，引导学生主动学习、创造性学习。在创新教育中，教师应重视调动学生的主动性和创造性，开发学生的智力，促使学生由"要我学"转变为"我要学"，从而迸发出极大的学习热情，并能够处于主动学习的最佳状态，从而为培养学生的创新能力打下基础。

2. 建立民主师生关系，创设学生创造性思维的氛围

宽松、自主的学习环境是培养学生创新能力的一个重要条件。教师要促进学生的创新力，就必须在他们班上倡导一种合作、社会一体的作风，这也有利于集体创新力的发挥。实践证明，在专断的师生关系中，教学氛围沉闷，学生精神抑郁，学习非常被动。而在民主的师生关系中，学生会对教师产生信赖感、亲切感，从而形成有益于课堂教学的亲和力。教学氛围活跃，学生精神振奋，心情愉快，学习积极主动，有利于激发学生的创造性思维。因此，在体育教学中，教师要尊重学生的人格和权利，与学生建立民主平等的师生关系，形成健康、美好、愉快的气氛与情调。使学生在和谐、融洽、宽松的环境下学习锻炼，并不失时机地对学生在教学过程中显现出来的审美意向和创造性进行形成性和激励性评价，并加以鼓励赞扬，使学生获得心理满足，激发学习的积极主动性。总之，体育教育必须走"民主化"的道路，师生之间应该建立合作、开放、真诚、平等、共融的密切关系。

3. 创建以学生为主体的新型教学模式和教学方法

第一，在教学模式中，应把体育教学和创造活动有机地结合起来，切实做到以下几点：一是摒弃传统的教师教、学生练的模式，引导学生积极地参与到教学活动之中，鼓励学生提出新方法、创造新游戏。坚持标准的统一性和运动项目及运动方法的灵活性和多样性，充分发挥学生的潜能、特质和独特性。二是教师和学生都以研究的态度对待体育锻炼方法的学与练，针对学生身体素质的特点，选择合适的锻炼项目、方法和评价标准。鼓励学生提出新见解、创造新练法、形成新游戏。三是在竞赛活动中，鼓励学生自己提出训练方案和比赛策略。四是在体育游戏中不仅注重学生的身体素质培养，还要注重学生智力因素、情感因素和创新精神的培养。

第二，在教学方法上，教师应针对学生身体素质的特点，选择合适的锻炼项目、方法和评价标准，鼓励学生提出新理解、创造新练法、形成新游戏。例如，在竞赛活动中，鼓励学生自己提出训练方案和比赛策略。在体育游戏中不仅注重学生的身体素质培养，还要注重学生智力因素、情感因素和创新精神的培养。要随时引导学生进行独立思考，鼓励学生提问题，即使提一些"稀奇古怪"的问题也无妨。应鼓励学生大胆发言，对老师的某些观点提出质疑。老师的确有不如学生的地方，只因"闻道在先"才多了许多经验和方法。回答不出学生的提问，老师要敢于说让我"想一想""查一查"，要敢于正视自己的不足，努力防错和纠错。

4. 提高体育教师的综合素质是体育教学创新的关键

创新教育在教师要求上，不再满足于传道、授业、解惑的传统功能和作用，而要求教师能在学生创新教育的过程中发挥引导和示范作用，即教育者能以自身的创新意识、思维以及能力等因素去感染、带动受教育者创新力的形成和发展。在某种意义上可以说，只有创新型的教师才能实施创新教育，才能培养出创新型的学生。因此，教师自身必须具备较强的创新意识和较强的创新能力，只有这样，教师才能从自己的创新实践中发现创新能力形成发展的规律，为创新教育提供最直接、最深刻地体验。最终在教学过程中，自觉地将知识传授与创新思维结合起来，发现学生的创新潜能，捕捉学生创新思维的闪光点，多层次、多角度地培养学生的创新精神和创新能力。因此，要实现体育教学的创新，教师必须具备以下几个方面的能力：

第一，具备深厚的文化功底和扎实的教学基本功。创新教育中要求有丰富多彩的体育课程项目，学生可自行选择适合自己的学习项目，这对于教师来讲无疑是一种无形的压力。因为教学内容的不同必然会带来教学方法、教学方式的变化，这就要求教师不仅要具备深厚的文化知识、艺术素养，以及综合运用知识的能力，还要具备扎实的专业教学基本功。要能够将其他学科知识、日常生活技能有机地结合在体育教学中，起到触类旁通的作用。通过教学艺术的积极引导，培养学生学会自主学习和综合运用知识的能力。

第二，具备驾驭教学情境发展走向、调控教学进程的能力。教师在创设情境教学时，首先要把握好主题与学生情感产生的临界点，找出最接近于相应年龄学生情感的重要情境，这样就能在较短的时间内激发学生的情感；其次应具备较强的教学组织调控能力，即在课堂教学中起到组织、引导、控制以及解答作用，要改变"一言堂""满堂灌"的弊病，形成以学生为中心的生动活泼的学习局面，这样容易激发学生的创新激情。这就要求教师一方面在组织教学中要有敏锐的观察、判断和处理问题的能力。这是由于体育教学空间范围大、学生的兴奋程度较高，因此能准确地预见和判断教学走向，对于控制好主题式情境教学起着极其关键的作用；另一方面要有较强的语言表达能力。教师的语言表达艺术既能激发学生情感的产生，又能在公正、公平、富有激励性的评价下，推动学生积极锻炼。

第三，具备积极的创新意识和创新能力。体育教学的创新要求教师必须突破传统教学模式条条框框的束缚，不断地运用创造性思维进行探索，善于吸收其他学科的新思想、新方法，通过自己的认识——实践——再认识——再实践，形成具有自身特色的现代体育教学方法。因此，这就要求教师必须具备积极的创新意识和创新能力：一是敏感性。即指容易接受新事物，发现新问题。二是灵活性。即指具有较强的应变能力和适应性，具有灵活改变方向的能力。三是独创性。即指产生新的非凡思想的能力。四是洞察力。即指能够通过事物表面现象把握其内在含义和本质特性。

二、高校体育教学中学生创新意识与能力的培养

（一）高校体育教学的目标及学生创新意识的培养

1. 全面实施素质教育，为学生创造意识的培养奠定坚实的基础

素质教育与传统教育最根本的区别就在于它的全面性、全体性和自主性：全面性是要使学生得到全面发展；全体性是指教育要针对所有学生；自主性是教学过程中要

使学生主动地学习。结合高校体育教学的特点,利用有限的时间开展多种体育活动,使学生能够按自我兴趣、爱好和社会需要来选择,充分调动学生学习的能动性,从而给创新教育做好准备是学校教学的重要目标。

2. 改革教材内容,重构教材体系

体育教材内容的选择直接影响到学生体育意识的培养,所以高校体育教材的编写应根据学生体育锻炼的需要,其体系应从健身、娱乐、休闲等方面予以考虑,多选择一些难度小、易展开、趣味性强、融健康、娱乐、休闲为一体的项目。

3. 营造创新环境,培养学生的创新意识

高校体育教学要培养学生的创新意识就必须营造一种适宜的环境。例如,田径、武术、体操等项目,经过长期的演练已经形成了固定的格式,所以在这些项目的教学中主要是进行模仿学习,而各种各样的游戏和对抗性的比赛也能给学生创造性地发挥提供广阔的空间。此外,意识是行动的先导,在体育教学中培养学生的创新意识也是创新教学的一个重要环节。

4. 强化课外体育,扩大锻炼领域

从事课外体育活动不仅能对体育课起到互补和延伸作用,而且还能使学生在课内学到的体育知识、技术、技能得到消化、巩固。由于课外体育是学生自己担任主角,它不仅可以培养学生的一般能力,而且还能培养其组织能力、管理能力和创造能力,对提高学生的综合素质,培养学生多方面的体育能力能够起到重要作用。

5. 开展丰富的校园文化活动,积极营造良好的校园文化氛围

校园文化对于高校学生陶冶性情、磨炼意志、塑造自我有着重要作用。校园文化是大学生成长和发展的直接环境,要大力开展丰富多彩的校园文化活动,积极支持和指导学生,共同营造生动活泼、健康向上的校园文化,使学生从中受到文化氛围的熏陶。同时,还要重视校园环境建设,建设一些优美的自然景观、人文景观,形成良好的学习和文化氛围,促进创新教育的发展。

6. 调整考试和评价方式,促使学生创新意识的提高

对学生学习效果的考核和评价一直是影响学生学习方向的重要因素,过分重视考试的结果和固定的考试形式一直是传统"应试教育"的最大弊端。改革传统考核与评价的方法,根据学生的实际情况,灵活掌握考试方法,不硬性规定考试项目则是解决此类问题的主要措施之一。

(二)体育教学中创新意识的培养方法

1. 思想的创新

发展娱乐性体育和健身性体育是转变学校体育教育观念的体现,也是当前学校体

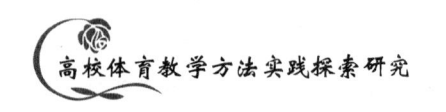

育的重要特征。

2. 教学方法和组织形式的创新

可以采用启发式教学，以达到在教学过程中"学"的中心地位，引导学生自己解决问题，促使学生积极参与教学活动。在掌握运动技能的过程中，发展创新意识，去创造更合理、更完善的技术动作。可以用发现教学法来不断刺激学生发现问题和创造活动的兴趣，用学导式的教学法将学生主体和教师主导地位统一起来，使学生自学和教师引导相结合，从而培养学生自觉锻炼的热情，养成自我锻炼、终身锻炼的习惯。教师应改变以往的组织形式，使学生成为体育教学的主人。教师可以只说明活动的目的、要求，安排一些小型比赛，由学生自定规则，相互裁判等，以此来提高学生的参与热情，掌握裁判技巧，培养组织能力和创新能力。

3. 重视创新方法的传授和体育理论课的作用

发散思维和创造个性是学生创新意识构成的两个主要方面，创新意识的其他因素在体育教学中的作用也不容忽视。对体育知识和体育项目的充分了解是体育教学中学生创新能力培养的基础，理论课可以利用自身独特的优势，以图片、幻灯片、录像、电脑软件等高科技教学手段形象而生动地阐述体育基本知识、专项理论和体育娱乐欣赏等内容；也可以利用多媒体视频、电脑软件等手段对一些社会上比较流行而学校没有条件开展的，如网球、保龄球、高尔夫球等体育项目进行介绍、学习和模拟；还可以根据社会需要、男女学生对体育文化需要的差别，灵活地进行教学，给男生讲解美国职业篮球联赛、国内足球联赛、欧洲足球联赛等。给女生讲解健身、美容、减肥、形体训练等方面的知识。这样可以充分挖掘学生的主观能动性，促进其个性的发展，使其创造能力迅速得到提高。

三、构建高校体育教学创新体系

（一）教学思想创新

建立面向未来的"求知创新"和"健康第一"的教学思想，主要体现在两个方面：一是掌握过去和现在的体育知识技能是为了更好地探索未知的体育；二是掌握未来终身的体育和健康的知识与技能。长期以来，高校体育教学存在的最大弊端就是为了过去而教而考，其重心过于局限。如果掌握过去的知识仅仅是为了解决过去和眼前的问题，而不是面向学生未来终身体育的需求。那么，这样学习的体育知识和技能将失去其应有的意义，这显然对学生解决未来体育的新问题十分不利。实践证明，大学生已经具备了一定的创新能力，如果把精力大多用在单纯记忆过去的知识上，那么就会影响学生的创新积极性，这不仅是一种精力浪费，也会使我国高校体育教学长期不能融入世界发达国家高等教育的行列。传统的重过去、重眼前的功利主义教学是限制民族创新素质发展的症结所在，也是制约高校体育教学改革的桎梏。在功利主义教学中，学生学到的旧知识，除部分有用以外，其余的不是他们不想学，或是学而忘之。这样的教学，不能促进学生习旧创新，这与全国教育工作会议提出的高等教育改革要重视培养学生创新能力的精神严重背离。当然，学生掌握过去的体育知识技能，有利于求新。但目前高校体育教学，存在最突出的问题就是为了习旧而不是为了创新，没有把更多的具有创新性的体育教学内容纳入课堂之中，更缺少引导学生创新的教学方法。更确切地说，教师"求知创新"的教学意识极为淡薄。其实，"求知创新"的教学思想在中国早已有之。从古代孔子的"温故知新"，到现代教育家陶行知"发古人未所发，明今人未所明"的教育思想，皆是习旧求新的教育思想，遗憾的是我们没有将其发扬光大。因此，为培养学生的体育创新能力，贯彻素质教育和终身体育思想，建立为增进学生现实与未来的健康而教的"求知创新"和"健康第一"的体育教学思想，把体育与健康教育知识和技能的过去、现代、未来融为一体，并使其重心向未来转移显得十分必要。同时，这也是高等教育面向未来的改革思想与学校体育"坚持健康第一"思想的统一。其中，高校体育从以增强体质为中心向以健身为中心转移，这其实是把健康教育与身体教育（体育）有机结合在一起的表现，也是增强体质与增进健康的统一。

（二）教学内容体系创新

1. 重视体育与健康教育相结合

现代体育教学已从传统的以运动技术为中心的传习式转向以增强体质为中心的新方式。体育从生物学角度增强体质，在劳动力密集型的重体力劳动时代是十分可取的。但是，在未来劳动强度日趋降低的知识经济时代，它对于全面增进健康却极为有限。世界卫生组织认为，健康是人的生物、心理、社会三者达到圆满的状态。因此，体育与健康教育结合系统地从生物、心理、社会三个层面增进。大学生的健康是未来社会发展的需要，这也符合全国教育工作会议提出的"学校教育要树立健康第一的指导思想"。这就需要我们把身体教育与健康教育结合起来，构建新的体育教学体系。在这个新的体系中，身体教育是以增强体质和增进健康为目的的体育。体育未来是指人们根据未来社会和教育发展的变化，在体育理论教学和实践教学中，不断积极地探索体育自身发展与未来社会需求相统一的未知领域。在健康教育体系中，人的生理、心理和社会三维的健康是一个不可分割的统一体。传统的健康教育和过去的身体教育一样，偏重于从生物学角度研究人的生理健康或生物体能的提高，现在二者又转向从生物学和心理学两个方向研究以增进人的身心健康。二者都有"社会的适应能力"的内涵，有人认为这一内涵就是个体在群众中为了生存与发展而进行的、正常的互助、协作、交往和理解生存与发展的能力。这种能力，可以促进个体主动适应社会，并与社会协调发展，这就是"社会健康"的基本内容之一。"社会健康"有广义和狭义之分，广义的社会健康是指采取科技与人文措施，抵制世界"公害"的增加、促进人类社会健康地生存与发展；狭义的社会健康是指人类个体或群体能够具备关心理解、宽宏大量、互助利他、团结协作等适应社会的能力。

2. 增加有助于培养学生体育能力的教学内容

过去，高校体育以运动技术教学为中心，注重运动型教育，忽略了体育方法教学，这对于培养学生终身体育能力、增进健康十分不利。未来，重视培养学生体育能力的新型体育教学，在不忽视运动技术（体育手段）教学的同时，要十分重视体育方法教学（体育与健康相结合的方法）。体育方法教学对学生而言，它包括学法、练法和健康养护法等。健康养护法是配合身体锻炼需要，采取合理的饮食、睡眠、卫生、心理调节等保健方法。加强体育方法教学，要求体育教师在教学中不仅要传授运动技术，而且要把运动技术的健身原理学法、练法和健康养护法等终身体育知识技能传授给他们。

3. 增加面向未来的教学内容

长期以来，高校体育教学内容以解决过去和现实体育问题为重点。未来高校体育教学内容改革，应在探索中解决学生未来健身急需解决的问题。例如，体育理论课不但要传授现实体育锻炼、养护和观赏的知识，而且要积极探索传授未来社会所需的相关内容，找到高校体育与社会体育的连接点。其中，理论教学可以比实践教学稍微超前，这样能预测未来社会发展对体育的新需求，真正使体育教学更加富有前瞻性。

四、高校体育教学模式的创新改革

（一）目前高校体育教学模式存在的问题

1. 教学理念较为落后

我国高校体育教学依然保持着传统教学的特点，发展至今并没有改变多少。在日常的高校体育教学中，教学方式较为单一，授课方式都比较传统，主要是教师讲课，学生被动地接受知识。教师首先做一些示范，然后由学生进行模仿练习。这种方式已经严重阻碍了新课程理念下教学模式的创新，我们要改进教学方式，注重教学方式的多元化，努力适应新形势下高校体育的教学理念，力求高校体育教学取得创新性效果。

2. 体育教学内容深度不够

众所周知，如果教学内容只是浮于表面，只做表面文章，那么教学内容就无法得到深入。目前很多体育教材存在只注重表面技术的问题，只注重大容量，而忽视了教材内容的深度。一些体育教材只是简单介绍体育运动的形式，而不能充分体现体育精神、民族精神，不注重培养学生的终身体育意识。教材内容的深度不够，就无法达到让学生学习体育的真正目的，也就很难培养学生的创新精神。

（二）高校体育教学模式创新改革策略

1. 明确教学目标，突破传统教学思想束缚

我们都知道，我们只有在学习的过程中确定明确的目标，才能向着目标努力前行。同样，教师在教学过程中也必须树立明确的教学目标，抓住教学难点和重点，注重教学技巧。教师在向目标前进的过程中一定要冲破传统教学思想的束缚，摒弃一些旧的教学理念，大胆创新教学理念，勇于创新教学模式，将现代化元素引入课堂，使得体育课堂集娱乐、健身等于一体，遵循学生的发展个性，使学生在轻松愉快的氛围中取得进步。教师的教学目标不仅仅是培养学生的运动技巧和专业知识，更重要的是培养学生终身体育意识，提高学生的体育能力，帮助学生增强体质，提高学生的综合素质，推动高校体育教学向着积极方向的发展。

2. 注重高校体育课程结构的优化

对我国高校体育教学进行研究，我们不难发现，其教学内容大同小异，几乎千篇一律。各个高校大多按照统一的教育计划来制定教学目标，其教学目标也十分相似，通过此种方式的教学，严重束缚了对学生创新精神的培养。而通过对国外发达国家体育教学的分析，我们可以找到很大的差距。例如，美国大学教育部门就没有制定统一的体育教学计划，而是给予各个高校高度的自由性，让各高校根据自身情况，来制定各自的教学目标。调整各自的教学内容，利用其自身的优势来培养学生的创新意识，提高学生主动参与体育活动的积极性。因此，我们不难看出，要想实现高校体育教学的创新，必须实现高校体育课程结构的优化，在课程结构优化的过程中，我们要注重信息知识和技能技巧的创新。同时，也要将素质教育创新作为核心内容，努力做到使学生在提高自身身体素质的同时，提高自身的综合素质，促进学生的全面发展。

3. 注重教师素质水平的提升

要想实现高校体育教学的创新，在注重课程优化和教学目标制定的基础上，提升教师的业务素质水平也非常重要。因此，相关部门和领导要注重教师师资队伍的建设，并大力鼓励教师积极参与体育教学科研项目，培养教师的科研精神。在科研过程中激发教师的创新能力，这样教师才能更好地在教学过程中培养学生的创新思维，实现高校体育教学模式的创新与改革。

4. 更新教育观念，树立创新意识

开展创新教育，不仅需要一定数量的教师，而且需要素质过硬的创造型教师。也就是说，没有一支具有良好素质的教师队伍，创新教育就不可能顺利进行。具有创造精神的教师，能够利用一切机会和条件激发学生的创造欲望，满足学生的心理需要，并能够不失时机、随时随地进行创造素质培养。

现代心理学对创造心理的研究表明，创造力可以表现在人类的各种社会实践活动中，诸如身体运动、语言等方面，人们都可以有出色的发展和表现。因此，要真正承认学生有创造力，就要去发现学生的创造力，认识学生的创造力。传统教育观念以传授知识为核心，以培养熟练掌握书本知识的人才为目标，因此必然导致学生以教师、课堂、书本为中心，这不利于学生创造心理素质的培养。现代教育观以培养创新能力为目标，倡导以学生为主，积极引导学生勇于探索、积极思考，直至领悟知识的形成和发展规律，并在探究中培养学生的创新能力。以实践操作为主要手段的体育教学，要做到体育知识与运动实践的有机结合，教师应科学地设计教法，合理地选择学法，设计学生参与学和练的整个过程，努力创设贴近学生生活实际、适应社会需求的体育锻炼环境和运动训练项目，重应用、重实践，在应用和实践中培养学生的创新意识、创新精神和实践能力。

第二节　网络环境下高校体育教学改革

一、相关概念

（一）网络教学

网络教学是利用计算机设备和互联网技术，在此基础上实行信息化教育的教学模式。借助互联网平台实现异地、实时的教学和学习，平台将多媒体视频、音频、图像、动画等资源融合在一起。网络教学的主体是教师和学生，教师制作多媒体课件或开发网络课程时参考教学大纲、学生学习特征和学生认知水平，有针对性地调整课程、课件内容，将制作好的多媒体课件或网络课程与相关资源、扩展信息发布到网络教学平台。学生则通过网络设备接入网络学习平台，可按教学要求选择课程或针对自身特点进行学习，同时师生双方可通过平台的交流模块针对学习问题及时进行交流。

（二）教学管理

教学管理是学校正常教学秩序的保障，教学管理者通过一定的管理手段，使学生按照学校既定的培养方案进行学习，包括教学大纲、教学计划、教学运行、教学质量评估、学籍的异动审批以及学科、专业、教室、考场等管理。在确保正常教学秩序的前提下，同时对教师及学生在校期间开展的各类活动的辅助与监管。

（三）网络教学管理平台

网络教学平台是建立在以互联网为基础的现代远程教育的支撑平台，为在网络上进行学习的学习者和教育者提供交流的平台，可以方便教育者进行授课、答疑、谈论以及作业的批注。它是支持共享和交互的平台，为学生学习质量提供了一定的保障，且符合统一的标准，它是现代网络教学必备的教学支撑平台。

网络教学管理平台建立在网络教学平台的基础上，教师可以在这个教学平台上开设教学课程，方便学习者自主选择要学习的课程并进行自主学习内容的挑选。不同学习者之间根据教学内容来进行交流互动，教学活动围绕着教师的教和学生的学来开展，方便教师和学生进行讨论和交流。它是支撑教学活动最重要的应用管理系统，为教师和学生提供了强大的施教和网上学习的环境。同时，将学校教务管理平台的内容进行融合，教师可以在平台上对学生的作业进行批注，可以编辑教学课件，可以在线对学生进行考试等。平台可根据教学的课程需要，定制个性化的学习工具。同时，学生也可以在这个平台上选修课程，安排学习计划，查看选修课程的内容，向教师提交作业，汇报协作学习的情况等。

二、理论基础

（一）教育传播理论

教育传播理论是教学技术的重要理论基础，现代远程教育的教与学活动，是一种以教与学的异地分离为特征，以媒体传播信息为特点，以学习者的自主学习为主的获取知识量的新的学习形式。由教育者按照一定的教育目的和要求，选定教育内容，并借助媒体通道，将知识、技能及思想等传输到特定教育对象的过程。一次典型的传播包含了五个方面的内容：分别为发送者、信息、渠道、接收站和效果。而我国教育技术学者也对教学过程中信息的传播进行了深入的研究，他们把教学传播过程分为六个阶段：确定信息、选择媒体、通道传送、接收解释、评价反馈和调整再传送。

教育传播理论六阶段的动态传播过程也为网络教学提供了有力的理论支撑，网络教学平台在教学信息传播过程中也需遵守以上六个阶段。尤其是评价反馈阶段，网络教学平台的互动性、便利性更加有利于师生相互交流，有利于教师及时反馈评价意见。

（二）人本主义理论

人本主义心理学主要体现在培养"完整的人"或"自我实现"为目标，强调人的认知发展和情意发展的统一，强调人的情意发展和认知发展的统一；同时罗杰斯认为人的学习倾向和内在潜力是天生的，保持学生的好奇心将会推动终身学习的发展。好奇心可以帮助学生解决学习中的困难，而且可以不断激发学生自主学习的潜力。从这个意义上说，网络教学管理平台的个性化学习有利于学生"自我"目标的实现，以兴趣为引导点，推动学生学习，提高学习效率与品质。

（三）混合学习理论

混合学习理论的主要特点是将现代教学与传统教学融合在一起，通过综合运用不同的教学手段来满足不同的教学需求。在传统的教学中，只要存在不同教学手段的结合，就可以称为混合式。例如，在课堂中播放录音、录像等。需要教师对"混合"的内涵有充分认识，才能将教学活动有效地体现出混合式学习，并将混合式学习的思想融入教学活动之中。

在网络教学平台的教学活动中，将传统学习与网络学习结合起来。根据学习者自身的特点和教学内容要求，针对实际的教学环境和教学条件来选择多种传递通道进行知识传输，不局限于任何一种教学方法、教学手段和教学设施，同时通过教师有效地引导和规划，学习者根据自己的能力去进行自定步调的学习，以取得更好、更有效益的学习效果。

（四）绩效评价理论

绩效评价理论是组织依照预先确定的量化指标及评价标准，运用科学的评价方法，对评价对象的工作能力、工作业绩进行定期和不定期的考核与评价。而在网络教学管理平台中，师生双方均可互相评价，互相监管。同时，引入第三方监管机制即教务部门对师生同时监管，既可以考核评价教师日常教学活动的开展、课件资源的上传、师生日常的交流情况，又能够对学生完成课程进度、日常考试、教师评议、学业完成情况进行考核评价，在一定程度上督促师生双方有序地进行教学活动，保证教学顺利开展。

三、网络环境下高校体育教学的改革

（一）高校体育教学的困惑

一切为了学生的身心健康，这是学校体育教学的出发点和归宿。《国家中长期教育改革和发展规划纲要》再次明确了"健康第一"的学校教育指导思想，也首次提出要建设开放灵活的教育资源公共服务平台。然而，现在的大学体育课过分强调"统一性"，忽略了学生生理、心理诸多方面的差异，"吃不饱"和"吃不了"的现象普遍存在。自主选课、主附项兼修、体育俱乐部教学对教学模式的改革发挥了积极的作用。

但不可否认，在教学内容、方法、手段上与中、小学重复较多，大同小异。此外，期望每周一两次的体育课教学来增强学生体质，培养他们的自学、自练能力，使之成为具有健身意识的自觉个体是不现实的，也与未来社会对人才的要求脱节，知识、技术、技能的传授与时代对发展大学生个性，激发大学生潜在能力还有一定距离。

（二）网络信息技术在体育

1. 资源丰富，方式、手段更具吸引力

学生在较短时间内，对相关信息资源进行收集、加工、处理，一方面为其搭建展示自我处理信息能力的平台，另一方面为其在有限的课时内保证重、难点的突破打下基础。此外，多角度、多方位的比赛场面以及先进的运动技术方法通过交互式的个体化教学资料，会吸引学生投入地观看、模仿与学习，并可以把自我技术及特点进行电脑分析、比较，查找症结，有针对性地进行改进。

2. 有助于改变体育教师的劳动结构

体育教师劳动的特殊性随着一些民间体育项目、休闲运动以及新兴运动项目逐步进入高校课堂而日益凸显，并非每位教师都能够准确、优美地进行示范，尤其对于年长者难度更大。存在一定危险性动作，特别是对一些整体动作分解教学、集体配合项目的战术教学以及部分在空中完成动作的示范，学生在观察学习过程中缺乏感性、直观地感受与认识。而通过由教师整理汇编放置在网络上的资料及其他相关的网络资料作为支撑的教学辅助手段，不仅弥补了缺点或解决了限制，而且可以增加教学容量和练习强度，提高课堂教学效率。同时，也能够督促体育教师无论在理论课还是在实践课教学中，合理有效地开发、编制程序（课件），实现信息的共享，从而节约时间和精力，以更好的状态投入教学改革与科研工作之中。

3. 促进学生学习方式的变革

目前，国内高校的校园网建设已经趋于完善，既为学生提供了网络接入支撑服务，也为网络体育教学提供了可能性及可靠保障。网络学习强调感知、操作、交流，是直接经验和间接经验的融合统一。通过信息技术与学科知识的整合，在学习过程中与他人合作、讨论，在学中做，在做中学，将探究活动贯穿始终，有利于将信息活动转移到其他学习之中，培养和发展学生的信息素养。多向地沟通，使学生更善于发现问题、提出问题，培养人际交往和解决问题的能力。

（三）"互动式"体育课堂教学实施

1. 在运动技能教学中的运用

传统的教学中，学生在课前对所要学习的内容了解甚少，缺少明确目标。预先的网络学习，使学生对知识技能目标、方法策略目标、态度体验目标都有了较好的理解。尤其是形、声、图结合紧密的视频使学生预先建立了运动技术的表象，对于球类的战术项目中需要同伴协调、默契配合的教学内容的作用更为明显。传统教学中，学生通过教师的讲解示范，进而模仿性地同步练习，层次性、自主性、针对性较差。而根据预先建立的动作影像，学生可以有选择地模仿，教师根据不同水平的学生，要区别对待，进行异步教学，增加了有效练习时间，满足学生个体发展需要。

2. 在体育理论教学中的运用

体育理论课对于提高学生的积极性、针对性十分必要，然而有研究表明，无论是在教学时间的安排、教学内容的选择、教学方法和手段的运用，还是学生的体育态度等方面都存在着严重的问题。这可能与教学设施及环境条件恶劣有关，也可能与部分任课教师的理论水平有关。采用课内理论课与课外健康网络课堂教学为延伸和补充的模式，学生可以自主选择学习时间和空间、学习内容，有助于培养终身体育意识，提高生活情趣和娱乐品位。

由专人负责网页内容的制作，以体育健康知识百科、课余锻炼导航、运动损伤预防与处理、阳光体育运动以及《国家体质健康标准》相关知识、项目规则、组织及裁判法为主。通过电子邮件、QQ、微信、微博等，使理论课内容更加丰富，时间更加灵活。促进锻炼的热情和科学性，针对提出的学习问题，并对锻炼过程中的问题进行个别咨询。

3. 把握课堂教学、网络教学的互补与互动性

互联网为体育教学提供了崭新的空间，它的优越性确实能够给课堂教学带来质的飞跃。但作为虚拟空间，不能替代教师的主导作用。教什么、怎么教、学什么、怎么学均取决于教师。而且因为它缺乏亲切感，在教育效果方面和课堂教学相比存在较大差距，网络教学作为一种先进的辅助手段，与课堂教学是相互促进、相互补充、相互完善的关系。两者的结合，不仅是技术问题，更是观念问题。课件的制作除力求内容清晰、形象生动外，还要针对学生的接受程度及学习过程中可能出现的问题，发挥教师的能动性。通过全面的交流互动，开阔视野，促进逻辑性、创造性思维的发展，与课件的表现力完美结合在一起，并充分认识引入网络教学的风险，加强监督与引导。

4. 精心组织，系统规划

网络课堂教学如果设计不当，那么将导致学习活动的低效和无序。因此，在学习目标的设计上应结合具体教学内容，使其表述明确，符合实际。对学生知识技能、学习态度、协作能力的分析是教学设计的基础环节，问题的设计要具有趣味性、实用性、迁移性，并注重情境的工具支撑作用。推荐小组讨论、搜索分析、师生互动等研究方法，使教、学、做融为一体，使得学习过程的相关设计和指导必要而不过分，具有较好的适应性和选择性，实现资源有效共享，促进"自主、合作、探究"学习。评价设计应在课前提出期望，更多地基于过程中的实际表现并贯穿始终，实现评价方式的多元化。

四、网络教学模式在高校体育教学中的应用

（一）网络技术在高校体育教学中的应用发展现状与特点

1. 网络技术在高校体育教学中应用的现状

网络技术应用于高校体育教学中的过程伴随着高校计算机网络硬件的普及与更新以及多媒体网络体育教学资源的丰富，特别是随着网络技术的发展，我国越来越多的高校开始运行或已经准备运行自己的校园网体育网络教学平台。高校校园网中的体育网是开展体育网络教学平台建设的网络技术平台，体育网是在校园网站的基础上建立的，平台的建设情况直接决定了该校是否具备建设体育教学网络平台的基础。目前，我国高校校园网中体育网的建立已经得到了全面的普及，其中我国高校校园网的体育网的网页数量较多，但已开通体育教学主页的内容相对过于单一，体育教学信息的更新速度普遍较慢，体育教学栏目的建设也不够完善。此外，部分高校体育网的主页仅仅局限于运用简单的文字和图片进行概况简述，无法满足高校自身所开设的体育教学相关专业进行多层分类的网络建设，其中能够利用高校体育网络平台进行开发教学功能的高校比较少。未来高校体育网中，建设网络教学平台的数量和质量都有很大的改进空间，且高校对体育网络教学平台功能的开发是当今我国高校深化体育教学、运用网络技术的核心关键。

目前我国高校体育教学中运用网络技术的应用形式，多数是校园网的体育网模块、共享体育教学的素材等辅助式的教学形式。国家体育教学的教育部门以及高校体育教学的专家学者对于网络技术应用于高校体育教学的研究时间较短，从技术角度分析网络技术应用于高校体育教学中的可行性比较欠缺。如今我国体育教学技术的研究在体育网络教学软件的开发上取得了一定的成果，大量软件开发商对高校体育网络教学软件的开发给予了有力的支持，使高校体育教学的网络技术环境不断得到改善，也使得高校传统模式下的体育教学得到了改进，优化了高校体育教学的教学环境与学习过程。目前，我国高校体育教学网络平台的建设已经初具规模，特别是在重点院校以及一些知名体育类高校，在网络技术应用与高校体育教学中得到了快速的发展。

2. 网络技术在高校体育教学中应用发展的特点

网络技术应用于高校教学的快速发展和变化，是以网络技术为核心，通过运用网络平台实现高校师生之间教学辅助功能的过程。与传统模式下的高校体育教学相比，

高校体育教学的信息化、智能化是计算机网络技术、信息技术高速发展的必然结果。学校开展体育网络化教学，需要建立一个完善的体育教学管理系统，包含体育教学管理系统和体育教学资源管理系统以及体育课堂教学的网络管理系统，从而营造基于互联网的信息化、智能化的体育教学环境。丰富的体育教学信息资源提高了网络技术的应用效率，能够有效地整合各个方面的体育教学资源，实现高校体育教学信息资源的及时整合与分享。通过网络技术可以及时对高校体育教学资源进行更新，及时满足体育教学知识更新的需求。为高校体育教师和学生提供丰富的体育教学资源，提高学生自主学习的积极性。在高校体育教学中，使学生突破传统体育教学模式下被动"灌输式"的教育方式，学生可以根据自身需求设定符合自己特点的学习目标，从而极大地提高体育教学过程中学生自身的积极性。在这种新的体育教学环境中，体育教师不再仅仅是传统体育教学中知识的教授者，也是学生自主学习过程中学习的引导者，丰富了师生之间的交流渠道，方便了学生学习过程中教师的指导。此外，这种模式极大地丰富了传统模式下的体育教学形式，拓展了学生在体育课堂之外的学习环境，营造了不受时空限制的体育教学环境。总之，对传统模式下的高校体育教学模式进行改进，有利于高校体育教学质量和效益的提高，而传统模式下的体育教学也能够得到开放性的发展。网络技术在体育教学中的应用使得体育教学形式日趋多元化，高校体育教学过程中环境更加自由，为学生提供了更加方便接受体育教育的教学形式。[①]

网络技术应用于高校体育教学，使得高校体育教学更加适应时代发展的需求，这也是现代信息化社会发展对于高校教学发展的现实需求。网络技术应用于高校体育教学提高了高校体育教学的学习效率，这也是网络时代背景下学生接受的学习知识的方式之一。体育知识的更新频率高、时效性快等特点，使得传统模式下的体育教学方式很难适应网络时代发展的要求，而通过将网络技术运用到高校体育教学之中，可以及时地让学生接收最新的体育科学知识信息。

网络时代的到来使得网络技术得以飞速的发展，各大高校越来越多地采用网络技术进行网上选课以及教学管理。高校体育教学管理工作的智能化发展离不开网络技术的支持，运用网络技术开发的教学网络管理系统为高校体育教学繁重的管理工作带来了巨大帮助和改善。通过体育教学网络管理系统的运用、建设，及时掌握学生体育课程的选课情况信息，方便高校教师结合所教授的体育专业课程及时地进行教学计划的调整，更加有效地应对高校体育教学的需要，全面详细地掌握本校体育类学科教学过程中教学资源的分配情况，并对本校体育教学的相关数据信息作出更加准确的统计。体育教学网络系统可以根据管理员以及教师和学生操作人员的身份以及功能需求的不同，来进行不同功能使用权限的分配，保障体育教学网络管理系统的正常运行。管理

---

① 朱晓菱，倪伟. 体育健康与实践 [M]. 上海：上海大学出版社，2021.

员掌握整个系统数据库的安全操作权限，其中学生拥有查询自己考试成绩以及管理选课等权限，体育教师则可以通过使用网络教学管理系统，及时了解体育教学所需的有关信息，并对所教授学生的学习进度与成果进行了解，从而方便教学计划的顺利实施。

当前，高校体育教师传统的体育教学理念亟须转变，而高校体育教师对体育教学未来信息化发展的认识也亟待提高。特别是面对未来网络时代知识信息化的开放性和跨时空性的突出特点，这对高校体育教学的发展是一个全新的挑战，高校体育教师只有不断学习新的知识，充实自己的知识储备，才能站在网络时代发展的前沿，把握网络时代高校体育教学的发展方向，迎接网络时代现代化体育教学改革的挑战。高校体育教师教学理念的转变对体育教学中学生体育运动兴趣的培养，高校体育教学的发展起着至关重要的作用。高校体育教师通过正确、合理、高效地利用网络技术和互联网资源，不仅可以提高自身获取体育知识与更新体育教学的能力，而且可以通过网络技术的强大功能探索出未来新的体育教学模式，培养出适应当前网络时代下信息化社会所需要的新型人才。网络技术在体育教学的传统模式下弥补了体育教学的不足，优化了传统模式下体育教学的效率。结合互联网的特性和优点，使高校传统体育教学的价值更加倾向于当前现代化教学的趋势。只有提高高校体育的教学质量与教学效率，才能适应未来知识信息化的迅速更新和发展趋势。新的网络时代背景下的体育教学环境更加致力于发展学生个性、培养学生终身体育学习能力、促进学生综合素质的发展，从而最大限度地发挥网络技术对体育教学资源的作用，构建良好的体育教学环境，为实现终身体育做出贡献，对实现全面育人和终身体育的目标有着重要意义。

3. 网络技术应用在体育教学的相关师资队伍建设现状

当前高校体育教师在教学中应用网络技术已经有了许多具体实例，高校体育教师多数倾向于在体育理论课上应用网络技术手段，而在大多数的体育实践课上，体育教师由于受到一些客观条件的制约，在教学过程中应用网络技术的情况相对较少，甚至有的体育教师在体育教学过程中从未使用网络技术，这些因素制约了高校体育教学信息化的发展。高校体育教师在体育教学中运用网络技术进行教学，需要高校体育教师对网络技术以及计算机多媒体网络运用都能够全面掌握。目前，国内高校的体育教学中都已经配备了网络平台的多媒体教室，高校计算机的数量以及校园互联网的全面覆盖已经得到了较好的保障，所以高校体育教师对体育网络多媒体教学平台以及计算机网络技术的运用有着良好的环境支持。通过网络技术应用于体育教学的相关师资队伍的建设现状，可以看出影响高校体育教师在体育教学中应用网络技术的主要因素包括：第一，体育网络教学资源平台与高校网络化教学硬件设备的建设情况；第二，高校体育教师自己运用网络技术相关软件的能力；第三，相关高校体育教学的网络应用软件较少，与高校有关的政策扶持力度不足。目前，高校体育教学的网络技术环境，主要是指在体育教学的教学实践活动中所涉及的标准化和系统化的网络技术硬件教学设施与环境。高校网络技术平台硬件建设的资金投入和管理中,网络技术相关的教学硬件基础设施和师资力量还严重缺乏。在高校体育教学中开展网络技术应用辅助体育教学的首要条件,就是要在标准化的网络硬件设备环境下进行相关体育教学活动,搭建一个能够实施应用网络技术于体育教学硬件环境的平台,也就是建立一个与互联网相连接的多媒体教学的基础平台。这些硬件环境的开发建设对高校多媒体计算机设备和网络设备提出了更高的要求,正因为如此,才使得实施建设过程中经常会遇到设备以及资金缺乏的问题。目前,国内高校校园网络基础建设还存在着很多问题,例如互联网信息宽带拥挤,少数高校计算机设备普及还不全面,网络数据传输的兼容性、宽带多媒体服务商的选择等数据传输信息的安全性和稳定性都有待提高。目前,高校校园网中体育网的建立已初具规模,但由于国内大部分高校校园网中体育网的建设开通时间相对比较短,因此在高校体育网络教学平台的建设中还面临许多技术问题。高校校园网中体育网建设的体育教学内容的页面数量比较少,体育教学中所需教学素材以及相关体育教学的课件也不够丰富。高校体育教学师资力量的强弱,同样是直接影响体育网络教学平台建设的重要因素。网络技术在高校体育教学中的应用推动着新型高校体育教学模式的产生,对高校体育教师网络技术相关的知识技能都提出了更高的要求。网络技术在高校体育教学中的应用,最终还是需要通过高校体育教师在高校的体育教学过程中予以实施与贯彻。信息时代网络技术的飞速发展和不断更新,使得网络技术在应用于高校体育教学之中时,需要一批能够参与相关体育教学网络素材以及网络课件开发的体育教师发挥带头作用。在这种新环境形式下的高校体育教学,对高校体育教师以及学生启发和指导的教学理念意义十分重大,高校体育教师自身对网络技术的理解和掌握程度都将直接影响并决定高校体育教学的效果。目前高校体育教师对网络技术辅助体育教学功能的认识还不全面,存在许多教学理念较为落后的问题。高校体育教师运用现代信息网络技术的能力普遍较差,这些因素都极大地制约了网络技术在高校体育教学中的应用和发展。

网络技术在高校体育教学中的应用,为我国高等体育教育的现代化发展提供了有力的技术保障,推动了我国高校体育教学现代化的发展进程,促进了国内高校体育教学的信息化发展,并将有效地提高国内高校体育教学的质量,为我国全面地实现终身体育事业的发展奠定了基础。目前,我国高校在体育课程建设过程中还存在一些问题,单一地注重网络硬件方面的投资,同时对体育教学中网络技术实践的应用不够重视,高校体育教学的相关软件以及体育教学网络信息资源的建设还不完善。高校体育教学过程中运用网络技术的同时,忽略了与传统体育教学模式的结合运用。因此,高校可合理地进行体育教学网络硬件和软件的建设,加强体育教学网络资源库的建设,加强高校体育教师有关网络技术的教学培训,有效地利用高校已经建设完备的网络技术资源设备。此外,还要不断深化对快速发展的现代网络前沿技术的学习,加强网络技术应用与高校体育教学运行机制和相关规章制度的建设，加强运用网络技术辅助体育教学相关技能的培训等。

（二）网络时代在高校体育教学中的应用策略

1. 体育信息化背景下高校体育教学改革的需要

高校体育教育是高等教育的重要组成部分，而高校现代化体育教学又是高等教育现代化发展重要组成中的关键环节。同时，高校体育教学在大学生接受高等教育的过程中肩负着全面提高高校学生身体素质的重要使命，为现代化素质教育发挥着重要的作用。网络技术在高校体育教学中的应用为改变传统模式下高校体育教学提供了技术上的支持和保障，同时也为高校体育教育工作者未来信息化教学的发展带来了难得的机遇。网络技术应用在体育教学中，并与其他学科进行多学科教学辅助整合后的教学方式得到了迅速发展，并且受到了学术界许多专家学者以及高校体育教师和学生的认同，在网络技术运用于高校体育教学的过程中展现出其特有优势。与此同时，高校体育教学工作者在体育教学过程中，通过将网络技术融入传统体育教学过程中来设计新的教学模式，使网络技术更好地服务于高校体育教学的需求，为高校体育教学的现代化发展起到良好的辅助作用。运用网络技术在高校体育教学管理的工作中，可以有效地促进高校体育教学管理效率的提升，为高校体育教师与学生间提供了良好的教学科研环境以及更加便捷的交流途径。未来一段时间，网络将从根本上改变原有的高校体育教学模式，并更加有效地整合高校体育教学资源，极大地推动高校体育教学的现代化发展。

建立和完善高校体育教学网络技术应用平台的环境，需要加大高校计算机硬件设施的投入，加强高校校园网中体育网的建设。良好的高校体育教学网络技术平台环境是建设现代化高校体育教学的基础，其中包含了标准化的网络技术设施和系统化的教学软件。随着网络时代背景下网络技术的快速发展以及高校已经基本普及的网络多媒体教室和大量的体育教学网络应用软件，高校体育教学网络技术平台的应用环境得到了较好的硬件保障，具备良好的教学环境可以促使高校体育教师在体育教学中更好地应用网络技术来完善高校体育教学。但是根据相关调查，国内大多数高校目前仍面临网络设备以及多媒体网络教学硬件数量不足，高校校园网中体育网建设的功能不够齐全，相关体育教学软件开发较少等诸多问题。高校所面临的上述问题如果得不到及时解决，必将严重阻碍高校体育教学现代化教学模式的发展。因此，为保障未来高校体育教学水平的持续提升，必须采取必要的执行措施。

随着当前网络时代背景下网络技术的发展与广泛应用，网络技术给高校体育教学带来的影响越来越深刻，应用网络技术的体育教学网络平台受到了广泛关注。在高校体育教学中应用网络技术，对软件和硬件建设的良性教学环境也有要求，如果不具备良好的体育教学软件和网络硬件教学环境的支持，那么在体育教学的过程中就发挥不出应有的教学效果。此外，目前我国高校体育教学的教学网络资源以及体育教学所需的教学软件严重不足，这些都严重影响了高校体育教学现代化发展的进度。为此，高校应加大对高校体育教学软件开发的力度，使之可以更好地为高校体育教学提供优质的服务。高校体育教学中运用多媒体网络教学离不开体育教学网络资源的支持，丰富的体育教学课件和教学素材是未来高校体育教学的保障，高校应及时对体育教学所需的网络教学资源库进行更新，增加体育教学所需的相关课件，对体育教学所需数据信息资料进行教学共享。高校体育教学网络资源库的建立为高校体育课程提供了充足的体育教学课件，为体育教学课件的自主设计提供了丰富的体育教学素材，而且体育教学网络资源库的建立也拓展了学生的学习途径。高校体育多媒体教学网络资源库的建立和完善离不开高校体育教师对体育教学资源的制作和搜集，需要多方面的支持，要及时建立有效的激励机制提高教学积极性，使广大师生积极地加入体育多媒体教学网络资源库的建设中来。高校之间应加强相互合作，实现体育教学资源库的共享，及时对优秀的体育教学资源进行收录，并建立长期稳定的教学合作和共享关系，进而加强高校体育教学网络资源库的建设。

2. 改进传统体育教育模式以提高教学管理的质量和效率

在高校体育传统的教学模式中，多数是体育教师课堂讲述的形式，其中大多依赖于体育教师的板书以及静态投影图等单项式教学。这种传统的教学模式形式和方法都比较单一，教学过程中运用的教学技术相对落后，使得高校体育课程的教学效果受到了局限，没有得到充分发挥。网络多媒体技术是集各种网络信息载体平台于一体的技术，通过网络技术把图文以及视频动画等影像进行体育教学信息的整合，是网络技术应用于高校体育教学的重要表现方式之一。网络多媒体技术在体育教学中的应用，从而辅助高校体育教学，已经得到了高校体育教师的广泛认可。在高校体育教学中应用网络多媒体技术，可以针对高校体育教学的特点发挥其特有的优势，结合不同体育教学中实际教学网络软硬件设施的具体情况，应采用相对多样的体育教学课件制作软件进行网络多媒体课件的制作。这些方法的运用有利于节约教学成本，提高高校体育教师工作效率，改进高校体育教学的质量。其中，在高校体育教学中，体育理论课程教授的各项运动技术的理论与方法以及动作理论分析，还包括运动技能的教学步骤与方法，以及影响成绩因素的分析都需要有与之相应的图像解析和相应的视频教学，这样不仅能极大地提高学生课堂学习的积极性，还能提高课堂上体育教学的效果。网络技术的运用可以在体育教学中，及时选取最新的优秀赛事中运动员的数据材料和视频做教学示范，这将能够较好地调动学生学习过程中的积极性。在体育教学过程中运用情境式的教学使得体育教学的效果成倍增加，利用网络多媒体技术对体育教学进行科学处理是高校体育教学现代化发展的重要表现。体育教学智能化的管理涉及高校体育教学的方方面面，体育教学网络信息化管理可以加快体育教学工作的进度，提高高校体育教学工作效率。高校体育教学管理还包括高校体育教学资料和文档的智能化管理，当前高校体育工作中存在着一些单调、烦琐、重复的细碎工作，如高校举行校园运动会，从校园运动会的报名准备、赛程编排，到各项赛事的成绩记录以及对应的统计分析。随着现代网络信息技术的快速发展，基于高校体育教学的实际需要，对高校体育教学管理所需要的软件加强开发和运用，从而推动高校体育教学智能化管理的发展。现代化的高校体育教学不应仅仅局限于传统模式的体育教学方式，尤其在这个网络技术飞速发展的时代，网络技术应用于高校体育教学已经成为未来高等体育教育发展的必然趋势。网络技术在体育教学中的运用有效地突破了时间与空间的限制，弥补了传统体育教学中所使用的纸质教材的不足，极大地拓宽了学生体育学习的知识面，拓展了新的体育学习方式，丰富了高校体育教学内容，强化了高校体育教学效果，增强了学生在体育教学中自主学习的积极性，提高了高校体育教学的教学效率。

高校体育教学有其独有的特性，由于体育教学中体育运动项目的种类比较多，不同的运动项目其运动技术相应也有所不同，在不同运动项目和运动技术的教学中都需要体育教师进行相应动作的示范。高校体育教师由于自身年龄增长等原因，对于体育教学中一些体育运动技能的动作示范能力有所减退，不能保证每个动作都能做得符合标准。网络技术在体育教学中的运用，有利于克服体育教师自身因素的限制，引用与相关体育课程所需的体育运动项目的标准进行示范，并整合运用到教学之中。这样不但不会因为体育教师自身年龄增长、身体技能的退化而受到影响，反而可以更好地利用体育教师本人对该运动项目多年的体育教学实践经验，以达到更高标准的体育教学水平。网络多媒体技术能够将不同运动项目的技术动作全方位地展现在体育教学课堂之上，同时还可以对相应体育运动项目中的细节动作进行细致的分解教学。通过视频动画的视角转移，每个时间点的定格等，给学生在运动项目每个时间段多个视角的视觉呈现，保障学生对所学的体育运动项目每个细节的学习都有科学直观的认识，这样可激发学生进行体育学习的兴趣，提高高校体育教学的效率。网络信息技术作为体育教学技术的一种，其被广泛地应用到高校体育教学的课程之中，以促进高校学生对体育知识的学习。在当前高校体育教学过程中，不能一味地只对单一体育学科的相关体育知识、运动技能进行教学。在如今知识信息迅速更新的时代背景下，为了更好地提高高校的体育教学的效率，应该考虑将体育教学的课程与其他学科的课程进行整合。

由于计算机网络技术与网络多媒体技术的迅速发展，新的网络信息技术不断被运用到高校体育教学的课堂之中，与体育教学的课程相结合，出现了许多新的现代化的体育教学模式和学习方式。多学科间的课程整合就是把与课程相关的交集部分进行教学内容的辅助融合，在体育教学过程中运用教学技术融为一体的体育教学理念。这些对高校体育教学都有很大的帮助，在体育理论课程的教学中，通过集合网络多媒体技术进行课程的设计，能使体育理论的教学过程变得形象生动，同时能够提高学生在体育课堂上的学习积极性和课堂学习效率。网络技术的运用可以使体育教学中各项体育运动技术的分析更加细致准确，在高校体育教学中运动训练过程中对学生的体能监测十分重要，网络技术的运用促进了高校学生体能监测的科学化，通过网络技术及时反馈出每个学生在运动训练中的负荷等相关数据并加以合理系统的分析，从而达到体育教学过程中科学化的训练效果。体能监测借助于先进的网络信息技术可以使体能监测标准化，对于体育教学过程中运动训练及时进行科学数据分析，并对相关的数据进行准确的保存，有助于历史数据的统计和分析研究。使高校体育教学中运动训练计划更加合理化，从而对体育教学中运动训练的全过程进行跟踪，包括对训练的目标和制定的训练计划以及训练的目标实现等。使高校体育教学在保障学生掌握一定的运动技能的基础上，发挥学生自主练习的积极性，使训练的过程更加科学有效。

3. 加强网络技术在体育教学中的普及与相关师资队伍建设

高校体育教师是高校体育教学过程中的指引者和实践者，高校体育教师是否具备现代化的教学技术运用理念，直接影响到高校体育教师自身的教学行为。高校体育教学中网络技术的应用使传统模式下的体育教学理念和方式上都发生了转变，有效地促进未来高校体育教学的改革和推动高校体育教学现代化的发展。高校体育教师在高校体育教学中运用网络技术辅助教学，需要突破传统体育教学理念的束缚，不断促进高校体育教师体育教学理念的提升，这有利于高校体育教师在网络教学技术等专业技能方面的提高，有效地建立现代化的体育教学教育理念，使高校体育教师将网络技术应用于体育教学过程中，对体育教学的效果以及教学模式和方法的提高有准确积极的思想指导。因此，高校体育教学中体育教师对网络技术在高校体育教学中所发挥的具体作用，要用准确的高校体育教学理念进行指导，才能在高校体育教学中提高高校体育教学效率，有效保障高校体育教师工作效率的提高，用于对高校体育教学中对体育教学智能化的发展，对高校体育教师工作效率的提高和学生学习效率的提高方面产生了极大的推动作用。网络技术在高校体育教学中的应用，可以有效地发挥其特性来提升高校体育教学的效果，使高校体育教学发展符合当前信息化社会现代化发展的需要，为高校的体育教学效率提高提供保障。目前，多数高校体育教师对网络技术应用在体育教学实践中的作用没有全面、深刻的认识，在体育教学实践中还局限于传统的教学形式。由于部分高校体育教师对网络技术应用于高校体育教学中的教学理念陈旧，使得高校体育教师依然采用传统的体育教学模式。对网络技术在体育教学中的应用价值认识不够，从而导致许多已经具备很好运用网络技术条件的高校在体育教学中得不到好的运用，严重浪费了教学资源和限制了高校现代化体育教学的发展。学生通过网络技术的运用可以及时获取学习所需的信息，同时提高自身的学习能力，学会借助网络环境进行主动学习对学生创新能力的提高有非常大的帮助，对养成良好的学习自主性也会起到重要作用。在传统模式下的体育教学中,通过课堂传递体育知识信息的教学方式过于单一,而运用网络技术的体育教学环境更加形象、直观、多样,有效地提高了学生体育学习的积极性。整合网络技术与体育学科课程融合的教学过程,突出了学生自主学习方式的加强,真正把信息技术和信息资源作为学生学习的认知工具,促进了学生体育学习能力的发展。

目前大多数的高校体育教师需要加强现代化网络教学技术知识的培训和学习,从而使网络技术可以在未来高校体育教学中得到广泛的应用和发展。未来高校应增加开设有关网络教学技术类的培训课程,增强学生在体育学习过程中对网络技术运用的意识。加强网络教学技术相关理论知识的学习和实际运用,从而提高学生网络技术相关知识的基础和运用能力,使学生在体育学习过程中具备积极应用网络技术的态度,为其在高校体育教学中广泛应用网络技术提供良好的学习环境,并最终促进高校现代化体育教学的实现。

网络技术应用于高校体育教学,使得高校体育教师的教育职责不仅仅停留在体育课堂教学之上,网络技术的运用拓宽了体育教师在课堂之外与学生交流的渠道,使得高校体育教师在课堂之外的时间可以方便快捷地解答学生在体育课程学习中遇到的问题。高校体育教师应及时对高校体育教学的网络素材库进行完善建设,为高校体育教学提供一个良好的网络支持平台和体育教学环境,这些都需要体育教师彻底转变传统模式下的体育教学理念,从而促使高校体育教师熟练掌握运用网络技术于体育教学之中。现代化的体育教学技术对高校体育教学中学生的学习有积极的促进作用,能够更好地提高未来高校体育教学效果。实现这些,需要高校体育教师把现代化的体育教学技术合理地应用到体育教学实践中,为网络时代下高校体育教学建立一个体育教学多媒体网络平台,为高校大学生自主学习和合作交流提供良好的学习环境,从而更好地培养高校大学生的创新能力与合作精神。

高校应及时建立完善的体育教学网络技术管理激励制度,为高校体育教学更好地应用网络技术提供完善的保障体系。高校体育教学管理制度应跟随网络教学技术的不断发展进步,及时更新有关新网络技术应用的管理规定,从而不断完善高校体育教学管理体系。高校为保障现代化体育教学技术的运用,需要重视高校的教学网络管理系统,及时采取应对措施,完善体育教学网络管理系统。还要及时建立高校体育教学现代化教学技术运用的有效激励制度,如设立行之有效的奖励措施,并纳入高校评定考核体系之中,积极利用借助网络多媒体技术制作的体育教学课件开展教研活动。对优秀的体育教学课件及时给予相应的奖励,充分调动高校体育教师在体育教学中运用网络技术的积极性,使高校体育教师及时掌握最新的现代网络教学技术,从而积极促进高校体育教学现代化的发展。

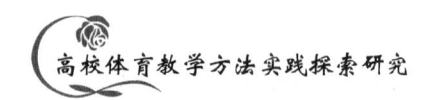

第三节 高校体育教学评价改革与发展

一、体育教学评价的功能

(一) 信息反馈功能

高校体育教学评价是对教师教和学生学习的情况以及对教学过程要素的评价,对无论教学哪一方面的评价,都必然要提供一定的信息,信息量的大小、质量的优劣、效果的好差、效率的高低等等都会在评价上反映出来,差别就是信息。这些信息返回给评价的对象,就可以作为调整或改进的依据。评价结果可以使教师认识到自己的不足,改变教学方法,提高教学质量,还可以让学生知道自己的学习情况,认识自己的优缺点。更重要的是,评价结果可以及时反馈给教学主管部门,为下一步工作提供决策依据,不断调整自己的教学工作方向,更好地实现高校体育教学目标。

(二) 体育教学评价的动机强化功能

所谓教学评价的动机强化功能,就是指由于教学评价而激发被评价者积极地、自觉地改进教学的活动。在高校体育教学中,通过教师和学生的自我评价可以了解自己的优势和不足,增强内部动机,更好地改进教学方法和学习态度。在他人评价中,正确的、公正的评价,特别是肯定的评价会对被评价者产生积极的作用;不正确的、不合理的或者否定的评价,会严重影响教师的工作和学生的学习积极性。不过也有这种情况:有时否定的评价会激起"不甘落后,奋起直追"的意向。因此,教学评价的动机强化功能,最重要的是要充分考虑到肯定或否定的评价所产生的心理效果。

(三) 高校体育教学评价的鉴赏功能

教学评价除了对教师的教和学生的学产生促进作用外,还具有对教学质量和水平、优点、缺点以及问题的考察、鉴定作用。通过教学评价,我们可以对教师教和学的基本情况有一定的了解,对学生的学习能力、学业状况和发展水平进行判定和鉴别,并将鉴定结果反馈给学校的决策部门,为评定教师职称、晋级和学生的体育学习成绩提供决策依据。

二、体育教学评价发展的未来走向

(一) 体育教学评价理念不断更新

建立科学的评价机制，首先要研究素质教育的内涵，抓住素质教育全面性、基础性、个体性、主体性等特点，确立学校体育在素质教育中的地位、作用，明确学校体育的具体培养目标，使评价目标与教育目标相一致，并以此为依据来设计体育教育评价的指标体系，并力求评价指标科学化、评价办法可操作化，进而发挥评价体系的正确导向作用。因此，要从根本上建立全新的体育教育评价指导思想，从单一的评价视角转向多角度、多方法的综合质量评价。既要评价教学效果、教学过程、体育知识和技能的学习成果，还要关注学生的身体发展和体育能力的培养。

(二) 体育教学评价内容不断拓展

教育评价是为教育目标来服务，在明确了教育目标之后，评价的内容自然也就确定了。目前，学校体育教学目标是多种多样的，这已得到了整个学术界和教育界的一致认同。新《纲要》把学生学习目标划分为五个领域：运动参与、运动技能、身体发展、心理健康、社会适应。因此，体育教学评价的内容将越来越注重多元评价，包括认知、技术技能和情感三方面内容，而不是单一的技术技能考评或健康测验，其中情感态度的评价将会受到普遍重视。

(三) 诊断性评价、总结性评价与过程性评价

在以往的体育教育评价活动中，比较注重总结性评价。它是一种有效的评价方法，但在单独使用时，局限性比较大。因此，应改变单纯采用总结性评价的方式，采取诊断性、形成性和总结性评价相结合的评价方法：诊断性评价是为了夯实学生学习的基础和查明制约学生学习进步的原因，而进行检测和评判；形成性评价，就是在体育教学工作中及时发现和诊断问题，及时获取反馈信息，改进体育教学工作；总结性评价是指对某一阶段的教学工作进行综合的评价，以确定教学的最终水平，对上一阶段所进行的总结性评价又可作为下一阶段进行诊断性评价的依据。

三、高校体育教学评价的改革

(一) 高校体育教学评价的现状

1. 高校体育教学评价无法全面地体现体育教育目标

高校体育教学目标是体育教学评价的重要依据，而体育教学评价既是对体育教育

目标实现情况的检查、鉴定及总结，也能为体育教育目标的调整和改进提供一定的反馈信息。当前，体育教学的重要目标是增进健康，但在进行体育教学评价时主要以体能指标评价体育成绩，因而无法全面地体现体育教育目标。

2. 高校体育教学评价的标准和内容缺乏科学性

当前，高校体育教学评价的主要实现形式是考核，而考核的主要对象是学生。而且，当前的教育教学评价仅仅针对各个分开的学科课程，而忽视了各个学科课程之间的有效整合。此外，当前的体育教学评价只注重结果，而忽视了过程；只注重学生身体素质、知识技能的发展，而忽视了学生个性、意志及情感的发展。因此，高校体育教学评价的标准和内容还缺乏科学性，需要进一步予以完善。

3. 高校体育教学评价的方法过于单一

高校体育教学评价的方法主要包括量化评价和质性评价：量化评价关注的是"是什么""有多少"，而质性评价关注的是"什么方式""什么样""多大程度"。但当前的高校体育教学评价大多只是运用量化评价，而忽视了质性评价。

高校体育教学评价的方法还包括形成性评价和终结性评价，形成性评价关注的是体育教学过程，而终结性评价关注的是体育教学结果。但当前的高校体育教学评价重终结性评价而轻形成性评价，因而无法对体育教学的过程进行有效评价。

4. 高校体育教学评价的主体不全面

当前，高校体育教学评价的主体是教师，学生自评以及学生间的互相评价还未被纳入教学评价体系之中。学校、家庭以及社会更是很少会参与到体育教学评价中，从而导致评价的结果过于片面。

（二）高校体育教学评价的特征

1. 评价内容的全面性

高校体育活动的效果是对各种体育活动进行综合后的效应，因此在进行体育教学评价时，要对教学的内容进行全面性的评价。

2. 评价目标的发展性

高校体育教学目标是一切体育教学活动的出发点和落脚点，集中体现了体育教学主体的价值观念，是开展体育教学活动成效评价的重要依据。而伴随着社会经济的发展以及思想观念的变化，体育教学目标也会有所发展。因此，在对体育教学进行评价时，要针对正在或已经发展的体育教学目标进行评价。

3. 评价主体的多元性

在高校体育教学评价中，教师和学生作为评价主体已基本摆脱了以前那种消极的被评价状态,开始主动参与到体育教学评价之中。而且,体育教学评价不再只是教师和学生间的互动,学校、家长以及社会也应该参与到这个评价过程中来,使评价成为多方主体共同参与的活动。

4. 评价方法的过程性

在高校体育教学评价中,评价方法不再将体育教学结果作为唯一依据,而是将重心放在对学生体育学习过程的全程跟踪与考察上。教师开始注重学生学习的全过程,对其学习过程中的进步与发展给予更多关注,并及时予以评价。

(三)高校体育教学评价的内容

1. 高校体育教师对体育教学过程的评价

在高校体育教学评价中,教师对体育教学过程的评价是通过一定的理论与实际方法的运用,来实现对体育教学过程与教学结果的评价,主要包括"教师对自己教学情况的自我评价"和"教师之间的相互评价活动"两种形式。

2. 高校体育教师对体育学习过程的评价

在高校体育教学评价中,教师对体育学习过程的评价在体育教学评价体系中处于主体地位,主要的评价对象是参与其中的学生,主要包括"教师在学习过程中对学生的激励评价"和"教师对学生体育学习结果的成绩评定"两种形式。

3. 学生对体育教学过程的评价

在高校体育教学评价中,学生对体育教学过程的评价越来越受到人们的重视,主要包括"学生在学习过程中对教师教授内容的随时反馈"和"有学生参与评教活动"两种形式。

4. 学生对体育学习过程的评价

在高校体育教学评价中,学生对体育学习过程的评价在当前的体育教学中得到了高度重视和提倡,主要包括"学生的自我评价"和"学生之间的相互评价"两种形式。

5. 其他评价

在高校体育教学评价中,其他评价主要是指除教师和学生以外的其他人员对体育教学作出的评价。

(四)高校体育教学评价改革的趋势

1. 高校体育教学评价由单一向多元化方向发展

高校体育教学与其他学科教学相比,在课程体系结构、授课方式以及实践等方面都存在着很大的不同。而且,学生个体在体育素质方面也有着非常明显的差异,这就使得单一的体育教学评价无法确保评价结果的真实性以及准确性。因此，只有将多种体育教学评价方法综合起来进行运用，才能使体育教学评价的效度和信度都得到较大提高。

2. 高校体育教学评价由重视评价结果转向重视评价过程

从当前高校教学改革的趋势来看，对教学和学习过程以及学生实践能力和创新精神的重视成为人们的共识。而且，随着体育教育观念发生的深刻变化，不仅仅重视传授体育知识和技能，而且更加关注学生的个性发展、创造精神和能力；更加注重对体育理论和技能的贯通以及对体育学科知识与其他学科知识的融会；更加注重体育知识的运用。因此，体育教学的评价需要与这种转变相结合，从重视评价结果向重视评价过程转变。

四、高校体育教学评价体系的构建

（一）构建高校体育教学评价体系的基本理念

1. 评价是与教学过程并行的同等重要的过程

评价不是完成某种任务，而是一种持续的过程。评价被用来辅助教育，它是教与学主要的、本质的、综合的一个组成部分，贯穿于教学活动的每一个环节。

2. 评价提供的是强有力的信息、洞察力和指导，旨在促进发展

评价的基本目标是为了教育，并促进学生的表现，而不仅仅是为了检查学生的表现。评价是为学习而服务，其目的在于提高学习效率，是学习的动力和源泉。

3. 评价应体现以人为本的思想，建构个体的发展

评价要关注个体的处境和需要，尊重和体现个体的差异，激发个体的主体精神，以帮助每个个体最大限度地实现自身价值。

（二）学生体育学习评价体系的建立

1. 明确评价标准和内容

评价工作的第一步是明确对学生体育学习的评价内容和评价标准。为了便于实际使用，学校对学生体育学习的要求应该用清楚、简练、可测量的目标术语表述出来。《全国普通高等学校体育课程教学指导纲要》强调改变体育课程过于注重知识传授的倾向，强调形成积极主动的学习态度，使获得基础知识和基本技能的过程同时成为学会学习和形成正确价值观的过程。因此，对学生体育学习的评价不仅要关注学生的身心健康、体能状况、体育能力、运动成绩，而且要注重发现和发展学生多方面的体育潜能，了解学生体育发展中的需求。

（1）体育学习评价标准

① 体育学习评价由单一评价标准向多元化评价标准转变

社会的发展不仅要求学生具有强健的体魄和一定水平的运动技能，还要求学生具有健康的心理和良好的社会适应力，而这一要求是传统的一元化体育学习评价标准所不能满足的。因此，体育学习评价标准必然要走向多元化。体育学习评价标准的多元化不但在很大程度上能提高评价结果的信度和效度，而且能最大限度地发挥评价的激励功能。依据体育课程教学指导纲要的要求，可将体育学习成绩评定标准分为绝对性标准、相对性标准、个体内差标准。

② 体育学习评价允许体育教师根据教学实际制订相应的评价标准

由于不同性别、年龄以及不同地区、学校学生的体能和运动技能存在着诸多差异，即便是同一地区、同一学校、同一年龄和性别的学生，在不同时期的体能和运动技能水平上也会有所不同。如果简单地用统一的、一成不变的评价标准来要求所有的学生，显然是不公平的，也是不合理的。因此，体育教师在体育教学活动中，不能局限于使用统一的、一成不变的评价标准，要在尊重学生个体差异的基础上，选择合适的评价标准，从多种角度去评价学生，以便发现学生的优点和长处，让每个学生都能在自尊、自信中快乐地学习体育。

由体育教师根据体育教学的实际情况选择评价内容，制定相应的评价标准。这不仅有利于使体育教师对学生的评价更客观、更全面、更准确，并提高体育教学质量，而且有利于发挥体育教师的主人翁精神，激发其参与体育教学改革的主动性和积极性，使得体育教学改革更灵活、更彻底地得到落实。

（2）体育学习评价内容

① 体育基础理论知识评定

体育基础理论知识是指导学生科学地进行体育锻炼、学习体育文化、提高体育文化素养不可缺少的教学内容。

② 体能和运动技能评定

发展体能既是体育课程重要的学习内容之一，也是体育课程的重要目标。依据我国高校体育要贯彻"健康第一"的指导思想，并考虑到目前我国大学生的健康现状，将体能作为学生体育学习成绩的评定内容十分必要。运动技能是指按一定的技术要求完成动作的能力，项目设置应给学生留有选择余地。目的是鼓励学生个性发展，培养体育锻炼习惯，掌握体育运动技能，成绩评定依据事先制定的体能和运动技能考核内容及评分标准进行考试评分。

③ 体能和运动技能进步情况

体能和运动技能进步情况是指反映学生原有身体素质、运动技能与现场测身体素质、运动技能相比较变化程度状况如何。原有身体素质和运动技能为上学期或初学期所测得的成绩，我们称之为原始成绩。现场测身体素质和运动技能则为经过一学期或一学年的学习与锻炼所测得的当前成绩，原始成绩与现测成绩项目应一致。很显然，体能和技能进步情况是个动态指标，它既能充分体现不同身体素质和运动技能的学生起点不一样，承认学生的个体差异，又能避免身体条件好的学生因受本年级最高成绩值的限制，不用学习锻炼就可取得优秀，而身体条件差的学生无论多么努力都无法达到及格的弊端。

④ 学习态度评定

从终身体育的角度来看，高校体育课程的重要目标就是要树立学生对体育和健康的正确认识，使学生树立正确的体育与健康态度。所以，学生对待体育课程学习与练习的态度，应是体育学习评价的重要内容。

⑤ 情意表现与合作精神评定

情意表现与合作精神，是指学生参加体育课程学习与锻炼过程中产生的态度和合作状况，提高学生的心理健康和社会适应水平是高校体育课程的重要目标之一。

2. 设计评价工具和方法

（1）体育基础理论知识评价方法

对学生体育基础理论知识的评价可采取口试、笔试、知识竞赛等形式进行，根据考核成绩换算成学生体育基础理论知识得分。

（2）体能和运动技能评价表

第一，体能评价：为了简化考试程序和工作量，学生体能测试和评分可结合学校每年实施的"学生体质健康标准"来进行，并参考学生体质健康标准三项身体素质得分，将其换算成学生体育学习体能得分。

第二，运动技能评价表：依据考核运动技能项目的性质和特点选择考核内容，采取定量或定性的方法制定相应的成绩评价表。[①]

（3）体能和运动技能进步情况评价方法和评价表

体能和运动技能进步情况评价方法，首先根据学生体能和运动技能原始成绩和现测成绩，以现测成绩减去原始成绩之差为进步分；然后以进步分对照编制的体能和运动技能进步幅度评价表，进行体能和运动技能进步情况的成绩评定。

（4）学习态度评价办法和评价表

可采用等级制对学生进行学习态度评定。为了更好地激发学生体育学习的积极性，从而改进自己的学习，应尽可能收集学生在体育学习过程中的发展、变化、进步资料。采取"自评——组评——师评"相结合的形式，其中学生自评占20%，小组评议占30%，教师评定占50%，对学生进行评语式评定。目的是让学生成为评价

---

① 刘佳，南子春，马占菊著. 校园体育文化的建设与发展探究［M］. 北京：中国纺织出版社，2021.

的主人，并将评价过程转换成学生自我教育过程，促进学生自我能力的提高，也为每个学生提供自主学习和创造更多的锻炼机会。同时，也摆脱了传统考核评价时，教师"一锤定音"的束缚，减轻学生心理压力。编制学生学习态度评价表，评价时把评价表发给学生，第一步由学生完成自评和组评部分，最后由教师完成师评和学年总评部分。

（5）情意表现与合作精神评价办法和评价表

采取"自评——组评——师评"相结合的形式，其中学生自评占20%，小组评议占30%，教师评定占50%，对学生进行评语式评定。编制学生学习态度评价表，评价时把评价表发给学生。第一步由学生完成自评和组评部分，最后由教师完成师评和学年总评部分。

3. 搜集和分析反映体育学习情况的数据和证据

（1）搜集反映学生体育学习情况的数据和证据

采用不同的评价和测量方法，可以搜集不同类型的数据和证据。常用的方法如下：标准化考试，标准参照测验，以成绩为基础的评价，学生工作样例，对学生表现的观察、调查和访谈等。

（2）分析反映学生体育学习情况的数据和证据

教师需要对搜集到的数据和证据进行分析，形成一个对学生体育学习情况的分析结果，客观地描述学生当前的学习情况。

在分析中要注意以下问题：第一，应对在小组内搜集到的数据进行分析；第二，应对来自各种测评手段的数据进行综合性的分析，以全面描述学生的发展状况；第三，如果有纵向的数据，则应包括纵向分析；第四，如果可以获得其他组的对比数据，则应通过横向比较来分析学生的发展情况。

（三）体育教师课堂教学评价体系的建立

1. 明确评价标准和内容

（1）体育教师教学评价标准

① "中评不中用"的课不是好课

传统上，对一堂体育课的评价首先是看教学目标是否明确、内容安排是否合理、教学组织是否严密、声音是否洪亮有力、哨音吹得是否富有节奏感、讲解是否清楚、动作示范是否准确，这样的课实际上是为迎合评委的口味而精心设计的。在所有人的眼里，学生此时学到什么并不重要，重要的是体育教师的表现能力。这种现象在优质课的评比中比较常见，并带来了不小的负面效应。因为这样的课堂目的是为了获优、评奖，并不是围绕学生的学习来开展。

②"教师唱主角"的课不是好课

平时的体育课上，特别是在体育公开课上，教师为充分显示自己的教学能力和教学技巧，往往充当"主角"，学生仅是"配角"。然而，教学的目的是为了学生的发展，不是满足教师的表现欲望。因此，根据现代教育教学的理念，即使体育教师在一堂课中表演得再充分、再出色，这堂课也不能称之为好课。

③"只达到体能和运动技能目标"的课不是好课

传统的体育课教学中，教师十分关注学生的体能和运动技能目标是否达成，且这一目标似乎成了体育课的唯一目标。体育课程的教学追求的是对学生的完整教育，而不仅仅是传授运动知识和技能。

④学生主动参与的课是好课

学生是体育教学的主体，教师应努力激发学生对体育学习的兴趣，促使学生积极参与体育活动，让学生充分体验体育学习和体育活动的乐趣，并在愉快的学习中获得进步和发展。总之，只有学生主动参与的课才能算是好课。

⑤促进学生全面发展的课是好课

体育课虽然离不开运动技能的教学，但它不等于技能教学，体育教学目的是促进学生通过学习和活动得到全面的发展，其真正意义不仅仅局限于教给学生某些运动知识和技能，更重要的是培养学生的集体主义情感，培养学生奋发向上的精神，形成乐观开朗的生活态度。好的课堂教学甚至能使学生受益终生，这才是一堂好课的真正价值所在。

（2）体育教师教学评价内容

①学生喜欢体育课和参与体育活动的程度

在以往的体育教学中，教师大多关注的是自己教学的表演能力，扮演的角色是主角。至于如何激发学生的体育学习兴趣和积极性，促进学生坚持参与体育活动等方面，则很少考虑。体育教学的最终目的是促进学生自觉地、主动地参与体育活动，并养成锻炼身体的习惯。只有这样，体育教学的目标才能实现，学生的健康发展才能得到保证。

②体育教师教学道德的评价

体育教师的教学道德主要包括体育教师的价值观、人生观、社会意识、教育观念、师德素养以及对学生的态度等。一个人的行为准则、职业道德受限于世界观、价值观的取向，并最终成为行动指南。在对体育教师进行评价时，应把教学道德评价放在首位，以引导体育教师认识到教师不仅是"传道、授业、解惑"者，更是具有道德准则的人。

③体育教师教学理解能力的评价

体育教师的教学理解能力主要是指体育教师的专业基础知识以及对体育课程目标、

内容的认识与理解。因此,对体育教师的评价应看他在课程设计、教学方案和计划的制定、教学内容的选取、教学评价等方面是否充分体现"健康第一"的指导思想,是否在教学过程中贯彻、落实这一指导思想,是否促进了学生身心的健康发展。

④ 体育教师教学实践能力的评价

体育教师教学实践能力主要包括:体育教师对于现代教育理论、教育方法的掌握以及实际运用的情况;掌握从事体育教学所需的基本技能的情况,如教学设计、讲解、示范、观察、组织教学和评价等能力;创造性教学的能力,如运用现代化的教育技术的能力、开发和运用体育课程资源的能力等,它主要体现在"教学生学会体育"和"教学生会学体育"两个方面。在信息化社会背景下,"教学生学会体育"已无法适应社会的发展需求,"教学生会学体育"才是体育教学的终极目标。所以,体育教师能力评价应突出"教会学生终身体育学习"的能力。

2. 搜集和分析反映体育教师教学的数据和证据

在对体育教师的优势和不足的基本情况有一定了解的基础上,利用体育课堂教学质量评价表搜集与体育教师教学有关的数据和证据非常重要。搜集和分析体育教学数据的目的是找出体育教师的优势和不足,并确定体育教师如何能最有效地利用其优势,并在进一步的改进计划中改善其不足,用清楚、简练、可测量的目标术语来描述体育教师需要改进的要点,确定改进的指标,描述和评价体育教师要达到改进目标的具体方法。

参考文献

[1] 王建军，白如冰. 高校体育文化教育研究［M］. 长春：吉林美术出版社，2018.

[2] 受中秋，王双，黄荣宝. 高校体育教育发展与改革探究［M］. 长春：吉林大学出版社，2018.

[3] 马鹏涛. 高校体育教学改革创新与科学化训练研究［M］. 北京：新华出版社，2018.

[4] 夏越. 现代高校体育教学研究［M］. 北京：北京理工大学出版社，2019.

[5] 李志伟. 现代高校体育与健康教程［M］. 天津：天津大学出版社，2019.

[6] 刘景堂. 高校体育教学改革研究［M］. 北京：中国纺织出版社，2019.

[7] 张京杭. 高校体育教学方法实践探索［M］. 北京：现代出版社，2019.

[8] 谢丽娜. 高校体育风险管理研究［M］. 长春：吉林人民出版社，2020.

[9] 谢明. 高校体育教育理论探索与实务研究［M］. 长春：吉林人民出版社，2020.

[10] 冯娟娟，李德伦，周玫. 高校体育文化与大学生体育运动［M］. 吉林出版集团股份有限公司，2020.

[11] 邱天. 高校体育创新思维的教学与实践［M］. 厦门：厦门大学出版社，2020.

[12] 常德庆，姜书慧，张磊. 高校体育教学与运动训练研究［M］. 吉林出版集团股份有限公司，2020.

[13] 康丹丹，施悦，马烨军. 高校体育文化建设与大学生体育健康［M］. 长春：吉林人民出版社，2020.

[14] 谢萌著. 高校体育文化教育研究［M］. 吉林人民出版社，2021.

[15] 王冬梅. 高校体育教育创新发展研究［M］. 长春：吉林人民出版社，2021.

[16] 施小花. 当代高校体育教育理论与发展探究［M］. 吉林人民出版社，2021.

[17] 王丹，周岳峰，陈世成. 高校体育理论知识与实践研究［M］. 吉林人民出版社，2021.

[18] 谢宾，王新光，时春梅. 高校体育教学与运动训练研究［M］. 吉林人民出版社，2021.

[19] 王丽丽，许波，李清瑶. 教育技术在高校体育教学中的实践探索［M］. 吉林人民出版社，2021.

[20] 马顺江. 互联网＋教育背景下高校体育教学创新思路研究［M］. 沈阳：辽宁大学出版社，2021.

[21] 朱晓菱，倪伟. 体育健康与实践［M］. 上海：上海大学出版社，2021.

[22] 刘佳，南子春，马占菊著. 校园体育文化的建设与发展探究［M］. 北京：中国纺织出版社，2021.